天府文化系列丛书

天府文化美论

TIANFU WENHUA MEILUN

主　编　王　苹
副主编　赵　书　练忆茹　杨　恋　徐苑琳

四川大学出版社
SICHUAN UNIVERSITY PRESS

项目策划：王　军　段悟吾　杨岳峰
责任编辑：刘　畅
责任校对：谢　鋆
封面设计：墨创文化
责任印制：王　炜

图书在版编目（CIP）数据

天府文化美论 / 王苹主编. — 成都 : 四川大学出版社，2021.6
（天府文化丛书）
ISBN 978-7-5690-4010-4

Ⅰ. ①天… Ⅱ. ①王… Ⅲ. ①地方文化—研究—成都 Ⅳ. ①G127.711

中国版本图书馆 CIP 数据核字（2020）第 254826 号

书名　天府文化美论

主　　编	王　苹
出　　版	四川大学出版社
地　　址	成都市一环路南一段 24 号（610065）
发　　行	四川大学出版社
书　　号	ISBN 978-7-5690-4010-4
印前制作	成都完美科技有限责任公司
印　　刷	成都市金雅迪彩色印刷有限公司
成品尺寸	170mm×240mm
印　　张	14
字　　数	227 千字
版　　次	2021 年 6 月第 1 版
印　　次	2021 年 6 月第 1 次印刷
定　　价	82.00 元

◆ 读者邮购本书，请与本社发行科联系。
电话：(028)85408408/(028)85401670/
(028)86408023　邮政编码：610065
◆ 本社图书如有印装质量问题，请寄回出版社调换。
◆ 网址：http://press.scu.edu.cn

四川大学出版社
微信公众号

天府文化系列丛书
编纂工作机构

一、 编纂委员会

名誉主任　杨泉明　四川省社科联主席、教授

　　　　　杨继瑞　成都市社科联名誉主席、教授

主　　任　李后强　四川省社科院党委书记、成都市社科联主席、教授

　　　　　陈　蛇　成都市社科联（院）党组书记、院长、研究员

副 主 任　王　军　四川大学出版社社长

　　　　　廖德斌　成都市社科联（院）副主席、副院长

　　　　　阎　星　成都市社科联（院）副主席、副院长、研究员

成　　员（按姓氏笔画排序）：

　　　　　王　川　四川师范大学副校长、教授

　　　　　王　苹　中共成都市委党校副校长、研究员

　　　　　朴钟茂　韩国学者

　　　　　刘平中　成都师范学院研究员

　　　　　刘兴全　西南民族大学艺术学院院长、教授

　　　　　许蓉生　成都市社科院历史与文化所研究员

　　　　　李　菲　四川大学中国俗文化研究所副所长、副教授

　　　　　何　平　四川大学历史文化学院教授

　　　　　何一民　四川大学城市研究所所长、教授

　　　　　黄宗贤　四川大学艺术学院教授

　　　　　彭邦本　四川大学历史文化学院教授

　　　　　舒大刚　四川大学古籍所所长、教授

　　　　　谭　平　成都大学文学与新闻学院教授、天府文化研究院院长

二、 专家指导委员会

谭继和　巴蜀文化学者、四川省社科院研究员

熊　瑜　四川大学出版社原社长、教授

段　渝　四川师范大学巴蜀文化研究中心主任、教授

陈廷湘　四川大学历史文化学院教授

李　怡　四川大学文学与新闻学院院长、教授

苏　宁　四川省社科院文学所研究员

三、 编务组

尹　宏　成都市社科院经济研究所所长、研究员

冯　婵　成都市社科院历史与文化研究所所长、副研究员

孙　艳　成都市社科院历史与文化研究所副研究员

李单晶　成都市社科院历史与文化研究所副研究员

张羽军　成都市社科院历史与文化研究所助理研究员

总　序

谭继和

天府文化是在中华广域文化共同体内，植根于巴蜀文明沃土而生长起来的奇葩满枝、蓉花似锦的地域文化常青树。她有百万年以上的文化根系，由“肇于人皇，与巴同囿”，源于秦陇古羌的上万年的文明起步，有4500年以上“都广之野”“优越秀冠”的农桑文明的发展历程，具有城乡一体、神韵独特、历时弥久、与时俱进，不断进行创新性转型和发展的特征。

天府文化是从“天府之国”“天府之土”得名的。“天府”一词最早源于《周礼·天官》，由天官管理王室祖宗牌位、宝器和图书的阆苑被称为“天府”。后来，民间就把沃野千里、物产丰盈的土地称为“天府之国”。最初“天府”是指周、秦和汉初的京师关中之地，也包括视同京畿的汉中平原和成都平原。到汉代中期，特别是东汉以后，“都广之野”被开垦为优越秀冠、天下第一的农桑文化之地，于是“天府之国”“天府之土”“天府陆海”这些称呼，就成为以成都为中心的巴蜀一方独享的光辉桂冠了。时至今日，天府文化的文脉已经发展演变了四千多年，经历了六大发展阶段。

一、天府农桑文明起源和形成阶段

巴蜀人是从秦陇古羌发展来的。古羌人在7000年前从秦陇、河湟地域分两支向南迁移。天水秦州大地湾6000年前的新石器时代遗址，就是他们的根据地。其中，向东移徙的一支，以伏羲氏为祖先，由黄帝系高辛氏部族集团迁徙发展到秦岭和秦巴山地，直到汉水、武陵源，是为巴人，以游牧渔猎为业，后来才发展起农业。向西移徙的这一支，从秦陇到岷山，直到都广之野，是为蜀人，以产牧为业，“蜀之先，肇于人皇之际”，以黄帝系高阳氏部族集团为祖先。从今已发掘的茂县营盘山遗址、什邡桂圆桥遗址、成都平原宝墩文化六座古城遗址，再到三星堆遗址、十二桥文化金沙遗址、新都马家大墓和彭州竹瓦街遗址、羊子山土台遗址，直到商业街战国船棺葬遗址、岷山饭店遗址，这就是蜀人从岷山、岷江走入都广之野的发展之路。《史记·天官书》专门有记载："中国山川东北流，其维首在陇蜀，尾没于勃碣。"蜀人就是在这样优越的地理环境中逐步创造出高级农业文明来的，进而形成古蜀方国。天府文化就是这样起源的。

这个阶段有三大特征：

一是"都广之野"经"水润天府"发展为中国三大农业起源地之一，并且成为中国高级农业发展的一个重要中心。它的初曙起于成都平原宝墩文化六座古城遗址所展示的"古城"中心聚落开始的时代。这些遗址所创造的农业文化都是在森林和林盘围绕的农业聚落中发展起来的。今天的天府人享受的以小桥流水、竹林茅舍为特点的"林盘仙居"人居方式和"逍遥自在似神仙，行云流水随自然"的生活方式，就是宝墩文化奠定的基础。

这一阶段的辉煌时代则是以三星堆为标志性符号的古蜀青铜文明时期。三星堆是富有神奇生态、神秘文化、神妙心灵的古蜀文明的结晶，尤其是从1号到8号祭祀坑的新旧发掘，展现出的光芒震惊世界，不同凡响。一方面，它既有中原文化传来的圆头方尊、顶尊跪坐人像和顶尊跪坐女神像、簋、簠等礼器，表明它是在中原礼制文化影响下发展起来的，是以"河洛古国"为根的中华广域文化共同体的一部分。它为天府文化的发展和转型，留下了"心向中原"的根脉。另一方面，它又有自己独特的地域神韵。高大的青铜神像、青铜面具、青铜神树、各型青铜鸟、黄金面罩、黄金杖，以及人面鸟身、线刻羽人和太阳神鸟图案，又展现出巴蜀祖源崇拜中独有的羽化成仙的浪漫梦想特征。古蜀文明重仙、重神器的浪漫主义特征与中原文明重礼、重礼器的现实主义特征，在三星堆那里得到完美会通和融合，为天府文化留下了理想精神与现实奋斗精神相结合的三千年文脉。

总之，以宝墩文化与三星堆文化为代表的古蜀文明，早在文明启蒙时代就已是长江文明的生长点，是长江上游古文明起源和发展的中心，是以岷山、岷江为文化地标的"江源文明"诞生的摇篮，是孕育锦江文明的源头，是培育天府文化之根和魂的肥壤沃土。

二是天府丝绸成为培育中华丝绸文明的重要基础。丝绸文明是中华文明的特色。它的起源在中华大地上如满天星斗，多地域、多源头而又同归于黄帝嫘祖一脉，具有"多源一脉"的特征，而巴蜀是其重要的发源地。

早在《山海经·海外北经》就有“欧丝之野”的记载，说跪据桑树的女子发现野蚕啖桑呕丝，可以丛养缫丝。“欧丝之野”指的就是“都广之野”，这是天府养蚕缫丝最早的文献记载。五帝时代，黄帝嫘祖一族与蜀山氏世代联姻，嫘祖之子昌意娶蜀山氏女昌仆。昌意之子韩流娶蜀山氏女淖子生高阳氏颛顼，成为“五帝”之一。高阳孙子大禹生于西蜀羌乡，娶巴蜀女子涂山氏。大禹后裔君主季杼从中原回归蜀山石纽祭祖，“术禹石纽，汶川之会”。末代君主夏桀娶岷山庄王二女婉和琰，这些史料均说明从五帝时代到整个夏代，蜀山氏与黄帝嫘祖部族的高阳氏集团长期联盟，互为姻亲。蜀山氏集团后来出现的古蜀第一位有名字的先祖是蚕丛，蚕丛即蜀山氏部族对其首领是栽桑丛聚养蚕技术发明者的尊称。其祖地在岷山蚕陵，后迁到成都平原，双流牧马山是他的祖源文化地标符号。而与蜀山氏联姻的高阳氏则给蜀山氏带来了嫘祖缫丝织绸的绝妙技术。嫘祖的“嫘”，有女性缫丝累结一团之意，是轩辕氏部族对最先发明缫丝织绸高超技艺的母系领袖的尊称。蚕丛氏的栽桑养蚕技术与嫘祖族的缫丝织绸技术完美结合，广泛应用于都广“欧丝之野”，这就是从岷山到成都平原一带中华丝绸文明培育和出现的历程。2021 年 3 月 20 日，“考古中国”重大项目进展会通报，在三星堆 4 号祭祀坑的灰烬层中新发现了丝绸蛋白的痕迹，联想到三星堆青铜立人像飘逸垂裳的丝衣形象，这就是从五帝时代到夏商时代天府丝绸发明和传承的实证。汉代出现的“蜀锦”“蜀绣”则进一步传承发展了五帝至夏商周时代天府丝绸的根脉与基因。

三是茶文化也发祥于天府文化起源阶段。早在巢居渔猎时代，蜀人就发现嚼吃茶树叶可以代替盐调味，由此最早发现了茶树。到西汉，吴理真首次人工种植蒙顶茶树。由嚼茶到煮茶，遂逐渐形成蜀人敢为人先的精神。“茶”字在中唐以前还没出现过。有关茶的各种字词，最早都出现在蜀方言里，如“荈”（音“接”）（司马相如《凡将篇》）、“荼”（《诗经·谷风》“谁谓荼苦，其甘如荠”，疏“蜀人作荼”。宋苏轼：“周诗记苦荼，茗饮出近世。”）、“槚”（《尔雅》）、“蔎”（扬雄《方言》：“蜀西南人谓茶为蔎。”）等。“茗”字出现在唐宋时期，也指茶叶，因茶叶经煮之后发出香味，蜀人方言叫“mǐn-mǐn”，遂写作“茗”。这些例子都证明茶之源在蜀。到汉唐时代，饮茶“冠六清”已成为巴蜀民间习俗。最早的盖碗茶、最早的茶馆僧寮和文武茶道，都诞生在巴蜀。

二、秦汉魏晋时期天府农桑文明发展到“优越秀冠”阶段

《战国策》首讲“天府”称号，指以关中八百里秦川为中心，包含京辅、汉中与蜀中三大平原区域。东汉以后，最早记载巴蜀是“天府之土”的文献是诸葛亮的《隆中对》，到西晋左思作《蜀都赋》时，则干脆不把“天府”桂冠戴在关中头上了，而是讲关中还差了一点，只能说是接近“天府”，“号为近蜀”，从此，“天府”之号便移到了四川头上，沿用至今。

这一阶段天府文化最大的特征有三：一是天府农桑文化获得创新性的转型升级，成为美丽乡村生态与“既丽且崇”的城市文态相结合的标本，也是中华城乡一体农桑文明发展的“首席提琴手”，千里沃野，物产丰盈，不知饥馑，享有“天府陆海”的专称（《华阳国志》）。当时的成都已发展成仅次于长安的全国第二大城市，“列备五都”，建立起了巴蜀城乡一体化的以成都为中心的大小城镇商业网络体系。二是江源文明孕育了天府丝绸，而天府丝绸反过来推动了秦汉锦江文明的发展，出现了蜀锦、蜀绣的品牌专称。成都也成为与临淄、襄邑比肩齐名的全国三大丝绸中心之一。“锦江”“锦里”“锦官城”“锦城”这些美名，皆因江水洗濯蜀锦特别鲜明好看而得来，其地标符号一直留存至今。司马相如的大赋被称为“锦绣文章”，也是因为司马相如善于观察和学习蜀锦工匠的高超手艺，写出了文如锦绣、音韵神来的典范作品。成都老官山汉墓出土了 4 座高楼双峙织锦机与 14 个纺织工匠木俑，这是世界上发现最早的提花织机，沿用至今。新疆吐鲁番尼雅墓地出土的织有“五星出东方利中国”字样的蜀锦肩膊，体现了汉代成都人善于以丝绸为宣传手段，向丝绸之路沿线宣传中华大一统理念的“文化创意智慧”。总之，蜀锦、蜀绣在秦汉时期已成为成都以丝绸之路为平台进行国际交流的代表性产品。三是“文翁倡其教，相如为之师”。文翁兴教化蜀创石室与讲堂，他既是地方公学与“文庙官学”的创始人，又是传承孔子私学传统，以“温故”与“时习”二讲堂开启后世书院之学的创始人。文翁教化的结果是将巴蜀本土文化转型升级为国家主流之学，成为以儒为本、以“儒化中国”为主旨的蜀学的滥觞，后来蜀学与齐鲁之学比肩发展，蜀地出现司马相如、扬雄等大文学家，这是天府城市精神文化的第一次飞跃发展。

三、唐宋时期天府经济大发展、文化大繁荣阶段

这一时期的唐剑南西川与宋川峡四路是全国最富庶的地区，是唐宋两朝重要的财源地，时有“扬一益二”之称。反观当时欧洲很多城市已逐渐衰落，成都则发展成当时世界财富聚集与经济文化繁荣的国际化大都市，已经是“天下第一名镇”（卢求《成都记》）。这一时期经济文化最亮眼的成就，是雕版印刷术起源于成都。宋代《开宝大藏经》在成都首次结集印制。道藏也由杜光庭第一次结集。儒家的《九经》在五代时期得以结集印刷，表明儒释道三教融会潮流在天府兴起。城市商业已突破了传统坊市制度，商人们破墙开店、临街设店成为新的商业风习。随着通向长安的“蜀道网”的兴起，成都作为西部土特产集散中心，发展出以“十二月市”为标志的自由集市和专业性的手工作坊街道。货币史上的划时代变革，则是在唐代交易信用券“飞钱”基础上，于宋初发明和使用纸币“交子”，这是世界上最早使用的纸币。

唐宋时期天府文学和艺术的发展，成就了成都作为古代东方世界文化之都、书香之都、诗意之都、音乐之都和美术之都的城市形象。陈子昂、李白、杜甫、苏轼、陆游等“秀冠华夏”的文化巨人的出现，进一步强化了“文宗在蜀”“表仪百代”的传统。而薛涛、黄崇嘏、花蕊夫人等一批才女的出现，则是汉唐以后“才女在蜀”文化传统的赓续。“文宗在蜀”与“才女在蜀”的规律性出现与发展，均是巴蜀山川秀气与诗意书香灵气孕育明珠的结果。唐代大慈寺壁画“精绝冠世”，留下了古代东方美学之都的文化基因。蜀派古琴“蜀国弦”和始于巴蜀的竹枝词、前蜀永陵二十四伎乐石刻形象，显示出天府成都管弦歌舞之盛。这一时期成都人观景游乐的特征是游赏习俗的人文化与艺术化，如浣花大游江、小游江，锦江“遨头”“遨床”，锦江之畔梨园乐坊选乐伎状元，这是天府旅游发展史上第一次将文化融入旅游习俗。又如孟蜀石经、中国第一部词集《花间集》、唐宋蜀刻本、龙爪本、薛涛笺与十色笺、蜀锦蜀绣以及专为文人考举夜读设计的邛窑省油灯等，是天府书香诗意生活方式普及化而留下的艺术瑰宝。

四、元明清时期天府文化由精英文化转型为城乡平民文化阶段

这一时期天府城市工商业获得了长足发展，“蜀锦、蜀扇、蜀杉，古今以为奇产”（《广志绎》卷五），成为交换苏杭文绮锦绣、山珍海错等“下江货物”的畅销商品。新制蜀折扇不仅用来进贡，而且还行销全社会。岷山的蜀杉木被采伐来修建北京故宫。

这一时期“川味”特色的下层群众文化开始兴盛，其最高成就是由成都“唐杂剧”、元北曲、明南曲、清雅部戏发展而来的花部戏地方剧种之一——川剧。同时，一些著名文人对川剧剧本加以文学性、诗意性改造，出现“五袍、四柱、江湖十八本”等诗化剧本，使川剧由粗糙的市民艺术变为声腔宏富、文辞典雅、俚俗并兼、雅俗共赏、亦庄亦谐的精致艺术，进一步推动了天府市民社会习俗的文雅化、书香化与诗意化。元明清时期天府教育事业也获得了新发展，主要体现为书院制度的创新。元代有草堂书院，明代有子云、大益、浣花等书院，清代有锦江、墨池、芙蓉、潜溪等书院，均驰名全国。社会上兴起的茶馆、书坊、评书、扬琴、古琴、竹琴、金钱板、皮影、木偶、围鼓、口技、相声、清音等曲艺，是这一时期活跃于社会群众舞台的非物质文化遗产。今天四川评出的多种非物质文化遗产，大多产生于这一时期。

五、近代天府文化由古典形态向近代形态蹒跚转化阶段

1840 年后，以农桑文明为特征的天府地域文化，在外国资本主义、帝国主义侵入的影响下，受到近代文明的冲击，在阵痛中迈着蹒跚的步伐缓慢地向近代形态转化。特别是 19 世纪末期和 20 世纪初期，新旧文化激荡冲突，天府地域文化围绕着对传统文化的破与立、对中西文化的体与用激烈论争的主题，开始了加速转型。其中最重要的六大事件：

一是 19 世纪末的戊戌维新运动，“是一阵思想的巨浪”，开创了地域文化“新的思想意识时代”。1875 年四川省城尊经书院创建，倡导“绍先哲，起蜀学”的新风，以湘学巨子王闿运为山长，兼容中学经史与西学时尚，会

通湘学与蜀学，先后培育出以廖平、吴之英、宋育仁、张森楷、刘光第、杨锐以及传承尊经书院文脉的郭沫若、蒙文通、周太玄等为代表的一大批通经致用、新旧会通而又重今文经学传统的新蜀学人才，在四川开启了近代启蒙思想意识发展的新阶段。

二是20世纪初的四川保路运动，它不仅是政治、经济运动，也是文化变革的运动。从旧绅士阶层走出来的城市精英组成立宪派与下层民众组织哥老会相结合，“引起中华革命先”（朱德评价语），开启了四川人对西方民主意识的吐纳与民族革命精神新觉醒的历程。

三是五四新文化运动在四川，出现了对“科学与民主”新思潮的追求，先进知识分子则开始了对马克思主义的新探索。1920年四川人陈豹隐在北大首讲“马克思主义经济学概论”，郭沫若在1930年提出以恩格斯《家庭、私有制和国家的起源》为指导，编写《关于中国古代社会文化的研究》的构想，以填补恩格斯“起源论”没有写中国的“下半页空白”。1922年，王右木首先在成都建立早期党组织。1924年杨闇公、吴玉章在成都成立“中国青年共产党”，开展革命活动。在党的百年奋斗史上，天府四川人以敢为人先的精神做出了杰出的贡献。

四是中国工农红军创建川陕、湘鄂川黔革命根据地，传播红色革命文化火种，建成全国第二大苏区。红军长征过四川，铸就伟大的长征精神。四川是红军长征历程中活动范围最广、历时最长、行程最远、战斗最密集、翻雪山过草地境遇最恶劣的省份，同时也是建立第一个少数民族苏维埃政权——“博巴苏维埃政府”的地方。

五是抗日战争时期抗日救亡运动在四川兴起，成立各界救国联合会。川军出川抗战，四川人民为抗战做出了巨大的人力、物力和财力贡献。沦陷区大量高校内迁四川，为天府文化注入了新的活力。四川成为大后方民族复兴的根据地和中华文艺复兴的基地。

六是解放战争时期，四川地下党在极其严酷的形势下，组织广大爱国学生和人民群众开展各种斗争，迎接四川解放，掀开了四川历史的新篇章。

六、新中国、新时期、新时代七十年天府文化开创新面貌新格局阶段

新中国七十年是社会主义在中国奠基、建立，到开创和发展中国特色社

会主义宏伟史诗进程的七十年，是中华民族从站起来、富起来到强起来的伟大历史飞跃的七十年。1949年新中国成立，社会主义制度在中国确立。1978年党的十一届三中全会开启了改革开放宏伟历程，我国进入开创和发展中国特色社会主义的历史新时期。2012年党的十八大以来，以习近平同志为核心的党中央统揽伟大斗争、伟大工程、伟大事业、伟大梦想，中国特色社会主义进入伟大的历史新时代。在这个新时代的历史方位上，在中国特色社会主义基本架构和四梁八柱已经铸就的基础上，在习近平新时代中国特色社会主义思想指导下，中国人民正进一步完善和发展中国特色社会主义，百年大党，世纪伟业，迎来了实现中华民族伟大复兴中国梦的光明前景。

七十年来，传统的天府文化，伴随着共和国不同时期的成长步伐，在创新性转型为中国特色社会主义文化的过程中，不断书写出新的篇章。新中国成立，解放后的新四川，人民当家作主，社会革故鼎新，天府文化获得创新性转化与创造性发展的机遇。其中，党中央"三线建设"的英明决策，不仅奠定了四川现代工业化的经济基础，而且为巴蜀文化、天府文化优良传统的创新和发展，注入了"三线精神"的优质内涵。进入改革开放新时期，天府四川更开拓出"改革之乡""富民兴川"的社会主义现代化建设的全新局面。社会主义天府文化在新时期也随着改革开放实现跨越式发展，传承巴蜀老祖宗"非常之人"（司马相如语）和"敢为天下先"的精神，助推治蜀兴川再上新台阶。党的十八大以来，天府人深入学习贯彻习近平新时代中国特色社会主义思想和习近平总书记对四川工作系列重要指示精神，认真践行"公园城市""构建长江上游生态屏障"、保护发展"从巴山蜀水到江南水乡的千年文脉"等新发展理念，同心共筑中国梦，阔步走进新时代。

成都市秉承上述天府文化4500年文脉传承的基因，于2017年全市第十三次党代会上提出了"弘扬中华文化，传承巴蜀文明，发展天府文化，努力建设世界文化名城"的宏伟目标和塑造"三城三都"的有力措施。当前，成都深入贯彻中央"成渝地区双城经济圈"战略部署，正掀起对成渝巴蜀文化共同体、成渝城市群文化圈和成渝文化旅游走廊研究、推动和构筑的热潮。

从上述天府文化起源、形成、发展和创新的六大阶段，我们可以清晰地看出天府文化4000多年文脉基因的形成和发展历程，它贯穿历史、当下与未来，历史文化与现代文明错综发展，每个历史时代或历史阶段都有创新性转化和创造性发展的硕果。每个时代的天府人都把传承祖宗文脉薪火，开拓天府文化新路，培育和维护这棵天府文化常青树，作为造福当代、泽被后人的历史责任与担当。

当今新时代赋予天府文化新的历史方位和特征，是天府成都人开创社会主义天府新文化新文明的难得机遇。今天总结出的新时代天府文化有四大特征——创新创造、优雅时尚、乐观包容、友善公益，这既是天府历史发展的产物，是天府人历史智慧与历史经验的结晶，也源自当今时代最深刻的需要，是当代天府成都人传承和创建现代天府文明的努力方向。这四个特征都有它的渊源、文脉基因和历史底蕴：

第一个特征“创新创造”是指精神内核。今天的创新创造同历史上的“非常精神”是一脉相承的。早在汉代，巴蜀第一位“天下文宗”司马相如就总结出巴蜀父老具有“非常之人做非常之事成非常之功”的“非凡”精神，用今天的话讲就是巴蜀培育出了许多善于创新创造的人才。对这种精神，司马相如给它总结了三大内涵：一是“苞括宇宙，总览人物”的宇宙思维和世界眼光。二是“控引天地”，要有在天地之间自由翱翔、探索宇宙奥秘的浪漫主义梦想精神。三是“错综古今”，善于把古老文明与今天的生活交错、综合、融会，这需要将高超的文化想象力与理念思辨力相结合。司马相如的这些概括，既是对三星堆古蜀人羽化成仙、翱翔宇宙的创造精神的提炼，又启迪了相如之后两千余年蜀人生生不息的浪漫主义文学传统。

第二个特征“优雅时尚”是指天府文化的生活美学与诗意风尚，是创新创造精神指导下的生活方式，也是指天府文化时代价值的生活体验。“优雅”，早在文翁化蜀以后成都就是“好文雅”“以文辞显于世”“文章冠天下”，出的文坛领袖很多的城市，不仅知识精英追求优雅，即使是城乡居民也以耕读传家为荣耀，以崇时尚、优品质的生活美学价值追求为风尚。

第三个特征“乐观包容”是指天府人的器识胸怀具有乐观开放与和谐包容的特点。它以古蜀人历来信奉的“中庸和谐，乐莫大焉”的理念为哲理基础。它的本质是“怡人文化”。《中庸》讲：“诚者，天之道也。诚之者，人之道也。”“反身而诚，乐莫大焉。”“诚者”是对天地能包容万物的自然规律的认识和信仰。“诚之者”，是指能遵循自然发展规律，并能笃信奉行。有了“诚”的信念并加以“诚之”实践，就可以尽性知天，获得怡人怡己、“乐莫大焉”的最大快乐。

第四个特征“友善公益”是指天府人的情商操守。“友善”是情商，“公益”是品质操守。我们知道，天府文化的学术内核是蜀学。蜀学的本质特征是重今文经学，就是重经世致用，通经济世，公忠体国，友爱善良。诸葛亮、杜甫、苏轼、刘沅、尹昌龄等人就是这方面的典范，他们都是天府文化养育出来的优秀践行者。

如何做一个美好的成都人？这就要从上述精神内核、生活方式、器识胸怀、情商操守四大方面入手，既善于传承古代天府人的精神薪火，又善于开拓创新。孙中山曾赞扬天府人才："惟蜀有材，奇瑰磊落"，"奇瑰"是才智，"磊落"是品格。德才兼备，以明德引领风尚，以才智报效祖国，是天府文化孕育出来的蜀中人才的传统。今天的成都作为天府文化再次辉煌的首选地和首发地，凭借深厚的历史文化优势与优越的地理环境，定能实现建设新型"三城三都"，创建新型世界文化名城的奋斗目标，培育出更多天府文化的合格传承人、新天府文化的优秀建设者。

呈现在读者面前的这套"天府文化系列丛书"就是为阐释成体系、有系统、有特色、有魅力的天府文化，增强对本土文化保持自信的热力，而由成都市社科院精心筹划、深入研究、建立平台、严格挑选出来的。它对于聚集天府文化研究队伍，组织协调海内外研究力量，推动人文与科学的跨学科研究，培育巴蜀文化名家，推出天府精品力作，讲好成都故事，传播成都声音，让人文成都、社科成都勇立时代潮头，开启天府文化新征程，必将起到它应有的作用。作为本丛书的第一读者，我被该丛书的魅力所吸引，为使众多读者能更深刻地认识和理解本丛书的编纂宗旨，领会编者的良苦用心，我谨以个人对天府文化学术体系、概念体系和话语体系的粗浅认识，加上我对这套丛书的粗浅体会，作为序言，以示祝贺、祝福和期望。同时对编者、作者、组织者深表谢意。

2021 年 4 月 15 日

天府文化系列丛书
编纂说明

成都市第十三次党代会提出“传承巴蜀文明，发展天府文化，努力建设世界文化名城”，让天府文化成为彰显成都魅力的一面旗帜。发展“创新创造、优雅时尚、乐观包容、友善公益”的天府文化，让人文成都别样精彩！

2018 年 6 月，四川省社科联主席杨泉明教授率队来成都市社科联视察调研，提出让我联深入研究天府文化，组织力量编纂天府文化系列丛书的殷切希望。在四川省社科联的关心和指导下，成都市社科联贯彻落实市委第十三次党代会精神以及世界文化名城建设大会精神，创新组织方式，利用成都研究院的新型智库平台，广泛汲取国内外社科界力量，组织各领域研究者，培育巴蜀文化名家，力争推出天府文化精品力作，讲好成都故事，传播成都声音。丛书编纂工作组上下齐心、通力合作，历时三年，终于将“天府文化系列丛书”奉献到读者面前。

本丛书以习近平新时代中国特色社会主义思想为指引，力推天府文化的创造性转化、创新性发展，是加快建设践行新发展理念的公园城市示范区的重大文化工程。丛书从文化交流与传承的视角，在历史、现实、未来三个层面，探寻成都悠久的历史文化积淀，以及独具人文魅力的地域文化特征。对于弘扬中华文明，传承巴蜀文明，发展天府文化，具有深远的历史意义。丛书涉及经济、教育、历史、文化、水利、农业、手工业等多学科领域。在严谨务实的基础上，丛书作者们充分考虑当代大众特别是青少年的阅读习惯，创新写作方式，在确保学术质量和注重社会效益的前提下，努力提升可读性、趣味性和通俗性，做到文字生动、图文并茂，并特别推出了符合青少年读者审美的动漫绘本。丛书还涉及中、英、韩三种语言，既有外国学者用中文描述成都，又有中国学者用英文介绍成都，注重国际传播效果，在一定程度上满足了国外读者的阅读需求，为天府文化走向世界搭建了桥梁。

丛书得以顺利出版，要感谢四川大学出版社的大力支持，以及多位编辑老师的辛苦付出。丛书的组织编纂是成都市社科联围绕天府文化研究进行的探索性实践，难免存在疏误，恳请读者谅解指正。未来我们将会进一步总结经验、增强力量、深化研究，为推动天府文化的繁荣发展做出应有的贡献。

“天府文化系列丛书”编务组

2021 年 3 月

目录

中篇　乐活文旅之美

下篇 家国情怀之美

导 论

文化是城市的灵魂，城市因文化而有品位。中国自古以来就有独具东方形态的特色美学。在天府大地上，“美”作为一种艺术的存续方式，根植于悠久的历史文化，繁衍于丰富的艺术作品，浸润于寻常的百姓生活。天府文化之美随着这片土地上的文明更迭不断变迁、代代传承、去芜存菁，展现着巨大的美学价值，是令天府人民，乃至中华儿女为之骄傲的文化瑰宝。

学者杜黎明认为，“天府文化根源于中华文化，发源于岷江上游，得黄河长江文化浸润，受汉、藏、羌、彝民族文化滋养。天府文化贯通历史、当下和未来，是中华文明体系中重要的组成部分，是历史文化与现代文明交相辉映的时代表达”[①]。巴蜀文化专家谭继和提出，“不同地域形成的不同文化特色和风俗习惯，是历史变迁和生活方式积淀的结果”[②]。因此，天府文化是在天府形成的具有地方鲜明特色的文化，它蕴含了多姿多彩的文化特质，特色鲜明的“古蜀—天府”文化体系发展了众多文化区域。根据考古结果显示，四川盆地早在更新世晚期就出现了频繁的人类活动，到了公元前 5000 年前后，以成都

① 杜黎明. 源远流长的天府文化[J]. 人民论坛. 2019（15）：126—127.

② 谭继和. 巴蜀历史文脉传承的特色文化圈[J]. 四川党的建设（城市版）. 200
（03）：60.

平原为中心的古蜀进入了新石器时代晚期，早期的农耕聚落已现雏形并小成规模。历史大步向前，到了公元前 2000 年前后，“古蜀之光”照亮了中华文明一大源头——恢宏的青铜时代，璀璨的三星堆文明熠熠生辉。从现有的考古发现寻迹，青铜器、城市遗迹、宗教遗迹等方面的特征显示：遥远的先秦时期，古蜀文明是独立发展、自成体系、相对发达的古代文明，延续到秦并巴蜀以后（公元前 316 年以后），秦汉文化逐渐融合古蜀文化，优秀的古蜀文化最终汇入中华文明的浩瀚大海之中。以成都这座千年古城的城市名称变迁史为典型范例，可以窥见天府文化从开辟到拓展，及至丰富的过程。成都在历史上有过许多别称与雅号，而“成都”一名出现后从未消失和湮灭。这一名称凝聚了这片热土上的人们对自己生活居住的城市的美好愿景与褒扬。据北宋时期成书的《太平寰宇记》记载，“成都”得名于周朝，“成都县旧二十四乡，今十九乡，汉旧县也。以周太王从梁山止岐山，一年成邑、二年成都，因名之成都”。人群聚居形成都市，都市因而名之的事迹，则可追溯到更早的时期。《史记·五帝本纪》尊崇舜帝高尚的品德和卓越的才能，有如下记述：“舜耕历山，历山之人皆让畔；渔雷泽，雷泽上人皆让居；陶河滨，河滨器皆不苦窳。一年而所居成聚，二年成邑，三年成都。”成都，一直是一座人杰地灵、贤能辈出、物阜民丰、美轮美奂的城市。

天府文脉的美源自其秀丽的生态文化美以及多元的历史文化美，这让天府之国成为山川秀美的风光胜地与享誉全国的英才之乡。天府文化源远流长的美，赋予了成都更多雅致动人的称谓。“锦城”得名于汉代，是天府居民在物质形态方面追求极致美的体现，承载着西汉时期蜀地因本土特产的蜀锦而名动天下的恢宏历史；“蓉城”则是天府居民以地域文化美学改造栖居环境“人化自然”的结果。后蜀时期，这座城市因满城盛开如云霞的芙蓉花让世人心向往之。时至今日，“以成都平原为中心的古蜀文明与现代都市文化特色区，包括成都、绵阳、自贡、泸州等地。成都平原是古蜀文化、古蜀国、古蜀都邑的生长点，自古以来就是巴蜀的政治、经济和文化中心”[①]。左思的《蜀都赋》里有关于成都的生动描述：“水陆所凑，兼六合而交会焉；丰蔚所盛，茂八区而庵蔼焉。于是乎全城石郭，兼匝（zā）中区。既丽且崇，实号成都。辟二九之通门，画方轨之广涂。营新宫于爽垲，拟承明而起庐。结阳城之延阁，飞观榭乎云中。开高轩以临山，引绮窗而瞰江。亚以少城，接乎其西。市廛（chán）所会，万商之渊。列隧百重，罗肆巨千。贿货山积，纤丽星繁。都人士女，袨（xuàn）服靓妆。贾贸墆鬻（dì yù），舛（chuǎn）错纵横。异物崛诡，奇于八方。”美丽富饶的天府成都，水陆在四面八方交会，丰茂繁盛的景象无处不见，各具特色的美丽商品像星星一样繁密，衣着华丽且妆饰动人的男男女女在市井街道里穿行。星光璀璨的美物、美人、美景在这座城市交汇竞芳，其时繁华的商贸往来、车水马龙的热闹场景让天府成都享誉盛名，绘就出一幅草木繁盛、商业繁荣、美不胜收的绮丽画卷。

杜黎明认为，“天府文化在古蜀王国开始孕育，在先秦时期萌芽，在秦汉时期逐渐定型，在唐宋时期走向鼎盛”[②]。天府文化之美的形成与发展深受当地物质要素的影响。成都平原有着深厚的农耕文化底蕴，农耕文明发展至今已有四五千年。天府大地受自然地理环境以及原住居民分布等因素的影响，形成了不少农业经济区，包括成都平原、岷江上游、青衣江谷地、汉沔（miǎn）川北、川中丘陵、川东山地和川陕地区等。在古蜀文明中，当属成都平原开发时间最早，面积也最为广阔，成都平原还具有农业与经济的突出优势，当仁不让地成为孕育天府文化的核心地带。古蜀王国先民以治水为主线，依托千百年来积累的丰富治水经验和水利工程技术，造就了都江堰水利工程等宏大工程，铸就了成都平原民众防抗洪水灾患的屏障，从而因地制宜，解决了农田的蓄水灌溉问题，造就了水旱从人、肥沃富饶、宜人宜居宜商的“天府之国”沃土。金沙遗址、成都平原史前古城址群、三星堆遗址、战国船棺墓葬共同描摹出已沉睡 3000 余年的古蜀文明发展演进历程。成都金沙遗址出土的金箔太阳神鸟

① 谭继和. 巴蜀历史文脉传承的特色文化圈[J]. 四川党的建设（城市版），2008（03）：60.

② 杜黎明. 源远流长的天府文化[J]. 人民论坛，2019（15）：126—127.

显现了天府文化发端的记忆，生动再现了远古人类“金乌负日”的神话传说，凝聚着古蜀文明的神秘和美妙。综观在成都平原史前古城址群的各个遗址出土的文物，可以看到数量众多、功能多样的陶制食器、容器、饮器及其他器物，可用于烹调和盛装谷类食物，结合同期出土的大量用于耕种的石锄、石杵、石刀、石矛、石凿、石斧等农具，可以窥见曾经恢宏的古代农耕发展历史。三星堆出土的青铜器“与现今所知的殷周青铜器完全异质，显示了三星堆文化的独特性”，在形制、纹饰等方面对中原青铜文化进行了本土化的改造。古蜀国的先民逐步“从山地走向平原，从流徙走向定居，从游牧走向农耕，在变迁中积累文明，播撒孕育天府文化的种子”①。博大精深、不断进取的城市文化，以诗、书、花、乐、游为代表的生活美学，也是天府文化彰显独特魅力的要素。春秋末年，古蜀开明帝将都城从古时的广都樊乡，也就是从今天的双流区迁往现在的成都主城区建筑城池，走向了天府文化集聚式发展的道路。秦国灭掉赵国之时，一大批中原的能工巧匠以及商贾富豪迁入蜀地。公元 298 年关中地区遭遇了罕见的大饥荒，成都再次吸纳了一大批逃难而来的流民。清代经历“湖广填四川”之后，成都居民的来源兼容南北，贯通东西，经过长时间的交流融合，形成了今天成都人乐观包容的性格、天府文化兼容并蓄的气度，都江堰和文翁治蜀则奠定了天府文化繁荣的基础。

“喧然名都会”的古代大都市成都人才辈出，既有兴办官学“化蜀”的文翁，又有被誉为“汉代孔子”的扬雄、“文章冠天下”的辞赋巨匠司马相如，儒家思想文化深深地融入成都的文化血脉。作为道教发源地的天府之国，“天人合一”“一生二，二生三，三生万物”“道法自然”的道家思想文化是千年如一“包容乐观”的人文底蕴。作为佛教东渡后的西南弘法之地，佛家思想文化也时刻浸润着成都，当代成都人因“佛系生活”“佛系脾气”闻名全国，城市文化则以宁静、和谐、安逸的氛围独树一帜。作为中国文化三大支柱的“儒”“释”“道”文化和谐共生于成都，成就了这座城市进取又休闲、繁华亦安详、传统且潮流、慢生活与快节奏相生相融的大美气象，并凝聚成天府成都“创新

① 杜黎明. 源远流长的天府文化[J]. 人民论坛，2019（15）：126－127.

创造、优雅时尚、乐观包容、友善公益”的独具风范的城市文化特质。

天府文化内容丰富。有绚丽多姿的音乐、戏剧、歌舞文化，有悠久的工商业文化，有辉煌灿烂的治水文化等，更有别具一格、自成一派的饮食文化，川酒、川茶、川菜享誉世界，此外，还有抗战、新中国成立、改革开放、大地震以及新时代所孕育出的独具天府风格的大爱情怀。历史悠久的成都见证了天府文化的璀璨。从 20 世纪著名学者罗念生对生活的书写中，我们可以品味到成都“城内的戏园、茶社、酒肆、商场和音乐、武艺、球戏等娱乐都移到花会去。见天有成千成万的游客观花玩景：会场内笑声与管弦合奏，美色与名花争艳”① 的文化繁盛的场景。这类根深蒂固的地域文化美学积淀，常常因文人受外界某种激发或情牵，而有意识或无意识地复现在动人心弦的文字中。班固的《汉书・地理志》中用“未能笃信道德，反以好文讥刺”来概括古代巴蜀人的精神特征。郭沫若先生在文艺追求上有“文艺的全与美”和“为艺术而艺术”的张扬，其无疑是巴蜀文化美学的朦胧影迹之一；巴蜀文豪何其芳则以“画梦”般的艺术意蕴鲜活地刻画着“凋残的华丽的古代梦”“充满了哀愁和爱情的古传说”“追求着纯粹的柔和、纯粹的美丽”等，这得益于他的古文学积淀，“读着晚唐五代时期的那些精致的冶艳的诗词，蛊惑于那种憔悴的红颜上的妩媚”，这恰如其自谓的“我喜欢那种锤炼，那种色彩的配合，那种镜花水月。我喜欢读一些唐人的绝句。那譬如一微笑，一挥手，纵然表达着意思但我欣赏的却是姿态”②。也为诗文，也为生活，“以诗、书、花、乐、游为代表的生活美学是成都独具特色的文化名片”③。

在今天，如此美学追求，既可以从隐逸的“数典”中探古觅踪、细细追寻，又可以在街巷名称等城市遗痕中随处遇见。比如位于成都中心城区一环路玉林街的九如村一名就出自经典文献《诗经》，《小雅・天保》中有“如山如

① 罗念生. 罗念生全集 第 9 卷 从芙蓉城到希腊[M]. 上海：上海人民出版社，2007：165.

② 邓经武. 花间丽词：巴蜀文化美学的一次聚焦狂欢[J]. 中华文化论坛. 2014，(07)：14－19.

③ 周翔宇. 感悟成都生活美学 感受天府文化魅力[N]. 成都日报，2019－06－12(06).

皋，如冈如陵，如川之方至……如月之恒，如南山之寿，不骞不崩，如松柏之茂，无不尔或承”，诗中 9 个“如”字连用，用以祈求福寿绵延；市中心的九思巷一名，源自《论语·季氏》：“君子有九思：视思明，听思聪，色思温，貌思恭，言思忠，事思敬，疑思问，忿思难，见得思义。”以“九思”命名提醒世人要自谦、自警。成都的街巷名称源自市场作坊分类的有线香街、锣锅巷、打铜街、商业街、骡马市街、署袜街等；源于引人入胜的神话传说故事的有武担山、五块石、天涯石街、支矶石街、金马街等；因地貌风物特色而得名的街道的有槐树街、梨花街、泡桐树街、冻青树街等；因靠近桥梁、水系而得名的街道有万福桥、猛追湾、九眼桥、万里桥、十二桥、半边桥、玉带桥、青石桥等。游街走巷，天府文化中的奇异地名时常引得远道来蜀地之人为之惊叹。市井巷道有美学赋义，市井巷道里生活的人更有向美的精神追求。当代成都的青白江区境内流淌着清白江，据史料记载，素有“铁面御史”之称的北宋清官赵抃就生活在这里。赵抃任成都府知府时，以“琴鹤之志”践行了至今仍活跃天府的“清白”文化之美。赵抃有雷氏琴一张，琴是名贵唐琴，乃家传之物，鹤也是家养。苏轼诗赞他：“清献先生无一钱，故应琴鹤是家传。”赵抃生活不讲排场，不喜车马随从，不要地方官迎接，总是“单马就道”，随身一把琴、一只鹤，此外别无家财，真可谓一清二白。其经过湔江时，留下“吾志如此江清白，虽万类混淆其中，不少浊也”的千古誓言，展现并影响了天府人“清廉为政”“清正做事”“清白做人”的精神文化追求。

世界水利史上的伟大奇迹，至今依旧造福成都人民的都江堰水利工程，是中华文化、中华民族崇尚道法自然、天人合一的真实写照，也是将水利技术手段与科学原理熟练结合的典型代表，同时也凝聚着天府文化崇尚科技、文化与创新创造的大智慧。公元前 311 年，秦国宰相张仪和郡守张若按照都城咸阳建制兴建成都，李冰父子继承弘扬蜀地人民治水传统，借鉴大禹、鳖灵治水经验，筑造无坝引水、防洪灌溉的都江堰水利工程。这一工程充分展示了古时天府劳动人民的勇敢、智慧、勤劳，造就了领袖与大众齐心协力成功治水的世界奇迹，使得成都平原从此成为水旱从人、不知饥馑、沃野千里的“天府之国”，奠定了天府文化生生不息的物质基础。

蜀绣、蜀锦把文化内涵精妙地融进日常生活用品，是天府文化优雅、时尚特质的典型物质代表。早在商代，蜀绣、蜀锦就曾依托南丝绸之路，经由成都、雅安、西昌、攀枝花，穿云南，进入缅甸、泰国、印度和中东地区，与广阔的世界建立交流和联系，把优雅时尚的天府文化洒满南丝路，也把原本属于中华的文化瑰宝的声名远播至异国他乡。早在秦汉时期，成都就是国内排得上号的大都市。考古发现，这一时期蜀布、邛杖已经出现在异国他乡，这不仅显示了“天府之国”超高的制造水平，也是成都开创南丝绸之路的证明。

汉景帝末年，蜀郡太守文翁兴办地方官学，开地方官府办学之先河，此举受到汉武帝褒扬，并在全国范围内推广。同时，文翁以实际水平为准举贤任能，一时之间蜀地的文化教育水平与齐鲁比肩，自此“天府之国”成为我国一个重要的文化聚集之地，也为蜀学的长远发展奠定了坚实基础，使天府文化成为人类文明版图上的一颗璀璨的明珠，绘出秀丽多姿、多元融合、朴实真诚又充满艺术趣味的美妙画卷。

火井煮盐让天府大地的居民成为人类最早的天然气使用者。长久繁荣的唐宋盛世使得中国经济和文化实力领先世界，强盛的祖国也成为天府文化发展的重要历史背景。由此，天府之国成为纸币交子、雕版印刷品等诸多文明成就的发祥地。世界上最早的出版家——“龙池坊卞家”也诞生于成都，世界佛教史上第一部官刻大藏经——《开宝藏》于成都印刷面世，成都“交子铺户”诞生了世界上最早的存取款业务，成都发行的“官交子”成为世界上最早的法定货币。

唐宋年间，文人墨客云集的成都形成了独具特色的诗文风气，留下了大量脍炙人口的经典名篇，也留下了望江公园、杜甫草堂等物质文化遗产。成都兴办的书院、府学，在造就大量人才的同时，也丰富和繁荣了天府文化。“汉代孔子”扬雄，易学巨匠严君平，被世人誉为“赋圣”和“辞宗”的司马相如，有“良史之才”的《三国志》作者陈寿，唐代“诗仙”李白、“诗圣”杜甫，宋代爱国诗人陆游，明代三才子之首的杨慎，尊经书院的创办者张之洞，中国近代著名经学大师廖平等都在成都留下了传世佳作。

晚唐时期的绘画界，贯休、黄荃父子的画作笔法细腻，构图巧妙，形神俱佳，寓意深远，其被一众评论家誉为中国文人画的开山鼻祖，李畋在《益州名画录·序》中说："盖益都多名画，富视他郡。谓唐二帝播越及诸侯作镇之秋，是时画艺之杰者，游从而来，故其标格楷模，无处不有。""至如蜀都名画之存亡，系后学之明昧，斯黄氏之志也。""考邓椿《画继》，称蜀道僻远，而画手独多于四方，李方叔载《德隅斋画品》，蜀笔居半云云。则休复之详录益州；非夸饰矣。"这充分证明了在晚唐时期，成都绘画界人才对花鸟画、文人画、工笔画等中国绘画技艺已经运用的极为成熟，水墨画艺术特有的形式美在天府画史上已经基本定型。

巴蜀文化的另一大特色就是音乐艺术的繁荣，《臾邪歌》《龙归之曲》《东平之歌》《幽魂之曲》《伊鸣六曲》是先秦时期蜀王为表达挚爱至情而为妃子所作的音乐作品。从现存可考的历史文献中寻踪，刘邦宫廷中"巴渝鼓员三十六人"以及长安城王公大臣宴集活动等记载都可谓巴蜀音乐歌舞在汉代广受欢迎并盛行的佐证。"绿漪琴"（司马相如曾在临邛弹奏）、"雷琴"是中国古代名琴的代表。魏晋南北朝文人依调填写的《惟庸蜀》《巫山高》《蜀国弦》是"乐府旧题"。"喧然名都会，吹箫间笙簧"是杜甫对"成都府"人们生活状态的诗意描述，"锦城丝管日纷纷，半入江天半入云。此曲只应天上有，人间能得几回闻"是杜甫在《赠花卿》中所描绘的成都音乐歌舞盛况。李白的《听蜀僧浚弹琴》中书写的蜀地僧人弹美妙琴音令众人醉倒山林的景象可以让人窥见唐时天府之国的音乐盛况。而考古发掘的文物中，镌刻在蜀地王建墓棺床东、西、南三面的姿态优美的二十四伎乐画图，更生动地再现了晚唐时期成都音乐歌舞的极致繁荣。

从古代的文化美学理论领域来看，司马相如的美学创作理论以及魏晋时秦宓非常提倡"文藻"的追求，"盖河、洛由文兴，六经由文起，君子懿文德，采藻其何伤"等美学主张都十分推崇华丽的形式美。这一点刘歆在《西京杂记》卷二中说得十分清楚，"司马长卿赋，时人皆称典而丽"，司马相如崇尚对文学艺术以及辞藻的精雕细琢。颇具"风骨"的初唐四杰之一陈子昂也有不少唯美之作，如《春台引寒食集毕录事宅作》中所写，"挟宝书与瑶瑟，芳蕙华而兰靡。乃掩白苹，藉绿芷。酒既醉，乐未已，击青钟，歌渌水。怨青春之萎绝。赠瑶台之旖旎”；又如《山水粉图》，特别是《于长史山池三日曲水宴》中描写的“泛滟清流满，葳蕤白芷生。金弦挥赵瑟，玉指弄秦筝。岩榭风光媚，郊园春树平。烟花飞御道，罗绮照昆明”等。浮光闪耀，白芷茂盛生长，在悠扬动人的瑟筝乐曲中，绮丽的风光和明媚的春色让人沉浸陶醉在美中。明代成都人杨慎的文学作品“以典丽为宗”，文辞追求优雅美丽，高扬六朝时期唯美文学的大旗。

人是文化的创造者与传承者。人们总期望自己的生活可以过得更好一些，正是源于追求美、崇尚善的永恒初心，人类才能在历史长河中不断奔腾向前。一定程度上说，对“美好生活的向往”是过去更是未来人类进步的永恒不歇的强大动力，并且这种动力还会因地制宜呈现多姿多彩、风格万千的形式。在天府文化研究院地方文献研究室主任周翔宇看来，“对成都而言，在数千年的历史长河中，由优越自然条件和深厚历史积淀共同孕育出的天府文化是这座城市的根与魂。优雅闲适、从容大气的成都生活美学是这座城市丰富的非物质文化遗产在现实生活中的投影，是天府文化创新创造力度、优雅时尚风度、乐观包容气度、友善公益温度的当代表达”①。

① 周翔宇. 感悟成都生活美学 感受天府文化魅力[N]. 成都日报，2019－06－12（06）.

上篇

Shangpian

诗情画意之美

成都是魏晋南北朝时期的乱世乐土，唐宋时期的盛世名城，一座骨子里散发着诗情画意的城市。以诗、书、花、乐、游等为代表的生活美学早已融入这座城市的文化气质中。千百年来的诗歌传统是天府文化非常重要的城市品质和文化基因，在成都城市发展、城市气质形成、文化形象塑造过程中发挥着重要作用，在经济飞速发展的当下，为人们寻求心灵平衡与宁静提供了一片栖息之地。

元费著《岁华纪丽谱》载："成都游赏之盛，甲于西蜀，盖地大物繁而俗好娱乐。"壮美秀丽的山水景观、悠游闲适的人文氛围、丰裕富饶的物产资源、繁华绮丽的游乐风俗，历经千年的积淀，已成为这座城市鲜明的文化特色，筑就了这座被历史上无数文坛大家视作繁华之所的锦绣都市。

俗语言，"少不入蜀，老不出川"，蜀地向来被认为是安逸宜居之地，而最甚者成都，早已成为当今闻名遐迩的休闲美食之都与音乐之都。这座休闲城市崇尚"慢"文化，这里的人们好耍、喜安逸，仲夏之夜河边吃冷啖杯，秋冬暖阳坝子上啜碗盖碗茶，生活散漫却富有情趣，对现代休闲生活方式的追求铸就了成都人骨子里的优雅闲适与诗情画意。文人诗词、花、酒以及音乐、绘画等，早已浸入天府市民的日常生活，谱写着天府文化诗情画意之美的新篇章。

第一节
诗家律手在天府

“自古诗人例到蜀”（李调元《送朱子颖孝纯之蜀作宰》），成都作为古往今来文人墨客的聚集地，司马相如、李白、杜甫、薛涛、白居易、苏轼、陆游、杨慎、郭沫若、巴金、李劼人、周克芹、马识途、流沙河、阿来、梁平、翟永明等都曾游历或定居于此。这里有薛涛的浣花笺、李白的散花楼、杜甫的草堂、陆游的西蜀海棠，以及武侯祠、大慈寺、望江楼、青羊宫、罨画池、摩诃池等无数历史人文遗迹传承了悠悠天府文脉，早已成为中国古典诗歌的地理符号。历览前贤诗文，从吉光片羽中感受天府文化的诗意之美，“锦江春色来天地，玉垒浮云变古今”（杜甫《登楼》）、“锦江近西烟水绿，新雨山头荔枝熟”（张籍《成都曲》）、“美酒成都堪送老，当垆仍是卓文君”（李商隐《杜工部蜀中离席》）……名篇佳作铸就了这座繁华都市闲适诗意的生活氛围和时尚优雅的文化气质。这些驻足成都的历史文化名人对美的发现与追求、对日常生活的热爱与享受，都是天府文化优雅闲适、从容大气精神的生动诠释。就是这份对生活之美的不懈追求，铸就了天府文化的诗意人文之美，也构筑了成都人满满的烟火气息与幸福感。

成都，从千百年来文人墨客的笔端款款走来，盛开在古典诗词绘就的画卷中，站立成一座骨子里充满诗意的锦绣城市，优雅时尚而又从容自得。

一、蜀雄李杜拔

提到成都与诗歌的渊源，我们总是念念不忘“诗仙”李白与“诗圣”杜甫，正如韩愈所言“李杜文章在，光焰万丈长”（《调张籍》）。他们历来被视作中国诗歌史上最为耀眼的“双子星”，二者分别代表了浪漫主义和现实主义诗歌的创作高峰，而他们都与蜀地尤其是成都有着不解的渊源，正因如此，文人入蜀与诗文创作产生了某种联系，似乎若要在诗文方面有所成就，就得到蜀中游历一番。钱钟书《宋诗选注》注陆游《剑门道中遇微雨》诗云：“韩愈《城南联句》说‘蜀雄李杜拔’，早把李白、杜甫在四川的居住和他们在诗歌里的造诣联系起来；宋代也都以为杜甫和黄庭坚入蜀以后，诗歌就登峰造极。……入蜀道中、驴子背上的陆游就得自问一下，究竟是不是诗人的材料。”[①] 其实早在《文心雕龙》里就已有“江山之助”的说法，刘勰认为文人的创作深受地域因素的影响。南宋学者周必大在《跋黄鲁直蜀中诗词》里也提道：“杜少陵、刘梦得诗，自夔州后顿异前作。世皆言文人流落不偶，乃刻意著述，而不知巫峡峻峰激流之势，有以助之也。”显然，成都闲适安逸的民风民俗、底蕴浓厚的人文气息、壮丽秀美的自然景观等，都深深地影响着身处此地的文人创作，激发他们的文思诗兴。“诗仙”李白与“诗圣”杜甫，他们都在蜀中有过不短的生活经历，也都创作了不少“成都诗”。太白曾吟咏“九天开出一成都，万户千门入画图”（《上皇西巡南京歌》），子美亦赞叹“喧然名都会，吹箫间笙簧”（《成都府》），杜甫草堂、武侯祠、大慈寺、青羊宫、峨眉山等名胜古迹留下了他们的足迹，为成都平添了一份诗意人文之美。

（一）九天开出一成都：李白的散花楼

李白，字太白，号“青莲居士”，又号“谪仙人”，关于其出生地，大致有

① 钱锺书. 宋诗选注[M]. 上海：上海三联书店，2014：280.

西域碎叶城和蜀郡绵州昌隆县（即今日的四川省江油市青莲乡）两种说法。李白的诗歌风格雄奇奔放，俊逸清新，色彩瑰玮绚烂，富有浪漫主义精神，被后世誉为“诗仙”，与其惺惺相惜的好友杜甫曾赞其“笔落惊风雨，诗成泣鬼神”（《寄李十二白二十韵》）。李白一生爱饮酒，好剑术，喜任侠，是唐代最伟大的浪漫主义诗人，余光中《寻李白》曾赞其“酒入豪肠，七分酿成了月光，余下的三分啸成剑气，绣口一吐就半个盛唐”。

新建的散花楼（练忆茹供图）

唐进士魏颢在《李翰林集序》中说：“蜀之人无闻则已，闻则杰出。是生相如、君平、王褒、扬雄，降有陈子昂、李白，皆五百年矣……身既生蜀，则江山英秀。”李白自小生长在巴蜀地区，谈及其与蜀地之渊源，总离不开那首耳熟能详的千古名篇《蜀道难》[①]，“蜀道之难，难于上青天！”“连峰去天不盈尺，枯松倒挂倚绝壁。”“锦城虽云乐，不如早还家。”……蜀地人杰地灵，秀丽清奇的山川不仅是李白诗文创作的灵感和素材，更在潜移默化中改变了他的心境，影响着其创作风格。李白离蜀后，仍念念不忘故土山水，留下不少赞美

① 李白. 李太白全集（典藏本）[M]. 王琦，注. 北京：中华书局，2015：194.

蜀地的诗篇。例如《送友人入蜀》诗云“芳树笼秦栈，春流绕蜀城”；《渡荆门送别》诗云“山随平野尽，江入大荒流。月下飞天镜，云生结海楼”；《荆门浮舟望蜀江》诗云“春水月峡来，浮舟望安极。正是桃花流，依然锦江色”；等等，不一而足。成都自古以来风景如画，历史遗迹丰富，《成都记》载：“府城亦呼为锦官城，以江山明丽，错杂如锦也。”唐开元八年（720），二十岁出头的李白正处意气风发的年纪，饮酒赋诗仗剑走天涯，开始了长达五年的四川漫游，游历成都遍寻美景，留下了不少绝世佳作，其中就有那首传诵千古的《登锦城散花楼》：

日照锦城头，朝光散花楼。
金窗夹绣户，珠箔悬银钩。
飞梯绿云中，极目散我忧。
暮雨向三峡，春江绕双流。
今来一登望，如上九天游。

在李白的笔下，散花楼雄伟且熠熠生辉，登楼极目远眺，仿佛身处九天云端之中，意境飘逸、想象奇谲。散花楼，在唐代是与黄鹤楼、岳阳楼、滕王阁齐名的四大名楼之一，是成都历史上的名胜古迹。大多认为散花楼是隋朝开皇年间（582—600）蜀王杨秀所建，《成都记》提道：“散花楼，在摩诃池上，蜀王秀所建。”又据《蜀中名胜记》载：“东城楼，即散花楼也。”具体位置大约在今槐树路东口，东门大桥西头至东安北路一带，杨秀在取土扩建成都子城时，形成了摩诃池，他还将东城楼改造为散花楼用以游宴赏乐。民间相传此地是天女散花之处，《舆地纪胜》载：“散花楼，隋开皇建，乃天女散花之处。”因此赋予其一个极富诗情画意和浪漫情调的名字——散花楼。据《方舆胜览》，散花楼又名锦楼或者锦江楼，“锦楼在成都县龟城上，唐建。前瞰大江，西眺雪岭，东望长松，二江合流，一曰锦江楼，一曰散花楼”。南宋陆游《初春出游》诗云“万里桥西系黄骝，为君一登散花楼”，诗中提到散花楼在万里桥西一带。在历史上散花楼曾历经多次变迁，于宋末毁于战火。如今我们所见的散花楼新建于 1993 年，在琴台路对面百花潭公园北门沧浪桥畔，有一座八角翘檐、朱墙金阁的雕花亭楼，很是光彩夺目。正因李白《登锦城散花楼》诗云“今来一登望，如上九天游”，其《上皇西巡南京歌》亦云“九天开出一成都”，于是人们又在成都城东的塔子山公园修建了一座高达 11 层的九天楼以纪念这位伟大的诗人。这座极富诗意的散花楼盛于唐代，是文人墨客往来游赏之地，留下的吟咏诗文众多。唐张祜有名篇《散花楼》：“锦江城外锦城头，回望秦川上轸忧。正值血魂来梦里，杜鹃声在散花楼。”除了散花楼，李白还吟咏过成都的不少人文和自然景观。李白 57 岁时因永王李璘案受牵连获罪，被流放夜郎，途中，听闻有定成都为南京这一消息，当下创作了《上皇西巡南京歌十首》，以组诗的形式多角度多层次地极力铺陈成都风光之旖旎、历史之悠久、市井之繁华，组诗以剑门关、成都、华阳、新都、锦江、锦城等 12 处地名来盛赞天府之地的山清水秀、美丽富饶，在诗中成都仿若九天之外的仙境。

其一

胡尘轻拂建章台，圣主西巡蜀道来。

剑壁门高五千尺，石为楼阁九天开。

其二

九天开出一成都，万户千门入画图。

草树云山如锦绣，秦川得及此间无。

其三

华阳春树号新丰，行入新都若旧宫。

柳色未饶秦地绿，花光不减上阳红。

其四

谁道君王行路难，六龙西幸万人欢。

地转锦江成渭水，天回玉垒作长安。

其五

万国同风共一时，锦江何谢曲江池。

石镜更明天上月，后宫亲得照蛾眉。

其六

濯锦清江万里流，云帆龙舸下扬州。

北地虽夸上林苑，南京还有散花楼。

其七

锦水东流绕锦城，星桥北挂象天星。

四海此中朝圣主，峨眉山下列仙庭。

其八

秦开蜀道置金牛，汉水元通星汉流。

天子一行遗圣迹，锦城长作帝王州。

其九

水绿天青不起尘，风光和暖胜三秦。

万国烟花随玉辇，西来添作锦江春。

其十

剑阁重关蜀北门，上皇归马若云屯。

少帝长安开紫极，双悬日月照乾坤。

一生好入名山游的李白，醉过青城山的酒，也揽过峨眉山的月。他曾在访青城山时写下《春感诗》，书写山中美景与满腹踌躇，诗云“茫茫南与北，道直事难谐。榆荚钱生树，杨花玉糁街。尘萦游子面，蝶弄美人钗。却忆青山上，云门掩竹斋”。李白也曾先后两次登上峨眉山，在初次登山时，写下了一首《登峨眉山》，诗云“蜀国多仙山，峨眉邈难匹”，意思是蜀地仙山众多，但没有一座可与峨眉山相匹敌。“青冥倚天开，彩错疑画出。泠然紫霞赏，果得锦囊术。云间吟琼箫，石上弄宝瑟”。李白极尽笔墨描绘峨眉山峰青翠，景色雄奇，似人间仙境，令诗人飘飘然有出世的念头。诗人在离开蜀地时深感不舍，于岷江畔的清溪码头写下了《峨眉山月歌》，以表达对故乡山水的依恋之情：“峨眉山月半轮秋，影入平羌江水流。夜发清溪向三峡，思君不见下渝州。”四句诗里用了五处地名，却丝毫不见堆砌的痕迹，清代赵翼《瓯北诗话》谓其“不屑屑于雕章琢句，亦不劳劳于镂心刻骨，自有天马行空，不可羁勒之势”。全诗神韵清绝，意境优美，仿佛用山月江水构筑了一幅千里蜀江夜行图。

成都还曾有一条小巷，相传李白游历成都时曾经居住在这里，而他自号“青莲居士”，于是人们为了纪念他，就把这条小巷取名青莲巷。当时李白居住的地方旁边有一字画铺，他常常到这儿装裱字画。有一次他帮助一位孤寡老人题画卖扇，因着李白之故，老人的画扇大卖，解了困窘之境，于是李白“题扇救贫”的故事也一时传为佳话。历史上的文人才士都爱到这条巷子寻访太白遗迹，青莲巷也多了一丝诗意文雅之美。锦城的散花楼承载了诗仙太白天马行空的想象，蜀地的秀丽山水绘就了其诗歌瑰玮绚烂的色彩。这位仗剑走天涯、诗酒恣意人生的伟大诗人成为了这座城市一段不可抹去的文化记忆。

（二）万里桥西一草堂：杜甫的诗意栖居所

但凡是爱好文学的人，或多或少有着一种草堂情结。到了成都，总不得不到杜甫草堂走一走。冯至先生《杜甫传》里曾言：“不只杜甫自己欣庆得到一个安身的处所，就是飞鸟语燕也在这里找到新巢，从此这座朴素简陋的茅屋便

杜甫草堂（廖珺供图）

成为中国文学史上的一块圣地，人们提到杜甫时，尽可以忽略了杜甫的生地和死地，却总忘不了成都的草堂。”今日的杜甫草堂已经成为中国古典诗歌的精神象征，正月初七“人日游草堂”已发展为一项文化盛事。

杜甫，字子美，自号“少陵野老”，唐代著名的现实主义诗人，后世称其为“诗圣”。其诗歌风格沉郁顿挫，因读其诗可以知其世，被誉为“诗史”，在杜甫笔下，我们可以看到世间疮痍和人世苦痛，亦能体悟到清狂野逸之态与至情至性之美。杜甫于安史之乱爆发后，飘泊西南天地间，几经辗转，最后于唐肃宗乾元二年（759）十二月自陇右入蜀，来到成都。此时的杜甫，已近天命之年。最初他在成都西郊草堂寺寓居了三月，及至次年春天，唐肃宗上元元年（760），在亲友的资助下于成都西郊浣花溪畔觅得一块荒地，筑起茅屋，称之为“草堂”。杜甫《狂夫》诗云：“万里桥西一草堂，百花潭水即沧浪。”草堂的位置在万里桥西与百花潭北之间。据仇兆鳌《杜诗详注》引清陶开虞曰：“子美草堂有四：其一在西枝村，未成，一在浣花，一在瀼西，一在东屯。”[①]草堂建成后杜甫还高兴地写下一首《卜居》用以纪念，及至唐代宗大历三年（768）正月下峡，杜甫在蜀中度过了8年多较为安定舒适的日子，“盖多年匍匐，至此始得少休”（仇兆鳌《杜诗详注》），这也正是其创作的高峰期和成熟期，这期间的作品占现存杜诗的一半以上。

在杜甫的笔下，成都是我们耳熟能详的“窗含西岭千秋雪，门泊东吴万里船”（《绝句四首·其三》），诗人曾在屋漏床湿、长夜辗转难眠之际发出“安得广厦千万间，大庇天下寒士俱欢颜！风雨不动安如山”（《茅屋为秋风所破歌》）的慨叹，但更多描述的是“蜀酒浓无敌，江鱼美可求”（《戏题寄上汉中王三首·其二》）的丰饶与安逸生活。

杜甫心系苍生、胸怀天下的忧国忧民的济世情怀历来为人所颂，他怀揣“致君尧舜上，再使风俗淳”（《奉赠韦左丞丈二十二韵》）的入世理想，“穷年忧黎元，叹息肠内热”（《自京赴奉先县咏怀五百字》）。杜甫到成都以后，他的生活态度、思想感情、诗歌风格等都发生了极大的转变，开始倾情于花草树

① 杜甫．杜诗详注[M]．仇兆鳌，注．北京：中华书局，2015.

木、虫鱼鸟兽、春雨夏幽等自然景物与日常闲适生活的细微之处，诗歌风格一改之前的慷慨悲壮激昂，有着与其他阶段截然不同的艺术风格，他在草堂居住期间所创作的诗歌整体呈现出恬淡优雅、悠闲自得的风格。

春夜喜雨

好雨知时节，当春乃发生。
随风潜入夜，润物细无声。
野径云俱黑，江船火独明。
晓看红湿处，花重锦官城。

这首诗是上元二年（761）杜甫于草堂所作，乃其名篇之一，诗人以拟人手法细致地描绘了成都春日细雨蒙蒙之景，轻快愉悦又清晰动人。诗中细腻生动地描写了成都春雨的特点与景物，体物精微，意境淡雅清幽，别具一番风味。

杜甫诗中常见蜀雨意象，如“蜀星阴见少，江雨夜闻多”（《散愁二首·其一》），“村春雨外急，邻火夜深明”（《村夜》），“细雨鱼儿出，微风燕子斜”（《水槛遣心·其一》），“蜀天常夜雨，江槛已朝晴”（《水槛遣心二首·其二》）……描绘成都雨景的诗作俯拾皆是，他对蜀雨的描写细致入微，在诗中流露出寓居草堂期间优游闲适的心情和对平凡日常生活的热爱。

江　村

清江一曲抱村流，长夏江村事事幽。
自去自来堂上燕，相亲相近水中鸥。
老妻画纸为棋局，稚子敲针作钓钩。
但有故人供禄米，微躯此外更何求？

此诗作于上元元年（760）夏，是草堂初建成时诗人借景抒怀之作，老妻画纸为棋盘，幼子弯针当作钓钩，生活何其怡然自得和闲适安逸！杜甫以平凡质朴的语言勾勒出了一幅江村夏日幽居图。所居之处景色宜人，妻儿环绕身边，远离战事纷扰，于琐细的生活中细品人生的乐趣，人世间最幸福的时光莫过于此。

江村不大且邻居很少，“城中十万户，此地两三家”（《水槛遣心二首·其一》）、“锦里烟尘外，江村八九家”（《为农》），但邻里相处非常融洽，散见于杜诗中的就有与北邻、南邻、黄四娘、邻叟、田父等人的日常往来，美丽的自然景观、和谐的邻里关系，构成了杜甫一家惬意舒适的乡村幽居环境。杜甫在这样的邻里关系中很快融进了江村百姓生活，并发出了“久客惜人情”（《遭田父泥饮美严中丞》）的肺腑之言。这些村居乐趣与真情流露自然也体现在杜甫的诗作中。

客　至

舍南舍北皆春水，但见群鸥日日来。
花径不曾缘客扫，蓬门今始为君开。
盘飧市远无兼味，樽酒家贫只旧醅。
肯与邻翁相对饮，隔篱呼取尽余杯。

这首七言律诗，是诗人在久经离乱终于安居草堂后所作。有客来访，主人满心欢欣，字里行间洋溢着村家真率之情。草堂生活氛围和谐，人情味很是浓郁，诗人将乡村生活描写得富有情趣，即使是苦中作乐，也满是惬意。

杜甫在成都期间得到了亲友的倾力相助，他们或到访草堂，或邀其同游，或赠其物资，或唱和往来，对“漂泊西南天地间”（《咏怀古迹五首·其一》）的杜甫给予了物质上的馈赠和精神上的慰藉。仇兆鳌《杜诗详注》引清陶开虞语：“初营成都草堂，有裴、严二中丞，高使君为之主；有徐卿，萧、何、韦三明府为之圃；有王录事、王十五司马为之营修。”

为了扩建草堂，杜甫曾创作了系列诗作向亲友要绿李、黄梅等果树，桤木、松树栽子等亦不可少，用以拾掇草堂。例如，《从韦二明府续处觅绵竹》诗云：“华轩蔼蔼他年到，绵竹亭亭出县高。江上舍前无此物，幸分苍翠拂波涛。”杜甫于浣花溪畔建草堂时，以诗代函，向好友绵竹县令韦续觅绵竹一丛，植于草堂，至今杜甫草堂仍能见其踪影。此外，有觅桃栽的，“奉乞桃栽一百根，春前为送浣花村。河阳县里虽无数，濯锦江边未满园”（《萧八明府实处觅桃栽》）；有觅果栽的，“草堂少花今欲栽，不问绿李与黄梅。石笋街中却归去，果园坊里为求来”（《诣徐卿觅果栽》）；有为感谢表弟遗资草堂而作的，“忧我营茅栋，携钱过野桥。他乡唯表弟，还往莫辞遥”（《王十五司马弟出郭相访遗营草堂资》）……此类诗作还有《凭何十一少府邕觅桤木栽》《凭韦少府班觅松树子栽》《又于韦处乞大邑瓷碗》等多首，都属于人情答赠之作。

杜甫在成都期间与剑南节度使兼成都尹严武关系极为密切，在严武的盛情邀请下，杜甫曾入严武幕府任检校工部员外郎，故又有“杜工部”之称。严武长期资助杜甫一家，使其度过了一段无衣食之忧的安定生活。二人唱和往来，杜甫有《严中丞枉驾见过》《谢严中丞送青城山道士乳酒一瓶》等诗作。宝应元年（762）四月，严武应诏入朝，杜甫作《奉济驿重送严公四韵》送之：

远送从此别，青山空复情。
几时杯重把，昨夜月同行。
列郡讴歌惜，三朝出入荣。
江村独归处，寂寞养残生。

深情厚谊、不舍之情溢于言表，二者关系之亲密可见一斑。及至公元765年严武去世，杜甫失去了依靠，又开始了漂泊之旅。

杜甫在成都悠闲舒适的慢节奏生活中，得以从容回顾自己半生的学习经历和创作经验，梳理文学创作中遇到的种种问题，并审视文坛出现的种种奇特现象，最终写出了《戏为六绝句》这组诗，他以诗论诗，针对当时诗学界所存在的贵古贱今、好高骛远、夜郎自大等毛病阐述了自己独到的艺术见解。杜甫幽栖草堂几近四年，于此间创作了大量诗歌，生活相对闲适安逸，过上了曾经渴求的“潇洒送日月”（《自京赴奉先县咏怀五百字》）的惬意生活。但他从未忘记挣扎在社会最底层的贫苦百姓，对身处苦难中的人民投以深切的悲悯与关怀，创作了《枯棕》《病橘》《茅屋为秋风所破歌》等诗作。

从杜甫的诗作中，我们可以瞥见天府之国的生活诗意之美。也是在这里，杜甫发出“不堪祇老病，何得尚浮名。浅把涓涓酒，深凭送此生”（《水槛遣心二首·其二》）的慨叹。成都的草堂给杜甫留下了心底美好的回忆，难怪诗人离开成都以后，仍然念念不忘浣花溪畔的栖居之地。

怀锦水居止二首

其一

军旅西征僻，风尘战伐多。
犹闻蜀父老，不忘舜讴歌。
天险终难立，柴门岂重过。
朝朝巫峡水，远逗锦江波。

其二

万里桥西宅，百花潭北庄。
层轩皆面水，老树饱经霜。
雪岭界天白，锦城曛日黄。
惜哉形胜地，回首一茫茫。

这组诗作于永泰元年（765）秋，此时杜甫已经携妻儿离开浣花溪草堂，乘舟东下。十月，陕西节度使郭英义至成都继任剑南节度使，崔旰反，各地举兵讨崔，蜀中大乱。杜甫因崔旰乱蜀而怀思锦城，怀念那座给予其颠沛流离生涯短暂安宁的草堂旧居，故而提笔写下对故居的思念。

杜甫草堂留下了“诗圣”的文学印记，草堂和二百余首描写成都的诗词历来被视为成都诗歌文化的象征。后世文人来到成都总是要前往杜甫草堂拜谒。晚唐著名词人韦庄寻得草堂遗址，重结茅屋，使其得以保存下来，他还将自己的集子命名为《浣花集》，以示对诗圣的敬重。宋代及明清时期，当地官府都先后对杜甫草堂进行了修葺扩建。清代嘉庆年间增设了陆游的塑像以配祀杜甫，清光绪年间再增塑黄庭坚像配祀。清代著名的四川戏曲理论家、诗人李调元也曾多次游览杜甫草堂，其《谒杜少陵草堂祠》云“至今草堂寺，名与江水长”“我公真诗史，俎豆谁同春”，对杜甫可谓推崇至极，对诗圣的一生功绩评价很高。

杜甫初到成都浣花溪寺时，高适正任彭州刺史，高适作有《赠杜二拾遗》，杜甫则回赠《酬高使君相赠》。二人友情深厚，曾在“人日”以诗唱和往来，高适《人日寄杜二拾遗》诗云“人日题诗寄草堂，遥怜故人思故乡”。后来为了纪念杜甫，人们会在“人日”这天扶老携幼，来到草堂凭吊杜甫，吟唱杜诗、赏梅祈福，后来与其他民俗活动一起，逐渐成为文人雅士传承蜀中文脉的重要活动，并于清代咸丰年间发展成为一项民俗文化活动。及至今日，“人日”游草堂、祭拜诗圣已经成为成都市民春节期间的重要民俗节庆活动，“人日”游草堂也已成为省级非物质文化遗产。千年来，草堂之名与这里的山川草木，因杜甫的诗歌而成不朽。

（三）日月相会：诗酒会心之友

李白与杜甫合称“李杜”“大李杜”，明代胡应麟《诗薮》言：“唐人才超一代者李也，体兼一代者杜也。李如星悬日揭，照耀太虚。杜若地负海涵，包罗万汇。”“李杜”作为唐代诗坛的两座高峰，浪漫主义与现实主义的代表，一个生性豪放旷达，才高气逸而调雄；一个诗风沉郁顿挫，体大思精而格浑。二者的友谊成就了中国文学史上的一段佳话。

春日忆李白

白也诗无敌，飘然思不群。

清新庾开府，俊逸鲍参军。

渭北春天树，江东日暮云。

何时一樽酒，重与细论文。

这首诗是唐玄宗天宝年间杜甫居长安时所作的一篇怀友诗，抒发了杜甫对李白的怀念与赞美之情，杜甫高度评价了李白诗歌的重要地位和独特的艺术风格。南宋洪迈《容斋随笔》言：“李太白、杜子美在布衣时，同游梁、宋，为诗酒会心之友。”天宝三载（744）三月，李白自翰林放归，与杜甫相遇于洛阳且一见如故，闻一多曾将二人的相会比作日月相会：“四千年的历史里，除了孔子见老子（假如他们是见过面的）没有比这两人的会面，更重大，更神圣，更可纪念的。我们再逼紧我们的想象，譬如说，青天里太阳和月亮走碰了头，那么，尘世上不知要焚起多少香案，不知有多少人要望天遥拜，说是皇天的祥瑞。”①

两人相遇后结下了深厚的情谊。天宝四载，李杜二人相约到了梁宋，携手同游，还一起寻访了范十隐居，把酒论诗，互相唱和，酒醉之后同衾而眠，在这里他们还与边塞诗人高适相会共聚。这年冬天，二人分手后李白赶往江东，杜甫则奔赴长安。自此十余年间，二人似乎就未曾再相见。到达长安后，杜甫写了好几首怀念李白的诗，上述《春日忆李白》便是其中之一。

李白有赠杜甫的诗数首，如《戏赠杜甫》《沙丘城下寄杜甫》《鲁郡东石门送杜二甫》。

戏赠杜甫

饭颗山头逢杜甫，顶戴笠子日卓午。
借问别来太瘦生，总为从前作诗苦。

杜甫曾在诗中赞叹“李侯有佳句，往往似阴铿”（《与李十二白同寻范十隐居》）。这首诗里，李白则调侃杜甫，自分别后，你怎么更消瘦了呢？都是因为你这一段时间写诗太辛苦了吧！

杜甫对李白无限敬仰，毫不掩饰对他的喜爱，创作了大量与其相关的诗作，如《赠李白》《饮中八仙歌》《送孔巢父谢病归游江东兼呈李白》《冬日有怀李白》《春日忆李白》《梦李白二首》《天末怀李白》《寄李十二白二十韵》

① 闻一多. 唐诗杂论[M]. 北京：中华书局，2016：138—139.

《不见》，其中最广为传诵的是《梦李白二首》。

梦李白二首

其一

死别已吞声，生别常恻恻。
江南瘴疠地，逐客无消息。
故人入我梦，明我长相忆。
恐非平生魂，路远不可测。
魂来枫林青，魂返关塞黑。
君今在罗网，何以有羽翼。
落月满屋梁，犹疑照颜色。
水深波浪阔，无使蛟龙得。

其二

浮云终日行，游子久不至。
三夜频梦君，情亲见君意。
告归常局促，苦道来不易。
江湖多风波，舟楫恐失坠。
出门搔白首，若负平生志。
冠盖满京华，斯人独憔悴。
孰云网恢恢，将老身反累。
千秋万岁名，寂寞身后事。

这两首诗作于乾元二年（759）秋，李白因永王李璘事件受牵连，被流放夜郎，此时的杜甫正流寓秦州，听闻此事后积思成梦，其实李白已于乾元二年（759）二月在三峡流放途中遇赦放还，但秦州地方僻远又音讯隔绝，因此杜甫仍然为李白流放夜郎一事而担忧，心疼“斯人独憔悴”，梦醒间辗转难眠，肠回九曲，令人动容。

杜甫此后一直念叨着李白，“何时一樽酒，重与细论文”（杜甫《春日忆李白》），盼着能与故人重逢，再把酒言欢共品诗文，然而两位伟大的诗人未曾再相遇。只是那段“醉眠秋共被，携手日同行”（杜甫《与李十二白同寻范十隐居》）的时光，被诗人珍藏于心底。

“诗仙”李白与“诗圣”杜甫在成都留下的文学印记，为天府文化绘制了一笔绚烂夺目的色彩，正是因为“自古诗人例到蜀”，天府成都方能以其深厚的历史文化底蕴，彰显出历久弥新的魅力和源源不断的活力。

二、一门父子三词客

“三苏”的说法最初出现在宋王辟之《渑水燕谈录》卷四“才识条”：“苏氏文章擅天下，目其文曰‘三苏’，盖洵为老苏，轼为大苏，辙为小苏也。”成都城东塔子山公园曾经出土了三苏残碑三通，即苏洵的《提举监臣帖》、苏辙的《雪甚帖》和苏轼的《中山松醪赋》。父子三人都颇有文才，父亲苏洵有代表作政论文《六国论》，苏辙以散文著称，著有《诗传》《春秋传》《栾城集》，苏轼则是宋代文学集大成者，论其诗与黄庭坚并称“苏黄”，论其词与辛弃疾并称“苏辛”，论其散文与欧阳修并称“欧苏”，又擅长行书、楷书，与黄庭坚、米芾、蔡襄并称为“宋四家”，在诗、词、文等多方面都有极高的造诣。尤其是他的词，被认为是“词体之尊，自东坡始”（陈洵《海绡说词》）。

（一）风雨共名山：眉山“三苏”

提到蜀地，人们总会想到大文豪苏轼。这位文学大家漂泊不定的半生经历和人生态度正阐释了天府文化的“创新创造、优雅时尚、乐观包容、友善公益”。苏轼号东坡居士，四川眉山人。眉山，位于成都平原西南边缘，紧邻成都，是当时著名的“进士之乡”，两宋期间，共有八九百人考取进士，史称“八百进士”，宋仁宗曾惊叹：“天下好学之士皆出眉山。”苏轼与其父苏洵、弟苏辙合称“三苏”，唐宋八大家，苏氏父子占三。眉山三苏祠大殿上有清张鹏翩题的楹联：“一门父子三词客，千古文章四大家。”“三词客”说的即是苏氏父子三人。

三苏祠（李泽梅供图）

苏轼、苏辙兄弟二人正值弱冠之年时，随父亲苏洵到成都拜谒北宋名臣、副宰相张方平，后者很是欣赏苏家父子，曾言：“二子皆天才，长者明敏尤可爱，然少者谨重，成就或过之。”于是将他们推荐给了朝廷重臣、文坛领袖欧阳修。嘉祐元年（1056），苏轼兄弟跟随父亲苏洵前往京城应试，父子三人因为文采飞扬一夜之间名动京师，一时传为佳话。宋代诗人杨万里在其《诚斋诗话》里记录了苏轼此次应试发生的一个小故事。

苏家三父子进京，兄弟二人同科进士及第，苏轼凭借一篇《刑赏忠厚之至论》获得了全国第二的好成绩。当时欧阳修是负责考试的主考官，他看到考生苏轼的文章以后非常惊喜，想取为第一名，但是又怀疑可能是自己的门生曾巩的文章，为了避免招来非议，他就只能忍痛将这篇文章列为第二名，没想到这篇文章居然是苏轼所作。苏轼在文中写道：“皋陶为士，将杀人。皋陶曰杀之三，尧曰宥之三。”欧阳修、梅尧臣都很欣赏这篇文章，却不知这几句话的出处，等到苏轼前来谒谢，就问苏轼此话出自何处，苏轼回答出自《三国志·孔融传注》，欧阳修下来认真翻阅了，结果还是没有找到。于是有一天又忍不住找机会问苏轼，苏轼就举其中孔融杜撰典故指责曹操的例子来说，孔融以前“意其如此”，自己也是“意其如此”罢了。尧和皋陶如果遇到有关刑赏的事，结果一定也会是“皋陶曰杀之三，尧曰宥之三”。苏轼的回答让欧阳修很吃惊，但他并没有因此而生气，反而非常欣赏苏轼的才思敏捷与创新：“此人可谓善读书，善用书，他日文章必独步天下。”

苏轼与弟弟苏辙曾在成都共游山水，彼此唱和，诗作收入《南行记》，苏轼有诗云“我年二十无朋俦，当时四海一子由”（《送晁美叔发运右司年兄赴阙》），兄弟感情非常深厚。踏上仕途后，苏轼曾因不赞同王安石变法而与其互不相容，于是主动请求外放，离开了京城前往杭州任职，之后一生宦海沉浮，而苏辙继续留在京城为官。兄弟二人分隔两地，只能书信往来，借诗词寄托思念。苏轼的诗词中提到弟弟子由的地方多达两百多处。有一年中秋夜，苏轼望月怀人，思念远在千里之外的胞弟，于是写下了传诵千古的佳作——《水调歌头·明月几时有》，诗序篇言“丙辰中秋，欢饮达旦，大醉，作此篇，兼怀子由”，其中“但愿人长久，千里共婵娟”是千古流传的名句。

苏轼曾因“乌台诗案”入狱，在狱中自认为难逃一劫，于是写诗给苏辙托付后事：

予以事系御史台狱，狱吏稍见侵，自度不能堪，死狱中，不得一别子由，故作二诗授狱卒梁成，以遗子由，二首①。

其一

圣主如天万物春，小臣愚暗自亡身。
百年未满先偿债，十口无归更累人。
是处青山可埋骨，他年夜雨独伤神。
与君今世为兄弟，又结来生未了因。

---

① 苏轼. 苏轼诗集[M]. 王文诰，辑注. 孔凡礼，点校. 北京：中华书局，1982.

其二

柏台霜气夜凄凄，风动琅珰月向低。

梦绕云山心似鹿，魂飞汤火命如鸡。

眼中犀角真吾子，身后牛衣愧老妻。

百岁神游定何处，桐乡知葬浙江西。

诗中苏轼满怀悲伤地交代身后事，将家小托付给弟弟，流露出对妻儿的眷恋不舍、对自身的伤怀，其中“与君今世为兄弟，又结来生未了因”更是感人至深，令人闻之动容。苏辙作《为兄轼下狱上书》表示自己愿以官职换哥哥一命，兄弟情深感人肺腑。《宋史·苏辙传》载：“辙与兄进退出处，无不相同，患难之中，友爱弥笃，无少怨尤，近古罕见。”[①]

“乌台诗案”中，多方都在营救苏轼，最终还是当时已隐居金陵的王安石上书神宗说：“安有圣世而杀才士乎？”意思就是哪里有圣明世道还杀文才之士呢？最后因为王安石的话，苏轼这才得以从轻发落。此后苏轼被贬为黄州团练副使，苏辙也一同受贬。

苏轼的诗词中有大量作品都涉及与苏辙之间的兄弟情义。在初踏仕途之路时，苏轼曾作《郑州别后马上寄子由》，诗云“寒灯相对记畴昔，夜雨何时听萧瑟。君知此意不可忘，慎勿苦爱高官职”。兄弟二人是同朝进士，政见又很相近，弟弟苏辙比哥哥苏轼的仕途更为顺畅，两人相互鼓励、陪伴、劝勉。钱穆曾在《谈诗》中言及“苏东坡诗之伟大，因他一辈子没有在政治上得意过。他一生奔走潦倒，波澜曲折都在诗里见”，虽历经坎坷磨难却仍怀豁达洒脱之志，颇受后世称颂，其《和子由渑池怀旧》诗云“人生到处知何似，应似飞鸿踏雪泥。泥上偶然留指爪，鸿飞那复计东西”，人生来去飘然不定固然令人怅惘，过往旧迹恍若隔世诚然令人眷恋，但他仍劝勉胞弟要以顺适自然的态度去积极对待人生。

成都历来有着“尚滋味”“好辛香”（《华阳国志·蜀志》）的饮食文化，

① 脱脱，等. 宋史[M]. 北京：中华书局，1985.

而苏轼可以说是中国诗歌史上研究美食最为出名的诗人。“雪沫乳花浮午盏，蓼茸蒿笋试春盘。人间有味是清欢”（《浣溪沙·细雨斜风作晓寒》），经典菜式东坡肘子、东坡肉正是因他而得名，此外他还著有《菜羹赋》《食猪肉诗》《老饕赋》《浊醪有妙理赋》等大量与吃喝有关的诗词文赋。

苏轼乐观豁达从容的人生态度早已融入了其诗词中，正是对天府文化的文化内涵的生动诠释，直至今日仍然深刻地影响着我们的文化传承。时隔千年，苏氏家风、苏氏父子的文学成就以及那些至今仍然鲜活的传说早已成为千古佳话，融入了悠悠天府文脉之中。

（二）成都，西南大都会也：苏轼与锦城风物

苏轼几遭贬谪，羁旅在外常常追思故土，在他的笔下常常出现蜀地的风土人情。“东风陌上惊微尘，游人初乐岁华新。人闲正好路傍饮，麦短未怕游车轮。城中居人厌城郭，喧阗晓出空四邻。……道人得钱径沽酒，醉倒自谓吾符神！”这首《和子由踏青》描写了诗人故乡的岁首乡俗，乡亲们在农历正月初七这天欢歌宴饮、赏春踏青，好不热闹。

苏轼还曾在诗中描写了蜀地的百姓的日常生活，《和子由蚕市》诗云：“蜀人衣食常苦艰，蜀人游乐不知还。千人耕种万人食，一年辛苦一春闲。闲时尚以蚕为市，共忘辛苦逐欣欢。……诗来使我感旧事，不悲去国悲流年。”这是诗人怀念故乡所作的七言古诗，感叹故乡蜀地乡民生活艰苦，反映了百姓的日常生活状态，即“一年辛苦一春闲”，在闲暇时“尚以蚕为市”，并非只是追逐玩乐而不劳作。在感慨乡俗的同时，也流露出诗人对年华易逝的感伤。

在眉山长大的苏轼，自小听说过不少关于成都的故事，憧憬着能够一睹成都的繁华之景。七岁的苏轼曾听说过蜀主孟昶与花蕊夫人的传奇故事，蜀主的风流、蜀宫的美景与传奇的爱情故事，令年幼的苏轼对故事的发生地成都心向往之。

宋仁宗至和二年（1055），年近二十的苏轼才第一次有机会游历成都。来到锦城的苏轼，在武侯祠凭吊诸葛亮，于浣花溪畔追寻杜甫遗迹，还曾来到摩

诃池故址忆蜀主风流，到城东塔子山访宝月大禅师，在望江楼觅薛涛踪迹……他为成都知府上书建言，寄住西郊清水河畔会友讲学，还捐资修桥，成都的大街小巷都有他寻访的足迹，并留下了大量诗作。

成都经济繁华，俗尚游宴。柳永曾在《一寸金·井络天开》词中描绘了成都的市井繁华之景象，“地胜异、锦里风流，蚕市繁华，簇簇歌台舞榭。雅俗多游赏，轻裘俊、靓妆艳冶。当春昼，摸石江边，浣花溪畔景如画”，提到了成都的“雅俗多游赏”。历史上的成都遨游之风盛行，尤以唐宋为甚，《宋史·地理志》载蜀地成都人尚奢好游乐：“地狭而腴，民勤耕作，无寸土之旷，岁三四收。其所获多为遨游之费，踏青、药市之集尤盛焉，动至连月。”①

关于成都游赏之风还有一则有趣的故事。北宋蜀中游宴之风炽盛，宋仁宗时期有位著名的诗人、史学家宋祁，他曾因一句“绿杨烟外晓寒轻，红杏枝头春意闹”扬名于世，被称为“红杏尚书”。宋祁非常热衷于游宴，常在宴饮时写诗填词。当时宋仁宗很看重益州，拟派宋祁出知益州，可是反对者众多，宰相也劝阻道：“蜀风奢侈，恐非所宜。”（《岁华纪丽谱》）果然，宋祁到了成都以后如鱼得水，大力倡导游宴，极为奢靡，据《宋史·宋祁传》记载，右司谏吴及尝言宋祁“在蜀奢侈过度”，御史中丞包拯亦言“祁益部多游宴”。于是宋祁到成都不过两年余就被调走了。

这种尚奢好游乐的风气也深深影响着文学风气及文人创作，天府文化里对寻常事物的关注，对诗意生活的追求，那份骨子里的从容不羁与浪漫优雅由来已久。苏轼《次韵刘景文周次元寒食同游西湖》诗云：“蓝尾忽惊新火后，遨头要及浣花前。”他自注：“成都太守自正月二日出游，谓之遨头，至四月十九日浣花乃止。”可想成都好游乐的安逸闲适之风、人文诗意之美，给予了这位身如不系舟的羁旅人难忘的回忆，让其不管漂泊到何处，都念念不忘“吾乡”。

苏轼在《大悲圣慈寺大悲国通阁记》中曾提道：“成都，西南大都会也，佛事最胜。”他与成都大慈寺的渊源很深，其《胜相院经藏记》一文中写道：“蜀成都大圣慈寺，故中和院，赐名胜相。”他每至成都，必游大慈寺。苏轼在

① 脱脱，等. 宋史[M]. 北京：中华书局，1985.

青年时与弟同游大慈寺期间认识了惟庆、惟简（即宝月大师）两位法师，之后与惟简往来密切，数访大慈寺，即便在其宦海浮沉时也与之保持书信往来。宝月大师也是四川眉山人，姓苏，苏轼认其作宗门兄长，彼此有着一段长达四十年的友谊。苏轼在被贬谪黄州时，惟简派徒孙前往探望，并邀请苏轼为成都大圣慈寺新建成的专供收藏佛经的“大宝藏”作记。宝月大师因病圆寂后被葬于成都东边塔子山，此时苏轼也已经是年过六旬的老人，亲为其作《宝月塔铭》，选用了当时最好的笔墨纸砚来为惟简写作塔铭，可见情谊之深厚。

苏轼曾和苏辙夜游大慈寺，专门来看寺内珍藏的唐画家卢楞伽的壁画以及唐僖宗皇帝与从官文武 75 人画像，并作题记“至和丙申季春二十八日，眉阳苏轼与弟辙来观卢楞伽笔迹”，还写下了“精妙冠世”四个大字。在成都的这段佛缘以及结下的友谊对苏轼的处世方式、人生态度及文学创作都有着重要的影响。

苏轼漂泊在外一直情系成都，对其有着深切的眷恋。他在杭州任职太守期间，曾与友人把酒唱月，酒酣之际挥笔吟咏“所恨蜀山君未见，他年携手醉郫筒”（《次韵周郎》）。宋代赵抃《成都古今集记》载：“成都府西五十里，曰郫县，以竹筒盛美酒，曰郫筒。”苏轼在与故人饮酒咏诗间仍念念不忘成都的郫筒美酒，曾在《东湖》中描写蜀地的江水：“吾家蜀江上，江水绿如蓝。”在黄州看到海棠花时，发出疑问：“陋邦何处得此花，无乃好事移西蜀。”（《寓居定惠院之东杂花满山有海棠一株土人不知贵也》）在《雪斋》中追忆成都春日雪景图：“君不见峨眉山西雪千里，北望成都如井底。春风百日吹不消，五月行人如冻蚁。”

对于家在西南，常作东南别的大文豪苏轼，成都永远是他七岁时就心向往之的繁华都市，也是他宦海浮沉半生所渴望的归处。他曾自我排遣，流露出退隐志向，“成都卜肆。寂寞君平”（《行香子·寓意》），自言要像汉代蜀人严君平那样，在成都开个问卦店铺，自甘寂寞，以贫贱清静自守。还曾念叨着“乘槎归去，成都何在，万里江沱汉漾”（《鹊桥仙·乘槎归去》）。然而此生飘荡何时歇，锦城以及锦城的风物注定是触不可及了，也就成了他无法回去的来处，而这片土地却因着他的缘故多了一份悠长厚重的蜀风雅韵。

（三）此身如传舍，何处是吾乡：苏轼的蜀地归思

苏轼一生辗转漂泊，其《自题金山画像》诗云：“心似已灰之木，身如不系之舟。问汝平生功业，黄州惠州儋州。”他常常在诗词中念及故园，言及归家，但自熙宁元年（1068），苏轼33岁时离乡入京，及至离世也未能遂愿。即使豁达洒脱如他，蜀地仍是他心中一个难以触及的梦，梦里有刻骨铭心的相思。

苏轼雕像（李泽梅供图）

苏东坡19岁时，与16岁的王弗结婚，伉俪情深，然而天命无常，王弗27岁就因病去世了。苏轼为之作《亡妻王氏墓志铭》，记述了“妇从汝于艰难，不可忘也”的父训，不忘夫妻共患难的深情，悲伤难抑。他常常忆及亡妻，并创作了传诵千古的悼亡词《江城子·乙卯正月二十日夜记梦》，通篇采用白描手法，将内心对亡妻的深情娓娓道来，哀思绵绵不尽，思念执着深沉，语言质朴却情意缠绵，句句沉痛，字字血泪，凄凉哀婉，是悼亡词中的名篇。苏轼还有一首《临江仙·送王缄》记述了妻弟王缄来钱塘江看望他一事[①]：

忘却成都来十载，因君未免思量。凭将清泪洒江阳。故山知好在，孤客自悲凉。

坐上别愁君未见，归来欲断无肠。殷勤且更尽离觞。此身如传

① 辛弃疾. 稼轩词编年笺注[M]. 邓广铭，笺注. 上海：上海古籍出版社，1993.

舍，何处是吾乡。

苏轼宦游东南，十来年未回故土，而妻弟王缄的到来，勾起了前尘往事，在送别故人时，离别的惆怅、悼亡的悲痛、政治的失意、乡愁的沉重百感交集，涌上心头。眼前的亲人，让他想起了故土以及痛失爱妻的伤痛回忆，万般愁绪，无可奈何啊，只能更尽一杯酒罢了。人生如寄，死生无常，漂泊天地间，何处是我的家呢？

我们常赞赏苏轼的放达率真、宠辱不惊、进退自如，钦羡他超然自适的人生态度。大多数时候他留给我们的总是豪放豁达、洒脱超然的印象，是那位“倚杖听江声”的睿者，渴望一叶小舟泛游江河湖海，“小舟从此逝，江海寄余生”（《临江仙·夜饮东坡醒复醉》）。哪怕宦海浮沉，他却仍超然旷达于世，真正做到了其诗词所言“一蓑烟雨任平生”“也无风雨也无晴”（《定风波》）。

游子总怀乡，倦客常思归，苏轼的“蜀地归思”是其诗词中的一个重要主题，“梦到故园多少路，酒醒南望隔天涯。月明千里照平沙”（《浣溪沙·山色横侵蘸晕霞》）；“君是南山遗爱守，我为剑外思归客”（《满江红·江汉西来》）；“几时归去，作个闲人。对一张琴，一壶酒，一溪云”（《行香子·述怀》）。这位大文豪半生羁宦他乡，却一心记挂故土。

蝶恋花·京口得乡书

雨后春容清更丽。只有离人，幽恨终难洗。北固山前三面水。碧琼梳拥青螺髻。

一纸乡书来万里。问我何年，真个成归计。白首送春拚一醉。东风吹破千行泪。

雨后的春天景色清幽，却洗不尽远离故乡的人内心的思乡愁绪。又收到了来自家乡的书信，信中询问你究竟何时才能真的归家？归家遥遥无期，唯有饮尽杯中酒，图一醉，送春归去，任多情的春风抹去我思乡的泪。

醉落魄·离京口作

轻云微月，二更酒醒船初发。孤城回望苍烟合。记得歌时，不记归时节。

巾偏扇坠藤床滑，觉来幽梦无人说。此生飘荡何时歇？家在西南，常作东南别。

故乡远隔山水，夜里宴会上的欢歌笑语也抵不过酒醒后浓郁的孤独与思乡之情，语言质朴且直抒胸臆，流露出对故土的思念，对宦海漂泊生涯的感伤。

苏轼曾有一首写给友人戴蒙的诗作《送戴蒙赴成都玉局观将老焉》，诗云："闻道华阳版籍中，至今尚有城南杜。我欲归寻万里桥，水花风叶暮萧萧。……会待子猷清兴发，还须雪夜去寻君。"当时戴蒙将返回成都任成都玉局观一职，苏轼前来送别，离别之际，对朋友的不舍，飘零江湖的惆怅，对故园的思念，百感交集涌上心头，可谓是情真意切，感人至深。

巧的是，苏轼在其 65 岁时也提举成都玉局观，这是他的最后一个官衔，算是只领俸禄而无实事可做的闲职，可视作宋代朝廷优待臣僚的一种方式，提举成都玉局观即是让东坡回成都颐养天年。当时，苏轼的朋友们已经称他"苏玉局"了。可遗憾的是，未及抵达蜀地，才到江苏常州他便溘然长逝。乾隆皇帝在常州追忆苏轼时，也为这位心心念叨着重回故土却未能如愿的大文豪叹息，挥笔写下了"玉局风流"四个大字。千古大家苏轼的蜀地归思也就化作了其诗词中的字字嗟叹。

三、蜀中多才女

（一）酒肆人间世，琴台日暮云：卓文君

汉景帝时，司马相如返蜀，有一次他来到卓王孙家中做客，听闻文君美貌非凡，更兼文采，还喜爱音乐，于是就在宴会上奏了一曲《凤求凰》，这就是有名的“司马相如琴挑卓文君”的故事。此时的卓文君正新寡居家，因倾慕相如文才，就躲在帘后偷听，当即心动，随后与相如私奔来到了成都。但司马相如家徒四壁，于是很快二人又回到了临邛，在大街上开了一间酒舍当垆卖酒为生。卓王孙听说以后感到颜面尽失，经过亲友劝说，不得已分给了文君童仆百人，钱百万，并置办了丰厚的妆奁。于是相如和文君回到了成都，置买田宅，过上了富足的生活。

之后，汉武帝即位，司马相如因《子虚赋》《上林赋》备受武帝赏识，拜为侍郎官，一时风头无俩。相传司马相如发迹后日日耽于安逸享乐，夜夜流连笙歌，沉迷声色犬马，渐渐有了休妻之意，于是给文君去了一封只有“一、二、三、四、五、六、七、八、九、十、百、千、万”的十三字家书，聪慧的文君，一下就明白了丈夫的心思，这封家书看似无言其他，但13个数字中独独没有“亿”，也就是对你已无情意。文君悲愤不已，提笔写下一首数字诗《怨郎诗》。

怨　郎　诗

一朝别后，二地相悬。
只说是三四月，又谁知五六年？
七弦琴无心弹，八行书无可传。
九连环从中折断，十里长亭望眼欲穿。

百思想，千系念，万般无奈把郎怨。
万语千言说不完，百无聊赖，十依栏杆。
重九登高看孤雁，八月仲秋月圆人不圆。
七月半，秉烛烧香问苍天。
六月伏天，人人摇扇我心寒。
五月石榴红似火，偏遇阵阵冷雨浇花端。
四月枇杷未黄，我欲对镜心意乱。
忽匆匆，三月桃花随水转。
飘零零，二月风筝线儿断。
噫！郎呀郎，巴不得下一世，你为女来我为男。

司马相如看后惊叹于文君的智巧情深，再忆及当初的一见倾心和携手共度的贫困日子，羞愧难当，于是回心转意。

在这之后，相如又欲纳茂陵女为妾，文君忍无可忍作《白头吟》并附《诀别书》。

白　头　吟

皑如山上雪，皎若云间月。
闻君有两意，故来相决绝。
今日斗酒会，明旦沟水头。
躞蹀御沟上，沟水东西流。
凄凄复凄凄，嫁娶不须啼。
愿得一心人，白头不相离。
竹竿何袅袅，鱼尾何簁簁！
男儿重意气，何用钱刀为！

卓文君对爱情的执着与坚定，对人格尊严的坚守和追求溢于字里行间。相如得书念及当年共患难之情，遂和好如初，成传世佳话。

司马相如与卓文君的爱情故事流传千古，文人到成都总会去凭吊琴台遗迹，至今成都市内仍然有琴台路。他们的故事也不时被诗人吟咏，岑参《司马相如琴台》诗云“相如琴台古，人去台亦空”；高适《同群公秋登琴台》诗云“古迹使人感，琴台空寂寥”；李白《白头吟》诗云“相如作赋得黄金，丈夫好新多异心。一朝将聘茂陵女，文君因赠白头吟”……

琴台路（杨恋供图）

杜甫居成都期间，也曾凭吊司马相如遗迹琴台并赋《琴台》诗：

茂陵多病后，尚爱卓文君。
酒肆人间世，琴台日暮云。
野花留宝靥，蔓草见罗裙。
归凤求凰意，寥寥不复闻。

从相如、文君晚年的生活写起，回忆起当年琴心相结的相遇，赞颂了二人反抗世俗礼法，追求美好爱情的精神与勇气。后人有感于相如和文君的爱情故事，谱得琴曲《凤求凰》流传至今，唐代诗人张祜亦作有《司马相如琴歌》。

两千多年来相如琴挑文君，文君夜奔相如，二人当垆卖酒以及之后的爱情故事为成都添了一则风雅的典故，已经融入了成都的历史文脉之中，给人们留下了无限的想象与反复的咏叹。

（二）枇杷门巷女校书：薛涛

古来今往，文人骚客在赞颂蜀中才女时，总是津津乐道于“女校书”薛涛和她的浣花笺。唐朝诗人王建曾作《寄蜀中薛涛校书》，诗云：

万里桥边女校书，枇杷花里闭门居。
扫眉才子于今少，管领春风总不如。

这首诗盛赞幽居在锦江河畔万里桥边枇杷树下的才女薛涛，赞美其美貌与才华，一直以来广为流传。

薛涛，中唐女诗人，字洪度，自幼随父入蜀，居住在成都，《全唐诗》言其“工诗，有林下风致”，与鱼玄机、李冶、刘采春并称唐代四大女诗人。其父亲薛郧曾在长安做官，学识颇为渊博，薛涛自幼聪慧，父亲将其视作掌上明珠，从小就教她习字、读书、作诗，据传在她八九岁时，已经展露了诗词方面的天赋。有一天薛郧在庭院闲坐时，忽有所悟，指着井边的参天梧桐树吟诵了一句诗：“庭除一古桐，耸干入云霄。”未曾想年幼的薛涛竟脱口对出：“枝迎南北鸟，叶送往来风。”父亲听闻容色骤变，怅然良久，幼女才思如此敏捷固然令人欣喜，但女子才华过于横溢似乎也并非好事，且这句诗隐隐有着漂泊不定之感……未曾想一语成谶，那句随口对答的诗句似乎预示了薛涛多才深情却总被辜负的坎坷一生。其后薛涛父亲被贬谪蜀地，接着在她十四岁那年，父亲病逝，薛涛从此与母亲相依为命，生活陷入困境。不久，唐德宗贞元元年(785)薛涛加入乐籍，成为了一名有官方编制的乐伎。是年，中书令韦皋出任剑南西川节度使，得知薛涛诗名，就召其侍酒赋诗，薛涛提笔而就《谒巫山庙》，令韦皋赞叹不已，凭借着容姿既丽，又通音律、善辩慧、工诗赋，薛涛很快成为了韦皋身边的红人，并负责一些文案工作。韦皋曾突发奇想，打算上奏朝廷请授薛涛以秘书省校书郎的官衔，可是薛涛毕竟身属乐籍，朝廷自然不会应允。但因为她才气出众，时人都称之为“女校书”。她出入幕府，历事十一镇，都因为擅作诗而受到赏识。

韦皋镇蜀21年，薛涛一生的重要事件大多与韦皋密切相关。相传薛涛恃宠而骄，接受了官员的送礼行贿，即使她收下之后一文不留全部上交，仍然令韦皋大怒，被罚赴松州。途中，她写下了《罚赴边有怀上韦令公二首》以抒遣苦闷：

闻道边城苦，今来到始知。羞将门下曲，唱与陇头儿。

黠虏犹违命，烽烟直北愁。却教严谴妾，不敢向松州。

之后薛涛的境遇愈发凄凉，又作咏物诗《十离诗》，送给韦皋向其请罪，韦皋读后很是动容，念其过往的好，立马召回了薛涛。《十离诗》是组诗，且每首诗都有“离”字，如“犬离家”“笔离手”“竹离丛”之类，故为《十离诗》。也正是因为这组诗，一些人认为她“诗格卑下”“殊乏雅道”，乃“文之妖也”。

薛涛结交名士，流连诗酒，其生活方式与经历不同于普通闺阁女子，这在诗中也有体现。例如，其《筹边楼》诗云：“平临云鸟八窗秋，壮压西川四十州。诸将莫贪羌族马，最高层处见边头。”反映了其高瞻远瞩的卓越见识和忧国忧民的政治情怀。薛涛交游广泛，兼擅书艺，与韦皋、高崇文、武元衡、王播、段文昌、李德裕6届镇帅，以及元稹、白居易、王建、刘禹锡、杜牧等20余位当时的文坛名士唱和往来，因其志行高洁又颇具文才，为当时士大夫所敬重。

薛涛最为人津津乐道的当属与唐代著名诗人元稹之间的爱情故事。元稹，字微之，就是那位写下千古悼亡名篇《离思五首·其四》的多情才子，诗云：

曾经沧海难为水，除却巫山不是云。
取次花丛懒回顾，半缘修道半缘君。

这首悼亡诗是为了纪念其妻子韦丛而作，诗中流露出对亡妻的思念和对爱情的忠贞不渝，意境朦胧，感人至深，为人称颂。此外，他还创作有类似“唯将终夜长开眼，报答平生未展眉”（《遣悲怀·其三》）这样的千古名篇。

在妻子还未去世前，元稹与薛涛在成都相遇了。这之前元稹已听闻薛涛美名，于是来到成都后，在司空严绶的特意安排下他很快见到了薛涛，二人大有相见恨晚之意。虽然此时薛涛已年过四十，而元稹才不过三十出头，两人却立刻陷入了热恋。薛涛《池上双鸟》诗云：“双栖绿池上，朝暮共飞还。更忆将雏日，同心莲叶间。”“双栖”“共飞”“同心”，满是热恋中的浓情蜜意与对双宿双栖的真切渴望。不久之后，元稹被调任翰林学士离开了成都，两人只能依依惜别，或许元稹在离别之际还对这位痴情的才女许下了誓言与承诺。分别后，薛涛作《寄旧诗与元微之》诗云：“月下咏花怜暗澹，雨朝题柳为欹垂。长教碧玉藏深处，总向红笺写自随。”红笺就是由她创制的彩色笺纸，名曰薛涛笺，《方舆胜览》记载：“元和初，蜀妓薛涛洪度以纸业，制十色小笺，裁笺供吟，应酬贤杰，时谓之薛涛笺。”因其是用薛涛宅旁的浣花溪水制成，又称为“浣花笺”。李商隐《送崔珏往西川》诗言：“卜肆至今多寂寞，酒垆从古擅风流。浣花笺纸桃花色，好好题诗咏玉钩。”元稹则在离别后作《寄赠薛涛》，诗云：

锦江滑腻蛾眉秀，幻出文君与薛涛。
言语巧偷鹦鹉舌，文章分得凤凰毛。
纷纷辞客多停笔，个个公卿欲梦刀。
别后相思隔烟水，菖蒲花发五云高。

元稹在此诗中将薛涛与卓文君并提，盛赞其美貌与文才及善言辞，抒发了离别后无从再会的怅然思念之情。然而如同司马相如的“有两意”欲休妻，深

薛涛井（杨恋供图）

情却又多情的元稹将这段感情当作人生中的一段插曲忘诸脑后，很快移情别恋，这段感情就此结束，薛涛却一直铭记于心。

晚年的薛涛，穿着女道士服，在碧鸡坊建了吟诗楼，闭门隐居。成都望江楼公园西北角竹林深处有一座薛涛墓，晚唐诗人郑谷也曾在其《蜀中三首》诗中描绘薛涛墓址："渚远江清碧簟纹，小桃花绕薛涛坟。朱桥直指金门路，粉堞高连玉垒云。窗下斫琴翘凤足，波中濯锦散鸥群。"

一段传奇故事已化作成都这座城市遥远的记忆，随着时间流逝，留给历代文人无限的想象与咏叹的空间，早已成为天府文化中的一抹绚烂的底色，为其增添了一份雅致浪漫的美和诗情画意的韵味。

（三）花不足以拟其色，蕊差堪状其容：花蕊夫人

历史上赫赫有名的花蕊夫人究竟是谁，历来说法不一。大多认为是后蜀主孟昶的费姓妃子（也有说姓徐），青城（今都江堰市）人，不仅才学出众，更是一位如花蕊般美丽动人的佳人。有多美呢？有词赞其“花不足以拟其色，蕊差堪状其容”，故被称为“花蕊夫人”，在国破被俘后入宫，被赵匡胤封为贵妃，后来被宋太宗赵光义所杀。也有人认为其是前蜀皇帝王建的嫔妃、王衍之母后徐氏。还有一些学者经过精密的考证，认为其是徐氏的妹妹，也就是王建的贤妃小徐妃。以清代赵翼为代表的学者则认为其是南唐后主李煜的宫人，雅好赋诗，于南唐亡后，被俘入宋宫，后为晋王所杀，人称“小花蕊”。无论这位花蕊夫人身份何如，我们可以明确她是一位极富才学的女子，工于诗词，有着很高的文学素养。花蕊夫人有《宫词》百首流传于世，在唐五代女性作者中其存世作品数量最多。其宫词不同于传统的男人写闺情，她以宫廷亲历者的身份写宫廷日常生活与宫人情态，情感细腻，风格清婉可喜。

春风一面晓妆成，偷折花枝傍水行。
却被内监遥觑见，故将红豆打黄莺。

诗中，人物形象刻画得精妙传神生动，将少女的娇羞描绘得别致有趣。

内家追逐采莲时，惊起沙鸥两岸飞。
兰棹把来齐拍水，并船相斗湿罗衣。

全诗未着墨于个人的面貌描写，但是却通过场景式的描写，呈现出了这群活泼的宫女们采莲戏水的热闹场面，给人以丰富的想象空间。

另一首花蕊夫人广为传诵的《述国亡诗》，诗云：

君王城上竖降旗，妾在深宫那得知。

十四万人齐解甲，更无一个是男儿。

相传宋灭后蜀，花蕊夫人也一同被俘送入汴京，宋太祖听闻其有文才，就问她，后蜀亡国，究竟是谁的过失？花蕊夫人不惧，当即赋《述国亡诗》，满是故国之思、亡国之痛。赵匡胤惊叹于花蕊夫人的文才，欲纳入后宫，之后却被其弟弟赵光义认为是祸国的不祥人，一箭射死。

苏轼的《洞仙歌·冰肌玉骨》序言："仆七岁时，见眉州老尼，姓朱，忘其名，年九十岁。自言尝随其师入蜀主孟昶宫中，一日大热，蜀主与花蕊夫人夜纳凉摩诃池上，作一词，朱具能记之。今四十年，朱已死久矣，人无知此词者，但记其首两句，暇日寻味，岂《洞仙歌》令乎？乃为足之云。"

冰肌玉骨，自清凉无汗。水殿风来暗香满。绣帘开，一点明月窥人，人未寝，欹枕钗横鬓乱。

起来携素手，庭户无声，时见疏星渡河汉。试问夜如何？夜已三更，金波淡，玉绳低转。但屈指西风几时来，又不道流年暗中偷换。

这首词描述了孟昶与花蕊夫人在夏夜于摩诃池上纳凉的情景，细腻地刻画了花蕊夫人的绰约风姿与高洁心灵，诗中流露了时光易逝的无限惋惜与深沉的人生感慨。

流传下来的花蕊夫人宫词大多极尽笔墨写脂香粉艳，但其中也有一首凄婉不可听闻的哀诗："初离蜀道心将碎，离恨绵绵，春日如年，马上声声闻杜鹃。三千宫女皆花貌，妾最婵娟。此去朝天，只恐君王宠爱偏。"（《采桑子·初离蜀道心将碎》）相传这首诗是花蕊夫人在亡国后被押解去汴京途中写下的最后一首诗，很是凄婉动人。

花蕊夫人以宫廷亲历者的身份效王建作百首宫词，她身处宫闱之中，所述皆耳闻目见，被一些人认为是宫词正体，对宋词的发展具有一定影响。

（四）其雨其雨怨朝阳：黄娥

黄娥，明代女诗人，著名文学家杨慎的夫人，善诗词，尤擅散曲。杨慎，号升庵，四川新都（今成都市新都区）人，祖籍庐陵，明代相门状元，明代三才子之首。杨慎有一首经典的《临江仙》，因为被引做《三国演义》开篇词而广为传诵：

滚滚长江东逝水，浪花淘尽英雄。是非成败转头空。青山依旧在，几度夕阳红。

白发渔樵江渚上，惯看秋月春风。一壶浊酒喜相逢。古今多少事，都付笑谈中。

杨慎夫妇在新婚后住在新都状元府内桂湖畔，度过了一段短暂的夫妻唱和、弹琴作画、缱绻缠绵的新婚快乐时光，之后夫妻俩便一同返回京城复职。但好景不长，很快新帝继位，杨慎因“大礼议”受廷杖，谪戍于云南永昌，被发配三千里外，永不录用，老死戒所，自此一生奔波往返于家乡蜀地与云南戍地之间，政治生活极为坎坷。而黄娥在杨慎被押解永昌卫时，坚定地选择了千里跋涉，亲自护送杨慎从北京到云南，一路上“荒村聚豺虎，夹岸鸣鲛鼍。仆夫困牵挽，防吏苦嗔呵”（杨慎《恩遣戍滇纪行》），最终在湖北江陵的临江渡口处告别，“家人从此别，客泪不可缄”（杨慎《恩遣戍滇纪行》）。在江陵离别之际，两人难舍难分，深知此后一别，天各一方，唯有书信寄相思了。于是，杨慎含泪写下了《临江仙·戍云南江陵别内》：“楚塞巴山横渡口，行人莫上江楼。……今宵明月为谁留？团团清影好，偏照别离愁。”

而黄娥在江陵与丈夫别后回蜀途中，读罢此词，心结百愁，悲痛难抑，连作四首《罗江怨·阁情》以诉内心缱绻。此后，黄娥在家服侍公婆，与杨慎分隔两地相思，开始了书信往来诉说衷情的日子。其间，杨慎因父亲病重返蜀省亲，黄娥陪同丈夫前往云南戍所伴其左右，几近三年，度过了一段艰苦但快乐的团圆时光。三年后，杨慎父亲病逝，杨慎夫妇返乡料理完父亲身后事，杨慎独自返回了云南，从此夫妻两地，杨慎直至客死他乡也未能获释。而黄娥在丈夫客死云南戍所后亲往奔丧，在泸州与杨慎灵柩相遇，作《祭夫文》悼之，凄怆哀婉，闻者垂泪。在杨慎被仗谪云南后，黄娥曾作寄外、忆夫诗歌和词曲多首。最广为传诵的即是这首《寄外》（亦作《寄夫》）诗：

雁飞曾不度衡阳，锦字何由寄永昌。
三春花柳妾薄命，六诏风烟君断肠。
曰归曰归愁岁暮，其雨其雨怨朝阳。
相闻空有刀环约，何日金鸡下夜郎。

诗中通篇用典，写尽凄怨思念之情，情真辞妙，用典贴切，其中“曰归曰归愁岁暮，其雨其雨怨朝阳”为传世名句。

黄娥后期的词曲绝大部分都题名《寄外》。她的“寄书难，无情征雁，飞不到滇南”（《黄莺儿·雨中遣怀》）与“雁飞曾不度衡阳，锦字何由寄永昌”并成名句，盛传一时。

她在《又寄升庵》一诗中写道：

懒把音书寄日边，别离经岁又经年。
郎君自是无归计，何处青山不杜鹃。

杨慎也相继写了《画眉关忆内》《青蛉行·寄内》《离思行》等诗篇，发出了“易求海上琼枝树，难得闺中锦字书”“相思离恨知多少，烦恼凄凉有万千”的凄婉哀叹。

王世贞《艺苑卮言》说黄娥创作的《寄外》和《黄莺儿》，“升庵别和三词，俱不能胜”。但同被誉为“蜀中四才女”，相较其他三人，黄娥则略显声名渺茫，她在文学史上的地位因其丈夫的声名显赫而被掩盖，历来鲜为人知。

对文史与文学的重视及推崇是天府文化源远流长、生生不息的源泉，历来无数风流文士驻足成都，历经蜀山蜀水蜀文化的熏陶，引领一代风骚。蜀中才女以其细腻的情感、雅致的文风、斑斓的文才，为天府文化演绎了别样的动人风貌。因着这一个又一个鲜活的人物和极具浪漫的故事，如今我们方能真切地品悟到天府文化的生活美学与诗意风尚，而这正是天府文化美之所在。文人雅士遗留的这份蜀风雅韵至今仍然深刻地影响着天府文化的内涵，历经时间的沉淀成为成都这座城市最厚重的底色。

第二节
锦城风物今犹故

成都的美，美在生活的诗意。以诗、书、花、乐、游等为代表的生活美学早已融入这座城市的文化气质中，成为这座城市独具特色的文化名片。成都作为一座锦绣繁华的都市，在历史上有着“扬一益二”的盛名，“蜀人从来好事，遇良辰、不肯负时光。药市家家帘幕，酒楼处处丝簧”（京镗《木兰花慢·重九》），来到成都的人，莫不惊叹她的壮美秀丽、从容优雅和悠闲诗意。这里因盛产蜀锦，故有“锦城”美名，这片土地上除了有数不尽的千古风流人物，脍炙人口的名篇佳作，还有赏花饮酒赋诗的惬意生活。范成大《三月二日北门马上》诗云，“十里珠帘都卷上，少城风物似扬州”，认为成都的少城风物之美，足以与扬州相提。苏轼亦曾慨叹，“忘却成都来十载，因君未免思量”（《临江仙·送王缄》）。令千古文豪们念念不忘的不仅仅是成都的风物，更是那些成都往事，那些驻留于心中的故人与无法抹去的情怀。于是锦城就这样成为了历史上无数文坛大家心中的繁华之所，蓦然回首在锦城度过的岁月，如烟如梦。“优雅闲适、从容大气的成都生活美学是这座城市丰富的非物质文化遗产在现实生活中的投影，是天府文化创新创造力度、优雅时尚风度、乐观包容气度、友善公益温度的当代表达。它与诗、书、花、乐、游相伴”①，锦城风物与文人诗词二者交相辉映，构筑了成都独特的城市生活美学，也成就了天府文化之美。

一、美酒成都堪送老

“锦城满目是烟花，处处红楼卖酒家”（汪元量《成都》），成都是一座有着浓郁酒香气息的城市。蜀中自古以来有酿酒传统，各种酒远近闻名，文君酒、春酒、临邛酒、郫筒酒、青城山乳酒……“古来圣贤皆寂寞，惟有饮者留其名”（李白《将进酒》），自古文人墨客皆好酒，苏轼在《望江南·超然台作》中言“诗酒趁年华”，诗歌与酒往往相互成就，可谓酒伴诗人传千秋。与蜀酒相关的诗作比比皆然，李崇嗣《独愁》诗云“闻道成都酒，无钱亦可求”，雍陶《到蜀后记途中经历》诗云“自到成都烧酒熟，不思身更入长安”，称赞成都的酒美让人缱绻留恋。诗为酒侣，酒铸诗魂，身处蜀地的诗人们多是辗转流离，却在成都闲适安逸的环境中吟诗纵酒，度过了一段诗酒快意人生。饮酒赋诗的诗酒文化彰显着优雅闲适、从容大气的成都生活美学，诗酒文化早已成为天府文化的重要元素。

（一）万里桥边多酒家

万里桥，相传三国时蜀汉丞相诸葛亮曾在此设宴送费祎出使东吴，费祎叹曰：“万里之行，始于此桥。”该桥由此而得名，历史上多有文人吟唱。杜甫《狂夫》诗云“万里桥西一草堂”，刘禹锡《竹枝词》有“凭寄狂夫书一纸，家住成都万里桥”，陆游《梅花绝句》诗云“青羊宫里应如旧，肠断春风万里

① 周翔宇. 感悟成都生活美学 感受天府文化魅力[N]. 成都日报，2019－06－12(06).

桥”……万里桥边人来人往，车马喧嚣，酒家自然也多。张籍《成都曲》就曾描绘了万里桥边游人如织的场景：“万里桥边多酒家，游人爱向谁家宿。”

成都城郊曾发掘出土了大量的汉代画像砖，其中就有《酿酒图》《酤酒图》《宴饮图》《酒肆图》等，栩栩如生地描绘了成都历史上的酿酒作坊以及饮酒传统等情景，再现了成都民间酿酒传统与饮酒风俗。历史上成都曾有甘酒、清醥酒、酴醾酒、临邛酒、郫筒酒、乳酒、烧春酒、锦江春、竹叶青、薛涛酒等多种酒类。成都的酒与文人有着千丝万缕的联系，成都邛崃有卓文君的“文君井”，酿出了文君酒；而薛涛在成都东城留下了“薛涛井”，后来则酿出了薛涛酒。北宋宋祁到成都后曾慕名而饮文君酒，并赋《成都》诗一首，诗言“云藏海客星间石，花识文君酒处垆”，陆游《文君井》诗云“落魄西州泥酒杯，酒酣几度上琴台。青鞋自笑无羁束，又向文君井畔来”，如今文君酒不仅是成都邛崃市的知名白酒，更成为一种精神和美好的象征，是天府酒文化的代表之一。

清代仇兆鳌《华阳风俗录》注引：“郫县有郫筒池，池旁有大竹，郫人刳其节，倾春酿于筒，苞以藕丝，蔽以蕉叶，信宿香达于林外。然后断之以献，俗号郫筒酒。”曾任四川置制使的范成大曾经在其游记著作《吴船录》中记载，郫筒实际上是提酒的竹筒，就是把大竹子截成二尺以下，留一节为底，在外面刻上花纹，加上盖子，用铁丝做提梁，再在外面用红漆或黑漆刷一遍。[①] 杜甫《将赴成都草堂途中有作先寄严郑公五首》云：“鱼知丙穴由来美，酒忆郫筒不用酤。”据《杜诗详注》引《成都记》：“成都府西五十里，因水标名曰郫县，以竹筒盛美酒，号为郫筒。”[②]

酒是杯中物，也是忘忧物。文人与酒相遇，往往会产生诗，而名篇佳作中从来不难见成都美酒的身影。杜甫《江畔独步寻花七绝句·其三》诗云“报答春光知有处，应须美酒送生涯”；雍陶《到蜀后记途中经历》诗云“自到成都烧酒熟，不思身更入长安”；钱惟演《成都》诗云“雨经蜀市应和酒，琴到临

---

① 何一民，王苹. 成都历史文化大辞典[M]. 北京：社会科学文献出版社，2018：190.

② 杜甫. 杜诗详注[M]. 仇兆鳌，注. 北京：中华书局，2015.

邛别寄情”……

成都人本就喜宴饮，爱游乐，奢靡尚乐之风盛行，每逢节日皆有游乐，以示吉庆，“四方咸传蜀人好友娱无时”（田况《成都遨乐诗二十一首》），而这往往伴随着一场狂饮。北宋张咏《悼蜀四十韵》诗云：“蜀国富且庶，风俗矜浮薄。奢僭极珠贝，狂佚务娱乐……酒肆夜不扃，花市春渐作。”范成大的诗作《丙申元日安福寺礼塔》记载了蜀地元日饮屠苏酒的习俗：“新年后饮屠苏酒，故事先然窣堵香。石笋新街好行乐，与民同处且逢场。”“春晚，风暖，锦城花满，狂杀游人。”韦庄的《河传·春晚》描写了锦城晚春风和日暖鲜花盛开的繁华景象，“翠娥争劝临邛酒，纤纤手，拂面垂丝柳”，闹市中当垆卖酒的姑娘正殷勤地劝着酒。

酿酒饮酒的传统、游乐之风的盛行、悠闲安逸的城市文化、安宁和平的社会环境都为成都优雅闲适、乐观从容的生活美学提供了孕育的土壤，成都酒文化早已是天府文化的重要内容，也在中国文学史上留下了浓墨重彩的一笔。

（二）宽心应是酒，遣兴莫过诗：杜甫的成都咏酒诗

文人总爱以酒来浇胸中之垒块。杜甫爱酒，或许是闲适之际的小酌怡情，或许是因“致君尧舜上，再使风俗淳”的政治理想无法实现而倍感怅惘，抑或是因心怀天下苍生却无能为力的挫败失望，他常常寄情于酒，创作了大量与酒有关的诗作，曾经“朝回日日典春衣，每日江头尽醉归”，即使这样还自我宽慰“酒债寻常行处有，人生七十古来稀”（《曲江二首·其二》）。

我们谈到杜甫诗中的酒，往往会浮现一位老病孤愁的诗人形象，“艰难苦恨繁霜鬓，潦倒新停浊酒杯”（《登高》）、“重阳独酌杯中酒，抱病起登江上台”（《九日五首·其一》）。然而杜甫卜居浣花草堂畔，“种竹植树，结庐枕江，纵酒啸歌其中”①，寓居成都期间创作了大量咏酒诗，呈现出与其他时期不一样的艺术风格与思想。

① 刘昫，等. 旧唐书[M]. 北京：中华书局，1975.

成都闲适安逸的气氛与草堂安定惬意的生活让杜甫深感“眼边无俗物，多病也身轻”（《漫成二首·其一》），爱酒的他爱上了这里的酒与美食，“蜀酒浓无敌，江鱼美可求。终思一酩酊，净扫雁池头”（《戏题寄上汉中王三首·其二》）。友人严武送来了青城山乳酒，“山瓶乳酒下青云，气味浓香幸见分”，他立即“洗盏开尝对马军”（《谢严中丞送青城山道士乳酒一瓶》），好不快哉。偶尔出去踏青欣赏初日美景，还会遇到热情好客的农家邻叟邀你一同开怀畅聊，大口喝酒。

遭田父泥饮美严中丞

步屧随春风，村村自花柳。
田翁逼社日，邀我尝春酒。
酒酣夸新尹，畜眼未见有。
回头指大男，渠是弓弩手。
名在飞骑籍，长番岁时久。
前日放营农，辛苦救衰朽。
差科死则已，誓不举家走。
今年大作社，拾遗能住否。
叫妇开大瓶，盆中为吾取。
感此气扬扬，须知风化首。
语多虽杂乱，说尹终在口。
朝来偶然出，自卯将及酉。
久客惜人情，如何拒邻叟。
高声索果栗，欲起时被肘。
指挥过无礼，未觉村野丑。
月出遮我留，仍嗔问升斗。

田父盛情邀请杜甫尝尝他家的春酒，觥筹酒酣之际，听田父赞美友人严武的卓著政绩及在百姓中的良好口碑，同时还呼喊妇女再把大瓶打开，用大盆把酒满上，最后从卯时喝到了酉时，喝了一整天，一直喝到了月亮爬上了夜空。田父意在尽醉，问他今天喝了多少酒时，他还生气："酒有的是，你不用问，尽管喝个够!"诗人借与邻家田父喝酒的场景，将成都农家百姓的朴实率真描写得极其生动有趣。

哪怕"盘飧市远无兼味，樽酒家贫只旧醅"(《客至》)，但房前屋后都拢着一波春水，群鸥日日飞去归来，庭院小路长满了花草，在这样的环境中即使品粗茶淡饭、饮陈年浊酒，也别有一番滋味，更何况还有那隔着篱笆的邻家老翁呢，可以一起聊着天举杯对饮。偶尔兴致来了，还自己酿起了酒，《归来》诗云："洗杓开新酝，低头拭小盘。凭谁给曲蘖，细酌老江干。"有时在林中独酌遣怀，"步屧深林晚，开樽独酌迟"(《独酌》)，也不时因年老体弱却壮志未酬而愁闷，"不堪祗老病，何得尚浮名。浅把涓涓酒，深凭送此生"(《水槛遣心》)，罢了罢了，如今体弱多病，哪里还用追逐那虚无缥缈的浮名呢，慢慢把酒满上，靠它来度过这一生罢。

即使仍然有郁郁不得志的愁闷与失落，但是更多的是舒缓与温婉溢于诗中，杜甫《可惜》诗云：

花飞有底急，老去愿春迟。
可惜欢娱地，都非少壮时。
宽心应是酒，遣兴莫过诗。
此意陶潜解，吾生后汝期。

杜甫感叹时光易逝，世事变迁，唯有以酒消愁，以诗遣怀，但较过往而言，少了一份悲怆与苍凉，多了一种逸情与怡然，其诗歌风格也从沉郁顿挫变得愈发细腻宁静淡泊。其《徐步》诗云：

整履步青芜，荒庭日欲晡。
芹泥随燕觜，花蕊上蜂须。
把酒从衣湿，吟诗信杖扶。

敢论才见忌，实有醉如愚。

这首诗写的是杜甫于荒芜庭院中散步时的所见所为所思。草堂生活安逸，杜甫在闲暇中愈发疏懒，卧时多而行时少，因此需要整履而起，一边拄着杖走一边饮酒作诗，任酒洒出来弄湿了衣服也不在意，因为诗才见忌，似醉如愚却实际非愚，整首诗抒内心不得志却有豁达洒脱之感。

杜甫寄情于杯中物，在饮酒作诗中寻求暂时的平和安逸，在成都他更为关注生活的细微，体悟细碎的平常事物之美，并融入这里的百姓生活之中，成都以它最宽广最温柔的胸怀接受了这位辗转飘零半生的诗人。

（三）诗酒恰在醉魂中：陆游与蜀酒

南宋爱国诗人、豪放派代表陆游，在其《衰疾》中曾云：“百岁光阴半归酒，一生事业略存诗。”直抒对美酒的痴迷。陆游还在诗中自言“平生嗜酒不为味，聊欲醉中遗万事”（《送范舍人还朝》），称自己饮酒并非因为好这一口，只是为了排解壮志难酬的苦闷。陆游于 45 岁入蜀，自言“锦官来往九经春”（《梦蜀》），在蜀中创作的诗作，仅仅从诗题来看，以酒为名，以醉为题的诗就有五六十首。蜀酒是一个在陆游的诗中时常出现的意象，“醉酒蜀江中，和泪下荆扬”（《江上对酒作》）；“赪肩郫县千筒酒，照眼彭州百驮花”（《梦蜀》）；“锦城曾醉六重阳，回首秋风每断肠”（《湖村月夕》）……

在来到蜀地后，他痛饮郫筒酒，“未死旧游如可继，典衣犹拟醉郫筒”（《思蜀》），哪怕是穷得需要典卖衣裳，也要与友人一醉方休。“当年走马锦城西，曾为梅花醉如泥”（《梅花绝句·其二》）不知道那年使陆放翁大醉一场的究竟是锦城绚丽的梅花还是芳香四溢的成都美酒。其《蜀酒歌》诗云：“十年流落狂不除，遍走人间寻酒垆。青丝玉瓶到处酤，鹅黄玻璃一滴无。”遍寻人间，只为了一饮蜀中美酒，对蜀酒极为痴迷。

“闲愁如飞雪，入酒即消融。好花如故人，一笑杯自空。流莺有情亦念我，柳边尽日啼春风。长安不到十四载，酒徒往往成衰翁。九环宝带光照地，不如留君双颊红。”这首《对酒》，是陆游于淳熙三年（1176）初春时节与友人在成都开怀痛饮，酒酣之际写下的。对花饮酒本是为了消闲愁，闲愁却化入了酒中，他慨叹年华转瞬逝，自己却功业无成，满怀愤懑，只能借酒消愁。

其《偶过浣花感旧游戏作》诗中，“忆昔初为锦城客，醉骑骏马桃花色。玉人携手上江楼，一笑钩帘赏微雪”，追忆了当年在锦城骑马看花纵酒赏雪的恣意生活，“市人不识呼酒仙，异事惊传一城说”，提及当年锦城饮酒，诗人颇有一番得意的意味，与锦城有关的回忆如此美好诗意。而今“闲倚胡床吹玉笛，东风十里断肠声”，今昔对比往事如云烟，对锦城的思念、对过往的追忆、当下的苍凉交杂一起，令人唏嘘。

在陆游的笔下，郫县的郫筒酒、邛崃的临邛酒、街市里的碧琳腴酒……各式各样的蜀中美酒中寄寓了他凌云壮志未酬的嗟叹、仕途坎坷的怅惘、爱国忧民的愤懑、闲逸生活的情趣、与友人觥筹交错的情谊，这一切都汇聚成了陆游心底的成都情结，那些饮酒作诗遣兴的时光令其难忘，以致多年后病卧寒灯里，他仍然记着“二十年前客锦城，酒徒诗社尽豪英”（《思蜀》）的成都往事。

二、花重锦官城

成都是优雅闲适又从容自得的，这里的人们善于发现生活的美，也乐于享受生活的美。天府文化的美，怎能缺少花卉呢？成都休闲雅致的生活韵味，也体现在整座城市对花卉的痴恋上，蜀人爱花，举世所知，且由来已久。成都自古有着“花城”的美誉，本就是一座与花有着因缘际会的古都，又名“锦官城”“蓉城”。“蓉”即芙蓉花，如今芙蓉花已经成为成都的市花。关于“蓉城”的来历，历来莫衷一是，其中最为知名的是与被称为“芙蓉花神”的花蕊夫人有关。宋张唐英的《蜀梼杌》记载：“孟昶广政十三年九月，令城上植芙蓉，尽以帷幕遮护……城上尽种芙蓉，九月盛开，望之皆如锦绣。”孟昶为讨心爱的妃子花蕊夫人欢心，下令遍种芙蓉花，四十里如锦绣，因此名锦城。苏轼也曾在《芙蓉城》中写到“芙蓉城中花冥冥”。

（一）只为海棠，也合来西蜀

成都人向来爱春游赏花，到青羊宫“赶花会”喜迎春天，是成都的一大盛事。花会已经成为成都城市文化的重要元素。成都青羊宫一带的花会自唐宋盛行以来已有一千多年的历史，相传每年农历二月十五是百花的生日，俗称“花朝节”，在此时会举办花会，又因二月十五亦是道教始祖老子的诞辰，故唐代以来，民间在这一天举办一年一度的庙会，两场盛会同时举行，热闹非凡。伴随着二月花会这一节庆活动也就产生了专门买花卖花的集市。至少在唐代就产生了花会、花市，唐肖遘《成都》诗提及“月晓已闻花市合”，可见当时逛花市已是成都市民日常生活的一部分。陆游《梅花绝句》中“二十里路香不断，青羊宫到浣花溪”描述了当年成都花市的热闹之景。

宋代，养花、赏花、咏花已经成为当时城市文化的一大时尚。赵抃主持编纂的《成都古今集记》记载了成都久负盛名的十二月市：“正月灯市，二月花市，三月蚕市，四月锦市，五月扇市，六月香市，七月七宝市，八月桂市，九月药市，十月酒市，十一月梅市，十二月桃符市。”陆游在《汉宫春·初自南郑来成都作》一词中曾谈到成都药市、灯市、花市的兴盛状况：“何事又作南来，看重阳药市，元夕灯山。花时万人乐处，欹帽垂鞭。”

从唐宋时期的逐花遨游，到如今春日之际龙泉看桃花，新津看梨花，金堂看油菜花，青白江看樱花……各类花会节日仍然是成都市民的最爱。

花与诗交相辉映为成都增添了别样的优雅气质，有关咏花的诗文俯拾皆是。蜀中梅花远近闻名，把蜀地作为“吾乡”的陆游对成都的梅花很是痴迷，他欣赏梅花孤傲高洁的品质，创作了多首咏梅诗和大量追忆锦城梅花的诗句。其《梅花》诗云，“冰崖雪谷木未芽，造物破荒开此花。神全形枯近有道，意庄色正知无邪”，细致描绘了梅花的形态和神韵，赞美了梅花孤傲高洁的品质，也寄寓了自我的人生追求和品质。此外还有“青羊宫前锦江路，曾为梅花醉十年”（《梅花·其六》）等咏梅诗作。杜甫在成都也创作了咏梅诗《和裴迪登蜀州东亭送客逢早梅相忆见寄》，以梅花抒内心千愁百绪，感情真挚深切，被誉为“古今咏梅第一”（明代王世贞语）。

作为“蓉城”，成都的芙蓉花自然是大名鼎鼎。范成大《二色芙蓉》诗云：“蜀国芙蓉名二色，重阳前后始盈枝。画调粉笔分妆处，绣引红针间刺时。”陆游咏芙蓉花诗作极少，却有一首广为传诵的《幽居晚兴》，诗云，“锦江秋雨芙蓉老，笠泽春风杜若芳”，在雨水的浸润下，锦江畔的芙蓉花愈发精神可人。

当然蜀中梨花也别具一番风味。杨慎《满江红·梨花》云：“娇泪一枝春带雨，粉英千片光凝雪。……忆故园游赏，清明时节。……”借梨花伤怀自己曾于清明时节在故乡游赏梨花的过往，如今谪戍他乡又见此花，却已物是人非，内心百感交集。

爱花的陆游还专门著了一本《天彭牡丹谱》，其中记载：“牡丹在中州，洛阳为第一；在蜀，天彭为第一。天彭之花，皆不详其所出。……大抵花品近百种。”

只为海棠，也合来西蜀。蜀中海棠，是许多诗人心中的白月光。薛涛作为《全唐诗》中咏海棠的第一人，作有《海棠溪》：“春教风景驻仙霞，水面鱼身总带花。人世不思灵卉异，竟将红缬染轻沙。”另一首《棠梨花和李太尉》也是写海棠之作。贾岛有《海棠》诗云：“昔闻游客话芳菲，濯锦江头几万枝。纵使许昌持健笔，可怜终古愧幽魂。”吴融《海棠二首》中写海棠风流：“云绽霞铺锦水头，占春颜色最风流。”李频《蜀中逢友人》诗云：“他年复何处，共说海棠花。”郑谷《海棠》诗云：“春风得意匀颜色，销得携觞与赋诗……朝醉暮吟看不足，羡他蝴蝶宿深枝。”诗人携酒赏海棠，将海棠的娇美形态和神韵刻画得生动细腻。宋祁《益部方物略记》提及成都海棠名种紫绵海棠时道：“故蜀之海棠，诚为天下奇艳云。”范成大《浣溪沙·烛下海棠》极尽笔墨描绘了海棠之美：“倾坐东风百媚生。万红无语笑逢迎。……梦中重到锦官城。”

历史上的成都，碧鸡坊和燕王宫是赏海棠的绝佳处。范成大《醉落魄》词云：“碧鸡坊里花如屋，燕王宫下花成谷。不须悔唱关山曲，只为海棠，也合来西蜀。”意思是为了欣赏海棠花，千里迢迢奔赴西蜀也是万分值得的，可见蜀中海棠的美与吸引力。

提起蜀中海棠，还有一段杜甫“不咏海棠”之公案。蜀中诗人都爱吟咏海棠，但唯独在蜀生活了多年的杜甫诗中却难见海棠身影，于是引发了无数文人的猜测。“恰似西川杜工部，海棠虽好不吟诗”（苏轼《赠李琪》）；“广平作梅花赋，少陵无海棠诗。正自一时偶尔，俗人平地生疑”（陆游《六言杂兴》）；“当时杜子美，吟遍独相忘”（梅尧臣《海棠》）；郑谷《蜀中赏海棠》云：“浣花溪上堪惆怅，子美无心为发扬。”其自注：“杜工部居西蜀，诗集中无海棠之题。”爱花的杜甫缘何不咏海棠花？宋初王禹偁《送冯学士入蜀》诗云：“莫学当初杜工部，因循不赋海棠诗。”认为杜甫这是为了避母亲名讳。《古今诗话》里也持这一说法：“杜子美母名海棠，子美讳之，故《杜集》中绝无海棠诗。”陆游《剑南诗稿》卷三《海棠》诗中自注云：“老杜不应无海棠诗，意其失传尔。”认为杜甫是写过海棠的只是后来逸失了。还有的人认为杜甫不咏蜀中海棠，是因为没有见过，如南宋杨万里《海棠四首》诗云：“岂是少陵无句子，少陵未见欲如何?”此外，还有的人认为杜甫不吟海棠是因为蜀地遍地海棠，看久了也就不稀奇了，因此不咏海棠也就不奇怪了。因为诗人不吟海棠还引出了这么一段“公案”，也只有西蜀锦官城才有如此魅力吧。

（二）幽梦锦城西，海棠如旧时：陆游与蜀中海棠

左思《蜀都赋》言“既崇且丽，号成都”，在文人的笔下，成都的“丽”，自然离不开花，锦城的花是诗意的。提到蜀中海棠，自然会想到陆游。不同于子美不吟海棠，爱花的陆放翁独独偏爱蜀中海棠，从其诗里可以一窥究竟，其《海棠》诗云：“蜀地名花擅古今，一枝气可压千林。讥弹更到无香处，常恨人言太刻深。”盛赞蜀地海棠的气场力压其他花卉，托物言志，借咏海棠花抒内心志向。

陆游有着大量吟咏海棠的诗作，其《海棠歌》诗云：“碧鸡海棠天下绝，枝枝似染猩猩血……若使海棠根可移，扬州芍药应羞死。”将蜀中海棠与扬州牡丹进行对比，认为前者更胜一筹，对蜀中海棠的喜爱可见一斑。其《成都行》诗云：“倚锦瑟，击玉壶，吴中狂士游成都。成都海棠十万株，繁华盛丽

天下无。”自号吴中狂士的陆游，对成都海棠花尤为痴恋，在成都度过了一生中最为闲适随意而又难忘的一段时光，其《海棠》诗云：“尚想锦官城，花时乐事稠。金鞭过南市，红烛宴西楼。千林夸盛丽，一枝赏纤柔。”蜀中饮酒赏花吟诗的生活好不闲适惬意！

陆游《花时遍游诸家园·其一》诗云：“看花南陌复东阡，晓露初干日正妍。走马碧鸡坊里去，市人唤作海棠颠。”因其对海棠的狂热痴恋，还获得了“海棠颠”的雅号。陆游的《花时遍游诸家园》十首，是其在成都时为海棠而创作的组诗，诗人在淳熙三年（1176）春天，遍游诸家花园，观赏名花并作了十首绝句。“为爱名花抵死狂，只愁风日损红芳。绿章夜奏通明殿，乞借春阴护海棠”（《花时遍游诸家园·其二》），诗人因爱海棠花，所以想乞求上天给予阴翳，护着娇嫩的海棠让它多绽放几日。

陆游作的海棠诗有四十余首，且多是在成都所作。即使经年以后，“幽梦锦城西，海棠如旧时。当年真草草，一棹还吴早。题罢惜春诗，镜中添鬓丝”（《菩萨蛮·海棠如旧时》），诗人叹息的不仅仅是年老鬓白，更多的是少壮之年虚度、凌云之志未酬的嗟叹。本应是跃马横戈、驰骋沙场，一转眼却年已垂暮。《海棠歌》诗云：“我初入蜀鬓未霜，南充樊亭看海棠；当时已谓目未睹，岂知更有碧鸡坊。碧鸡海棠天下绝，枝枝似染猩猩血；蜀姬艳妆肯让人，花前顿觉无颜色。……风雨春残杜鹃哭，夜夜寒衾梦还蜀。何从乞得不死方，更看千年未为足。”卧病在床，诗人仍然念念不忘他的蜀地以及当年仍是壮年“鬓未霜”，在南充樊亭、成都碧鸡坊观赏海棠花的往事，碧鸡坊的海棠真是天下无双，娇艳无比，那是多么美好的日子啊……次年，这位一心想着回到蜀地的诗人，未能再见到他的蜀中海棠，就心怀遗憾溘然长逝。

“锦城海棠妙无双，秋光染出胭脂蕊”“晓看红湿处，花重锦官城”“成都海棠十万株，繁华盛丽天下无”……太多耳熟能详的诗篇中都竭尽笔墨描绘了成都花卉的繁盛之貌，璀璨如锦、争奇斗艳的各类花卉环绕着千古名都锦城，错落有致、层次鲜明。五彩斑斓的色彩和蓬勃的生命力赋予了这座城市诗意人文之美，一个个传奇故事和一篇篇诗词咏叹又为其增添了一份瑰丽的色彩和绮丽的想象。透过经久不衰的成都花会以及散落于古往今来文人墨客笔下的成都花色，我们似乎也能隐隐嗅到这座锦官城的缕缕芬芳。

三、锦城一觉繁华梦

有一句话叫“少不入蜀，老不出川”，大概意思是年少的时候不要来四川，安逸的生活会消磨你的斗志；年老的时候不要出川，因为唯有四川才如此悠闲安逸。《隋书·地理志》载蜀地“颇慕文学，时有斐然，多溺于逸乐，少从宦之士，或至耆年白首，不离乡邑”①。巴蜀自古出文宗，诗家律手在成都。秦汉之际，蜀地文章冠天下，司马相如、扬雄、王褒等文人荟萃，锦绣文章灿烂。扬雄、左思的《蜀都赋》都竭尽篇幅描绘了成都的物华风流。汉代以来，司马相如、扬雄、王褒、陈子昂、李白、杜甫、薛涛、高适、岑参、元稹、白居易、刘禹锡、李商隐、温庭筠、欧阳炯、李珣、苏轼、陆游、黄庭坚、杨慎等历史文化名人灿若星辰，及至近现代，郭沫若、巴金、李劼人、柏桦、翟永明等大家云集。

（一）入蜀文人的锦城梦

清代蜀中才子李调元《送朱子颖孝纯之蜀作宰》诗云：“自古诗人例到蜀，好将新句贮行囊。”清代蜀人赵熙《下里词送杨使君之蜀》诗云：“从古诗人多入蜀，花潭老杜望君时。”回顾历史，无数文坛大家因避乱、宦游、贬谪、流寓、探亲等原因，细雨骑驴入剑门，在蜀地度过了难忘的时光，与成都结下了不解之缘，成都也因此“声教悠暨，文学之士，彬彬辈出焉”（《宋史·地理志》）。唐宋时期，文人入蜀达到巅峰，留下了许多珍贵的诗词文赋，及至今日仍然熠熠生辉。

成都包容豁达的生活态度、优雅诗意的生活方式以及安逸闲适的生活氛围

① 魏征，令狐德棻．隋书[M]．北京：中华书局，1973.

都早已融入了城市的细微肌理，凝结成了这座城市的文化气质与品位，深深浸润于驻足于此的人们的骨子里。飘零于世的“诗圣”杜甫，在离开锦城后，还不时写诗怀念锦城时光，“我昔游锦城，结庐锦水边”（《杜鹃》）。对这些文人墨客而言，锦城是他们的一个梦。在这个以诗、书、花、乐、游搭建的锦城繁华梦中，他们写巴蜀山水之美，抒离愁别绪之痛，哀百姓民生之疾苦，留下了大量吟咏成都风土人情、秀美山川的名篇佳句，难怪有人说“入蜀词人多妙句”（王之望《帅漕复次韵再和》）。梦醒离开后，锦城仍隔着崇山峻岭和郁郁葱葱摇曳在记忆深处。

（二）自计前生定蜀人：陆游的锦城意象与成都往事

杜牧忆及往昔时曾慨叹“十年一觉扬州梦”（《遣怀》），对陆游来说，锦城则是他的繁华一梦。除了家乡绍兴，蜀地是陆游居住最长的地方，被他视作第二故乡。陆游自乾道六年（1170）离乡入蜀，途中写下了反映蜀中风情的日记体游记散文《入蜀记》，至淳熙五年（1178）奉诏东归离蜀，在蜀中度过了8年，“自计前生定蜀人，锦官来往九经春”（《梦蜀》），他对蜀地有着强烈的认同感，为纪念蜀中生活，将自己的诗集命名为《剑南诗稿》。

乾道八年（1172），陆游被任命为成都府安抚司参议官，携家眷赴任，此后又转任蜀地多地，淳熙二年（1175）又返回成都任职。1178年，陆游在蜀中写的诗篇流传至京城，宋孝宗“念其久外”，令他东下返回朝廷，于是，陆游的8年蜀中生涯这才结束。陆游在蜀中近一半的时间都是在成都度过的。蜀中生涯令陆游一生辗转梦萦，自从出蜀后就无时不在思念巴山蜀水，作有《梦至成都怅然有作》《怀成都十韵》《初春怀成都》《雪中怀成都》等怀成都诗作。对蜀地对成都的思念和对那段美好时光的追忆从此成为陆游诗中的一大主题，一直持续到生命尽头。“三十三年举眼非，锦江乐事只成悲。溪头忽见梅花发，恰似青羊宫里时”（《梅》）；“天回驿畔江如染，凤集城边柳似搓”（《偶思蜀道有赋》）；“今岁顿惊丝鬓改，此生难继锦江游”（《书叹》）……陆游坚信自己“前生定蜀人”，对蜀地怀着深沉的情感，并称之为“吾蜀”。

元费著《岁华纪丽谱》载："成都游赏之盛，甲于西蜀，盖地大物繁而俗好娱乐。"哪怕蜀中遭遇并非一帆风顺，但锦城悠游闲适的城市人文气息，丰裕富饶的物产，繁华绮丽的游乐风俗，以及志同道合的朋僚，还有正值当年的自己，这一切都成为难以忘怀的记忆。"陆游对巴蜀的回忆有着非常丰富的内涵，除了雄奇灵秀的巴山蜀水以外，蜀地的风土人情、衣食住行以及诗人的朋僚友好与自身遭际，也都使他梦魂萦绕"①。

陆游在蜀期间，创作了120余首描写当地风物的诗作。锦城的物产何其丰饶，那是诗人曾心心念叨着想要定居的地方。

成都书事·其一

剑南山水尽清晖，濯锦江边天下稀。
烟柳不遮楼角断，风花时傍马头飞。
芼羹笋似稽山美，斫脍鱼如笠泽肥。
客报城西有园卖，老夫白首欲忘归。

《成都书事》写陆游客居成都，听闻城西的友人打算卖园子，就想自己买下来定居终老。诗中概述了成都美丽的自然风光以及丰美富饶的物产，笋美鱼肥，犹似故乡，这一切的美好以致诗人生出卜居成都忘归故乡的意愿，抒发了诗人内心对成都的缱绻深情。

成都书事·其二

大城少城柳已青，东台西台雪正晴。
莺花又作新年梦，丝竹常闻静夜声。
废苑烟芜迎马动，清江春涨拍堤平。
樽中酒满身强健，未恨飘零过此生。

① 莫砺锋. 陆游诗中的巴蜀情结[J]. 社会科学研究，2003（5）：131—136.

诗中描写了成都新春时节雪后初霁，丝竹婉转，春江水涨，闲适自在中流露出陆游满怀抱负但却英雄无用武之地的无奈。

“正月锦江春水生”（《偶过浣花感旧戏作》），锦江春水何其美，“锦江鸭绿抱山来”（《快晴》），陆游曾自言“十年裘马锦江滨”（《风入松》）。还忘不了锦城的海棠，“幽梦锦城西，海棠如旧时”（《菩萨蛮·海棠如旧时》）。

锦城还有他的罨画池，“乌纱白葛一枝筇，罨画池边溯晚风”（《池上晚雨》）、“小阁东头罨画池，秋来长是忆幽期”（《秋日怀东湖》）。陆游在蜀期间，创作了 30 余首与罨画池相关的诗作。

陆游尝作诗怀念故苑梅龙。《故蜀别苑，在成都西南十五六里。梅至多，有两大树，夭矫若龙，相传谓之梅龙。予初至蜀，尝为作诗，至此岁常访之》，题目即流露了对记忆中的故苑的思念。

锦城意象反复出现在陆游的诗中。“四到锦城身愈老”（《客多福院晨起》）、“锦城一觉繁华梦”（《怀成都十韵》）、“锦城一别鬓成丝，今日山阴送杰师”（《送杰上人归成都》）、“当年走马锦城西”（《梅花绝句》）……成都乃蜀中大都会，物华天宝，是无数文人心中的繁华之所，“在总体上呈现繁华面貌的成都生活才是陆游思念的对象”①，陆游近一半的蜀中生涯是在这里度过的，可以说正是成都的生活方式、成都人的生活态度以及这座城市所拥有的文化之美给陆游留下了极为深刻的印象，令其念念不忘，“锦城旧事不堪论，回首繁华欲断魂”（《新春感事八首终篇因以自解》）。他曾穿过成都锦里的幽深小巷，走过诗意的亭台水榭，在林间鸟语中细酌蜀中美酒，“宦途元不羡飞腾，锦里豪华压五陵。红袖引行游玉局，华灯围坐醉金绳”（《梦至成都怅然有作二首·其二》），他在诗中记下了成都锦里的不胜繁华。也曾亲历过成都热闹非凡、游人如织的灯会，“突兀球场锦绣峰，游人士女拥千重。月离云海飞金镜，灯射冰帘掣火龙”（《丁酉上元》）。

对蜀地的怀念不仅在于山川风物，还有蜀中的人物。他怀念与友人在蜀地交游往来的时光。《宋史·陆游传》载：“范成大帅蜀，游为参议官，以文字

① 莫砺锋. 陆游诗中的巴蜀情结[J]. 社会科学研究，2003（5）：131—136.

交，不拘礼法，人讥其颓放，因自号放翁。”

思　蜀

二十年前客锦城，酒徒诗社尽豪英。
才名吏部倾朝野，意气成州共死生。
废苑探梅常共醉，遗祠访柏亦俱行。
即今病卧寒灯里，欲话当时涕已倾。

陆游卧病在床，又忆起了当年在锦城的诗酒生涯与往昔的朋僚友好，泪如雨下。

陆游作品中仅题为《思蜀》的诗作就有 12 首，此外还有大量的例如《山村道中思蜀》《偶思蜀道有赋》《初春怀成都》等诗作。可以说陆游离蜀东归后，此后一生都在回忆锦城，深深眷念着在锦城生活的时光，“浣花光景应如昨，回首西州一怆情”（《初夏》）；“十年裘马锦江滨。酒隐红尘”（陆游《风入松》）；“忆在锦城歌吹海，七年夜雨不曾知”（《冬夜听雨戏作》）；“捣纸声中春日晚，恍然重到浣花溪”（《梦中作·路平沙软净无泥》）……

锦城成为了陆放翁心中的一个繁华梦，梦里“青羊宫里应如旧”（《梅花绝句·其九》），每每念起锦城总是怅惘若失。其《冬夜与溥庵主说川食戏作》诗云“东来坐阅七函数，未尝举箸忘吾蜀”，锦城虽远，路漫漫，触不及，但是离开那里以后，每当举起筷子的时候陆游总是会想起他的蜀地。

（三）平生故人端有几：陆游与范成大

“锦城得数公，意气如再少”（陆游《游大智寺》），陆游在蜀地结识了许多志同道合的值得一生追思的友人，此后时常怀念并见诸吟咏，如《怀谭德称》《山中观残菊追怀眉山师伯浑》《哭王季夷》《别后寄季长》《哭季长》《夜归偶怀故人独孤景略》《猎罢夜饮示独孤生》。

清代流传着“家剑南而户石湖”的说法，“剑南”自然指的是陆游，因其著有《剑南诗稿》，“石湖”则指的是范成大，其晚号“石湖居士”。陆游与范成大都是南宋著名诗人，与杨万里、尤袤合称南宋“中兴四大家”。

陆游与范成大都曾先后入蜀，又都在成都居住过很长的时间。乾道六年（1170）陆游离乡赴夔州，直到淳熙五年（1178）暮春出蜀，在锦城度过了8年时光，写下了近500首关于锦城生活的诗作。范成大在淳熙二年（1175）六月赴蜀地任四川制置使，到淳熙四年（1177），因病乞书东归离开成都。范成大游历蜀地，并留下了《蜀州西湖》等歌颂自然景色的经典作品20余篇，并著有《吴船录》，对青城山、都江堰、峨眉山、乐山大佛等名胜古迹记载尤为详实。他认为成都繁华热闹之景与故乡扬州有类似之处，“十里珠帘都卷上，少城风物似扬州”（《三月二日北门马上》）。

《宋史·陆游传》载“范成大帅蜀，游为参议官，以文字交，不拘礼法”，二人过从甚密。陆游与范成大都爱蜀中海棠花，一同走遍成都的花园，共赏锦城名花，范成大还曾邀请陆游参加他在成都西园锦亭举行的赏海棠夜宴，并赋诗《锦亭燃烛观海棠》：“银烛光中万绮霞，醉红堆上缺蟾斜。从今胜绝西园夜，压尽锦官城里花。”陆游《锦亭》一诗描述了此次夜宴新亭赏海棠之盛大场面，他在诗中感叹道：“乐哉今从石湖公，大度不计聋丞聋。”

范成大在蜀中虽仅有两年，但是他推出了许多有利于百姓民生的举措，重视教育、免酒赋、罢和籴、筑石街等，政绩卓著，得到了同是胸怀天下的陆游之赞赏和钦佩。陆游曾为范成大诗集作序，在《〈范待制诗集〉序》中评论范成大在蜀期间的政绩与诗名：“及公之至（成都）也，定规模，信命令，施利惠农，选将治兵，未数月，声震四境，岁复大登。幕府益无事，公时从其属及四方之宾客饮酒赋诗。公素以诗名一代，故落纸墨未及燥，士女万人已更传诵，被之乐府歌，或题写素屏团扇，更相赠遗，盖自蜀置帅守以来未有也。”①对范成大的赞赏敬佩之情溢于言表。

淳熙二年（1175）铜壶阁建成后，范成大作《冬至日铜壶阁落成》，陆游为作记《铜壶阁记》。在困境中二人也以诗作唱和劝慰鼓励对方，陆游有《和

① 陆游. 渭南文集校注[M]. 马亚忠，涂小马，校注. 杭州：浙江古籍出版社，2015：113.

范舍人书怀》《和范舍人病后二诗末章兼呈张正字》，对因生病而意志消沉，处愁苦之中的范成大进行劝慰。淳熙四年（1177）范成大被诏还离开成都，陆游恋恋不舍，一路相送，并在送行途中同游青城山，共谒崇德庙、李冰父子祠祀，经过新津直至眉山，挥泪赋《送范舍人还朝》送行，诗云“平生嗜酒不为味，聊欲醉中遗万事。酒醒客散独凄然，枕上屡挥忧国泪”，依依惜别之中寄寓了其一贯的忧国忧民、忠君爱国之情。这期间陆游还写下了《和范舍人永康青城道中作》《新津小宴之明日，欲游修觉寺》等诗作，范成大则作《慈姥岩与送客酌别》《次韵陆务观慈母崖酬别二绝》《余与陆务观自圣政所分袂，每别辄五年。离合又常以六月，似有数者。中崖送别，至挥泪失声，留此为赠》等，仅从题目就能感受其中的离别难舍之情意。

绍熙四年（1193）范成大去世后，陆游写下了《梦范参政》一诗，“平生故人端有几，长号顿足泪迸血。生存相别尚如此，何况一旦泉壤隔。……青灯耿耿山雨寒，援笔诗成心欲裂”，哀痛至极，令人动容。

另有两首满怀哀思的《范参政挽词》：

其一

屡出专戎阃，遄归上政途。
勋劳光竹帛，风采震羌胡。
签帙新藏富，园林胜事殊。
知公仙去日，遗恨一毫无。

其二

孤拙知心少，平生仅数公。
凋零遂无几，迟暮与谁同！
琼树世尘外，神山云海中。
梦魂宁复接，恸哭向西风。

至此，这段在锦城共同经历过的时光成为了陆游的一段重要回忆，令其一生追寻难忘。为什么诗人总爱追忆过去，最美的回忆未必总是那些激情澎湃的历史瞬间，更可能是一种生活的常态，那些看似寻常的某个物件，却在经年以后的某个时间点，令我们联想到与其相关的人和事物或是某段经历，往事便瞬间涌上心头，而时空的错落感常令我们感叹唏嘘，这大概就是所谓的“触物生情”，诚如宇文所安在《追忆：中国古典文学中的往事再现》中写道：“这种诗、物和景划出了一块空间，往昔通过这块空间又回到我们身边。”[①] 繁华一觉锦城梦，梦里有着锦城的山水、小桥、美酒、香茶，还有那个夜晚的新亭海棠。

一段段文人雅事早已是历史长河中的一粒粒细沙，但却为成都平添了一缕缕文化韵味，铸就了天府文化的内涵，成为这座城市不断发展的文化底蕴和根基。成都是繁华与安详、进取与休闲、传统与前沿、市井与优雅、慢生活与快节奏和谐共生的城市，成都人民的生活满含着人情味和情趣，这正是他们独特的生活美学，也是早已渗透到其骨子里的生活哲学。

① ［美］宇文所安．追忆：中国古典文学中的往事再现[M]．郑学勤，译．上海：上海三联书店，2014：9.

第三节
喧然名都会，吹箫间笙簧

历史上的成都以“江山之秀、罗锦之丽、管弦歌舞之多、伎巧百工之富”（卢求《成都记》序）闻名天下。成都的音乐文脉可以追溯到古蜀时期，据《华阳国志·蜀志》载，“九世有开明帝，始立宗庙，以酒曰醴，乐曰荆”，他热爱音乐并创作了系列歌曲，“武都有一丈夫化为女子，美而艳，盖山精也，蜀王纳为妃。不习水土，欲去。王必留之，乃为《东平之歌》以乐之。无几，物故。蜀王哀念之，乃遣五丁之武都担土为妃做冢，盖地数亩，高七丈，上有石镜，今成都北角武担是也。后王悲悼，作《臾邪歌》、《龙归之曲》”。[①] 此外开明王还创作有《东平》《伊呜》《幽魂》等曲目。

一、锦城歌如海

春秋战国时期，蜀人苌弘在音乐方面颇有造诣，孔子向其请教“乐”的知识，探讨韶乐与武乐的异同和不解处，史称“访弘问乐”。扬雄曾作《琴清英》

① 常璩. 华阳国志校注[M]. 刘琳，校注. 成都：成都时代出版社，2007：94—96.

备述琴人逸事，对汉代及之后的乐府诗批评有着深刻的影响。《宋史 · 地理志》载：“川陕四路……好音乐，少愁苦。”唐宋时期的成都，更是一座著名的音乐艺术之城。李白的诗作《听蜀僧濬弹琴》描写了蜀僧弹琴技艺的高妙。宋张唐英的《蜀梼杌》描述了晚唐五代成都城外音乐繁盛的热闹场景，“村落闾巷之间，弦管歌诵，合筵社会，昼夜相接”①。后蜀时代的《花间集》中有“逐弦吹之音，为侧艳之词”的描述。南宋蜀人王灼精通音律，其所著的《碧鸡漫志》是一部系统讨论音乐、词学发展演变以及理论问题的专著，其自序云，王灼当时寄居成都碧鸡坊妙胜院，常赴两位友人家饮酒赏乐，归则“旁缘是日歌曲，出所闻见，仍考历世习俗，追思平时论说，信笔以记”②。

不少文人骚客留下了大量与成都音乐有关的诗作，从中可以一窥当时蜀地音乐繁盛之景。梁简文帝《蜀国弦》诗云“雅歌因良守，妙舞自巴渝。阳城嬉乐盛，剑骑郁相趋”，贯休《寿春节进大蜀皇帝五首》诗云“家家锦绣香醪熟，处处笙歌乳燕飞”，这些都反映了以成都为中心的西蜀大地自古以来就是载歌载舞、锦瑟笙歌之地，可谓是“喧然名都会，吹箫间笙簧”（杜甫《成都府》）。当时的成都每逢佳节盛会，锦江上千帆竞航，丝竹管弦喧天，热闹非凡，音乐繁盛至极，可谓名副其实的音乐之都。

成都有着传世唐琴中最具代表性的古琴——九霄环佩，被誉为琴中“仙品”，如今珍藏于故宫博物院。1929 年在广汉三星堆出土了巴蜀地区自行创制的打击乐器——广汉石磬，约生产于商周之际，被认为是古代巴蜀地方音乐的遗存。以三国时期诸葛亮名字命名的诸葛鼓，曾在西南地区广为流传，相传是由诸葛亮创制的用于军队中敲击伴奏、演唱军歌的打击乐器，及至今日西南地区一些少数民族的节日庆典乐舞中仍然在使用诸葛鼓。汉魏宴饮酒酣时，饮者常常起舞助兴，出土于四川成都市昭觉寺汉墓的东汉宴乐画像砖就记载了一场宴饮上的笙歌妙舞，图中上端有案，下有酒樽、杯、盂等饮食之器，有人抚瑟拨弦，有人侧耳歌唱，有人闭目陶醉，有人翩翩起舞，有人屈身伸掌、叩鼓为

---

① 张唐英. 蜀梼杌校笺.［M］. 王文才，校. 成都：巴蜀书社，1999：381.

② 王灼. 碧鸡漫志序［M］//王灼. 碧鸡漫志校正. 岳珍，校正. 成都：巴蜀书社，2000：1.

节。早在汉代，巴蜀地区就流行以诙谐、幽默为主要特点的曲艺艺术表演形式——说唱。1957 年，成都天回山东墓出土了击鼓说唱俑，其右腿扬起，左臂环抱一扁鼓，右手举槌作击鼓状，张口嘻笑，生动地塑造了一位俳优忘情进行说唱表演的艺术形象，极富民间气息和地方特色。

这样的音乐之都留给文人的印象有多深刻自是不言而喻的。诗圣杜甫为避安史之乱，自关中来到成都，刚到成都的他立即被这座城市的音乐繁盛景象给震撼了，挥笔写下诗歌《成都府》，诗云：

翳翳桑榆日，照我征衣裳。
我行山川异，忽在天一方。
但逢新人民，未卜见故乡。
大江东流去，游子去日长。
曾城填华屋，季冬树木苍。
喧然名都会，吹箫间笙簧。
信美无与适，侧身望川梁。
鸟雀夜各归，中原杳茫茫。
初月出不高，众星尚争光。
自古有羁旅，我何苦哀伤。

箫、笙、簧等各类乐器演奏的音乐飘荡于城市间，给予杜甫羁旅漂泊生涯里难得的轻松愉悦与新奇，身处陌生的城市，内心喜忧交杂，不知何时能再回到故乡，他感慨：“成都美是美啊，但是毕竟不是我的故乡啊，中原茫茫，天黑了鸟雀尚且有巢可归，漂泊不定的我何处是归途呢?”最后只能勉强宽慰自己“自古有羁旅，我何苦哀伤”。然而成都这样一个乐观包容的城市总是以她最宽广的怀抱给予异乡人温暖，这是一个能让人很快适应的地方，于是不久后杜甫又写下了《赠花卿》：

锦城丝管日纷纷，半入江风半入云。
此曲只应天上有，人间能得几回闻。

他生动描绘了蜀地歌舞升平之景，整个城市都飘荡着丝竹管弦之声，热闹非凡。

成都音乐的兴盛与唐玄宗和唐僖宗避难成都有关，自唐天宝十四年（755）安史之乱以来，衣冠士族纷纷入蜀避祸，京城的音乐、舞蹈、乐器以及大量的乐师也随着两位君王的入蜀纷纷南下，深刻影响着成都音乐的发展。

此时成都的音乐有多繁盛呢，陆游在《冬夜听雨戏作二首·其二》中描述了锦城音乐的兴盛状况。其诗云："忆在锦城歌如海，七年夜雨不曾知。"陆游在成都居住了七年，听过无数次夜雨声，竟从未留意过夜雨声的奇妙，只因为成都的歌声、器乐声喧然如海，以至于盖过了夜晚淅淅沥沥的雨声。一生念念不忘成都的陆游自然创作有多首描写锦城音乐的诗作。

席上作·绿波画桨浣花船

绿波画桨浣花船，清簟疏帘角黍筵。
一幅葛巾林下客，百壶春酒饮中仙。
散怀丝管繁华地，寄傲江湖浩荡天。
浮世升沉何足计，丹成碧落珥貂蝉。

成都的浣花溪畔，有酒有诗有音乐相伴，如此繁华地，让诗人的惆怅都化入了眼前的景色之中。

湖村月夕·其二

锦城曾醉六重阳，回首秋风每断肠。
最忆铜壶门外路，满街歌吹月如霜。

这位将成都视作自己第二故乡的诗人，离开蜀地后最怀念的还是锦城铜壶门外的夜晚，满大街弥漫着音乐之声，皎月如霜。

二、成都竹枝词

竹枝词是一种植根民间、源于日常生活的中国传统民间文学形式，又称“竹枝”“竹枝子”“竹枝歌”“巴渝曲”等，是由古代巴蜀极具特色的民间歌舞演变而来，与音乐和舞蹈紧密结合。竹枝词通常为七言四句的形式，声调清新、韵律和谐，多用比兴、双关和俚语俗语，语言通俗口语化。人们借助竹枝词或是大胆抒发内心的真实情感，或是细腻刻画日常生活，或是吟咏当地风土民俗人情。竹枝词具有浓郁的地方色彩，深得人们的喜爱。四川历来被视为竹枝词的故乡，而成都竹枝词尤为发达，留存数量众多，从竹枝词中我们可以窥见当时成都鲜活生动的风土民俗和市井生活。定晋岩樵叟《成都竹枝词》云：“竹枝歌罢夜何其，布被蒙头细想之。风土人情皆纪实，任他笑骂是歪诗。”

“夫竹枝者，闾阎之细响起，风俗之大端也。四方莫盛于蜀，蜀尤盛于夔”（曹学佺《蜀中广记》），唐代诗人刘禹锡任夔州刺史时，用民歌“竹枝词”的曲谱，创作了《竹枝词九首》吟咏巴蜀地区的风土人情，在引中提到“里中儿联歌《竹枝》，吹短笛击鼓以赴节。歌者扬袂睢舞，以曲多为贤”，人们边舞边唱，吹着短笛，敲击着鼓来伴奏，赛歌的时候，唱得多的就是优胜者。刘禹锡还谈到其创作动机，“故余亦作《竹枝词》九篇，俾善歌者飏之，附于末，后之聆巴歈，知变风之自焉”，意思是让擅长于唱歌的人来传播巴渝地区的民歌，以后听到这些民歌的人们，就可以知道其变风的来由了。

竹枝词九首 · 其四

日出三竿春雾消，江头蜀客驻兰桡。

凭寄狂夫书一纸，家住成都万里桥。

王灼《碧鸡漫志》言：“唐时古意亦未全丧，《竹枝》、《浪淘沙》、《抛球乐》、《杨柳枝》，乃诗中绝句，而定为歌曲。”[1]

竹枝词二首 · 其一

杨柳青青江水平，闻郎江上唱歌声。
东边日出西边雨，道是无晴却有晴。

刘禹锡的这首竹枝词历经千载传唱不衰，写的是沉浸在初恋中的少女，面对心上人的态度不明确，内心满怀担忧与揣测，对方到底是有情还是无情呢？忐忑、羞涩、激动、憧憬、疑惑百感交杂，仿佛对方的歌声中也有爱慕之意？瞬间又欣喜鼓舞。

竹枝词经过唐代诗人张籍、刘禹锡等人的大力仿作后广为流传，深受文人以及老百姓的喜爱，文人们相继创作了不少竹枝词，如清代四川成都人杨燮，号六对山人，著有《锦城竹枝词》（百首），刘沅有《蜀中新年竹枝词》，此外还有吴好山的《成都竹枝辞》（九十五首）、定晋岩樵叟的《成都竹枝词》、庆余的《成都月市竹枝词》、冯家吉的《锦城竹枝词百咏》，今人林孔翼辑录的《成都竹枝词》、何韫若的《锦城旧事竹枝词》等著作，详实反映了当时成都的世态百相、世情风俗、商业繁华、年节岁时，“成都竹枝词作为一种文学样式，因其自有的层累性与所属文化圈，于民俗事象研究与民俗整体研究而言，可谓一部成都的‘诗体民俗志’”[2]，被视作研究成都当时社会面貌的史料，在清代还曾在成都被作为科举考试题。杨燮在《锦城竹枝词 · 百首》[3] 中描写了成都鲜花盛开的繁荣景象：

一扬二益古名都，禁得车尘半点无。
四十里城花作郭，芙蓉围绕几千株。

---

① 王灼. 碧鸡漫志校正[M]. 岳珍，校正. 成都：巴蜀书社，2000：19.

② 谢天开. 蜀都竹枝：竹枝词中的民俗万象[M]. 成都：西南交通大学出版社，2019：2.

③ 林孔翼. 成都竹枝词[M]. 成都：四川人民出版社，1986：42.

还有描写成都人清明时节祭祖上坟的风俗场景的：

城中上冢趁晴天，女轿夸多走接肩。
穿过街坊来狭陌，菜花黄到绣裙边。

庆余的《锦城花会灯竹枝词》将成都花会的热闹场景展现在人们的眼前：

春风吹到锦江滨，绚烂春光上巳辰。
怪道沿街声不断，买花人唤卖花人。

清代吴好山的《成都竹枝辞·九十五首》生动地描述了当时成都女子清明时节春游踏青的画面：

春罗衫子凤头鞋，借踏青名一遣怀。
惹得菜花裙脚满，阴将绣帕背人揩。

清代冯家吉的《锦城竹枝词百咏》也记录了成都清明时节习俗："楝花风里过清明，准备榆羹麦饭行。水郭山村人拜扫，纸灰蝴蝶舞纵横。"清人王再咸《成都竹枝词》亦记载了清明时节成都女子携伴踏青之景象："踏青时节巧安排，绣幕围香姊妹偕。五日东风十日雨，落花红上凤头鞋。"

杨燮在《锦城竹枝词》（百首）中记载了成都端午时节的风俗："龙舟锦水说端阳，艾叶菖蒲烧酒香。杂佩丛簪小儿女，都教耳鼻抹雄黄。"庆余的《成都月市竹枝词》记载了端午时节龙舟竞赛的画面："端阳会过夺龙标，心字香儿约半烧。一步朝天须一拜，恨郎腰瘦太苗条。"冯家吉的《锦城竹枝词百咏》记载了不少成都的美食，如过年习俗吃汤圆，"汤元吃罢心香祷，愿似囫囵过几年"，还记录了远近闻名的小吃麻婆豆腐，"麻婆陈氏尚传名，豆腐烘来味最精。万福桥边帘影动，合沽春酒醉先生"。

明人陆时雍的《唐诗镜》认为"竹枝词俚而雅"，"竹枝词作为反映老百姓心声，记载小人物的苦痛，描绘琐细的日常生活，状写民情风俗的画面，传承着历史遗脉，成为近代市民生活兴起的表征”①，在亦诗亦歌的竹枝词中再现了成都当时的民风民俗、市井生活，透过竹枝歌声可以品味成都人从容优雅、安逸闲适、情趣有味的日常生活，在满满的烟火气息中展露着别样的城市人文气质。

三、二十四伎乐

唐卢求在《成都记》序言中对扬州、益州进行了比较，提到了成都的音乐歌舞盛况：“大凡今之推名镇为天下第一者，曰扬益，以扬为首，盖声势也。人物繁盛，悉皆上著，江山之秀，罗锦之丽，管弦歌舞之多，伎巧百工之富，其人勇且让，其地腴以善，熟较其要妙，扬不足以侔其半。”晚唐五代时，成都音乐繁盛，前蜀主王建、王衍都对音乐十分喜爱，前蜀后主王衍更是精通音律，自创歌词并依词配曲，曾作《甘州曲》《醉妆词》等流传于世。

位于成都一环路内永陵路 10 号的永陵地宫（现成都永陵博物馆）是全国唯一一座建在地表的皇陵，是前蜀皇帝王建的陵墓。永陵石棺床三侧面浮雕着“二十四伎乐”，有舞伎 2 人，表演器乐的乐伎 22 人，是目前考古发现中最完整的唐代宫廷燕乐乐队石刻，堪称唐五代蜀地音乐文化的“活化石”，“因其为中国惟一完整表现唐代和前蜀宫廷乐队组合的浮雕艺术品，惊艳了世界，为世人了解盛唐打开了一扇再也关不掉的窗”②，透过“二十四伎乐”，我们仿佛穿越千年的时光，再睹大唐盛世乐舞之美。整组石刻雕琢精细，形象生动，浮雕中乐伎们执有琵琶、箜篌、筝、觱篥、排箫、笙、笛、篪、齐鼓、毛员鼓、答腊鼓、羯鼓、腰鼓、铜钹等乐器，多达 20 种共 23 件，惟妙惟肖，精美绝伦，气势恢宏。这 24 幅伎乐石刻图生动地再现了王建生前宫廷中燕乐歌舞的场景，

---

① 冉云飞. 从历史的偏旁进入成都[M]. 北京：中国发展出版社，2015：233.

② 彭志强. 成都，唐朝音乐之都[N]. 文学报，2019－12－19（11）.

乐伎石刻（杨恋供图）

是中国本土音乐与外来音乐相融合的集大成之作，是成都作为古代东方音乐之都的有力佐证，也是研究唐五代音乐史的珍贵资料。此外，成都东郊的历代明蜀王陵中也有规模很大的王府乐队俑，可见历史上成都音乐之繁盛。“二十四伎乐”石刻上刻有的 20 种共 23 件乐器，反映了当时成都乐器的种类之多，音乐的繁盛必然会带来乐器制造工艺的发展。早在唐宋时期，就已诞生了在中国音乐史上具有重要地位和意义的乐器——雷琴。雷琴，又名“雷公琴”，是唐代成都乐器制造名家雷氏一门在传统古琴基础上改良制作的新琴，“琴最盛于蜀制，斫者数家，惟雷琴而已”（《四川通志》）。一时掀起了收藏雷琴的风气，文人雅士争相在琴上题字，欧阳修、苏轼等文化名人都收藏有上品雷琴。雷琴的生产从唐开元年间延续到开成年间，前后约 120 年，历经盛唐、中唐、晚唐三个时期。著名的工匠有雷绍、雷震、雷霄、雷威、雷文、雷俨、雷珏、雷会、雷迅祖孙三代九人，俗有“唐琴第一推雷公，蜀中九雷共称雄”之誉。雷琴产于成都，在音乐史上有重要的意义。文献记载的上品雷琴名目有“春雷”

“松雪”“忘味”等。目前国内存世的十几张唐琴均是雷琴。

唐代制琴大师雷氏家族雷威制作的“伏羲式”古琴，现藏于故宫博物院，是传世唐琴中最具代表性的一张，被誉为琴中“仙品”。琴面龙池上方刻有“九霄环佩”四篆字琴名，右刻有黄庭坚手书“超迹苍霄，逍遥太极，庭坚”十个字，此外还有苏轼的楷书小诗“霭霭春风细，朗朗环佩音。垂帘听燕语，沧海虎龙吟——苏轼记”，等等。此琴音色清雄沉细、激越高亢，如击金石，响遏行云，似九霄之上环佩和鸾，故以为名。“九霄环佩”自唐代行世后，几经易手，辗转流失，现珍藏于故宫博物院。

汉代以来成都文人雅士尤喜抚琴而歌，琴诗、琴曲歌辞创作极为繁荣。司马相如一曲《凤求凰》琴挑卓文君，成就千古爱情佳话。“司马相如游临邛，富人卓王孙有女文君新寡，窃于壁间窥之，相如鼓琴，歌以挑之，曰：凤兮凤兮归故乡，遨游四海求其凰。时未通遇无所将，何悟今夕升斯堂。有艳淑女在此方，室迩人遐独我肠。何缘交颈为鸳鸯?”（司马相如《琴歌二首（并序）》）[①]，而卓文君也曾作琴歌《白头吟》令相如愧而回心转意。成都市井繁华，乐坊随处可见，唐代诗人张螾《送友尉蜀中》诗云“故友汉中尉，请为西蜀吟。人家多种橘，风土爱弹琴”，叙写到蜀人弹琴已成风尚；诗人韦庄的《赠峨嵋山弹琴李处士》诗云“为君吟作听琴歌，为我留名系仙谱”；李白《听蜀僧濬弹琴》诗云“蜀僧抱绿绮，西下峨嵋峰。为我一挥手，如听万壑松”，从这些诗中我们可以窥见历史上成都音乐文化的繁盛景象，音乐很久以前就已经成为成都文化生活中不可或缺的部分。

四、诗客曲子词

众所周知，词兴起于唐末，最初称为曲子、曲子词，有长短句、曲词、乐

① 徐陵. 玉台新咏笺注[M]. 吴兆宜，注. 程琰，删补. 穆克宏，点校. 北京：中华书局，2017.

章、诗余、琴趣等别称，本就是一种音乐文学，其产生与音乐有着天然的联系，是配合宴乐乐曲而填写的歌诗，词牌则是词的调子的名称。唐末时期成都音乐发展迅速，雅乐、燕乐、清乐、宗教音乐和俗乐五大音乐体系逐渐形成，浓郁的音乐氛围为花间词派的诞生提供了丰沃的土壤。

后蜀广政三年（940），赵崇祚主持编纂了《花间集》，这是中国文学史上第一部文人词集，收录了晚唐五代时期温庭筠、皇埔松、韦庄、张泌、牛希济、欧阳炯、李珣等十八家词人的五百首词作，这些词人或为蜀人，或仕于蜀，因此《花间集》历来被视作五代十国时期西蜀词人词作的集结之作。大量文人如张泌、毛文锡、牛希济、欧阳炯等依据曲子乐调填词，锤炼文字、推敲音韵，纷纷利用这一全新的文学形式进行创作，于是在文学与词曲音乐发展史上极为重要的“花间词派”诞生了。“花间”二字源自张泌的《蝴蝶儿》词，“还似花间见，双双对对飞”。《花间集》所取皆清丽之词、绝唱之什，被奉为“近世倚声填词之祖”“长短句之宗”，掀起了五代时期西蜀地区的吟唱之风。

《花间集序》云：“是以唱云谣则金母词清，挹霞醴则穆王心醉。名高白雪，声声而自合鸾歌；响遏行云，字字而偏谐凤律。杨柳大堤之句，乐府相传；芙蓉曲渚之篇，豪家自制。莫不争高门下，三千玳瑁之簪；竞富尊前，数十珊瑚之树。则有绮筵公子，绣幌佳人，递叶叶之花笺，文抽丽锦；举纤纤之玉指，拍按香檀。不无清绝之词，用助妖娆之态。自南朝之宫体，扇北里之倡风。何止言之不文，所谓秀而不实。”这说明了编选《花间集》的缘由和宗旨，此时诗客所写的主要是供歌筵酒席演唱的侧艳之词，在君臣欢娱的场合创作出来并交付演唱。花间词依声填词、娱宾遣兴，多是倚红偎翠、浅斟低唱之作，牛峤《女冠子》词曰：“浅笑含双靥，低声唱小词。”花间词在诞生之初是用于演唱的脚本，保存了当时民歌吟唱的方式，具有极强的音乐性，其中很多词牌是由唐教坊曲演变发展而来，如《南歌子》《玉蝴蝶》《虞美人》《临江仙》《相见欢》《天仙子》《女冠子》《梦江南》……试举一例韦庄的《菩萨蛮·其四》：

劝君今夜须沈醉，
尊前莫话明朝事。

珍重主人心，
酒深情亦深。
须愁春漏短，
莫诉金杯满。
遇酒且呵呵，
人生能几何。

词中多次以口语化的词汇来表达词人内心的哀痛及无限乡愁，两个“须”、两个“莫”，以及“呵呵”，都是民歌中常见的口语词汇，浅显明白却极富感染力。

以西蜀词人为主体的花间词派，在诗词嬗变过程中有着极为重要的承前启后的意义。他们认为词是日常生活的娱乐方式，强调词对内心情感的抒发。《花间集》风格婉丽绮靡，内容多为才子佳人、闺怨哀思、风土人情，把关注的目光投向了平凡的日常生活细节与身边的自然景物，诚如李泽厚在《美的历程》里所言，“盛唐以其对事功的向往而有广阔的眼界和博大的气势；中唐是退缩和萧瑟，晚唐则以其对日常狭小生活的兴致，而向词过渡。这并非神秘的‘气运’，而正是社会时代的变异发展所使然”，花间词关注词人的内心深层世界，抒发内心的真情实感，刻画细腻，辞藻华丽，意境幽深，突出了文学的审美和娱乐功能，文学性与音乐性达到了和谐统一。

成都历来好文雅，前蜀主王衍，后蜀主孟昶，都喜爱音律。经济的富庶繁荣，社会的安定和承平，以及游乐之风的盛靡，从当政者到文士，皆不乏耽于声色犬马、纵情于宴饮狎妓者，在“家家之香径春风，宁寻越艳；处处之红楼夜月，自锁嫦娥”[①] 的背景下，以言情为主的词文学很快就兴盛起来，以致雅正之作日趋减少，而浓丽小词蔚为大观。《花间集》被视作婉约词派的滥觞之作，花间词派风格独树一帜，诗与音乐在这里完美地契合在一起。

① 赵崇祚．花间集校注[M]．杨景龙，校注．北京：中华书局，2014：1.

第四节
西蜀画派

成都是时尚优雅的，天府文化的诗情画意之美，不仅美在诗与乐的交融共生，也体现在绘画的繁荣兴盛，历史上的成都虽然偏安一隅，但却并未影响其一度成为绘画的中心。蜀地的绘画有着浓郁的地域性色彩，这不得不提到其中最为浓墨重彩的一笔——西蜀画派。

一、西蜀画派的兴起

晚唐时期，相较于战火纷飞的中原地区，西蜀偏安于乱世，可以说是一片富庶安宁。而前蜀主王建以及后蜀主孟昶在执政前期都开创了政治清和、相对稳定的局面，这为西蜀画派的兴起与发展提供了客观条件。

唐代绘画之风兴盛，当时的长安城内绘画名家云集。安史之乱中，唐玄宗避乱入蜀，“唐之衣冠之族多避难在蜀”（吴任臣《十国春秋》），以卢楞伽、赵公佑、陈皓等为代表的一大批中原画坛高手也纷纷入蜀，流寓成都，进行绘画创作。之后唐僖宗幸蜀，孙位、张询、张南本、滕昌佑、刁光胤等画家也相继入蜀，西蜀又一次成为画家云集之地。这些流寓西蜀的中原丹青高手对黄惟亮、黄荃等本土画家的成长有着极大的影响，客观上助推了成都绘画艺术的繁荣。例如西蜀画派的领军人物黄荃，就先后师法于滕昌佑、刁光胤、李昇等人，他兼收并蓄、博采众长，终成一代绘画大师。数十年间，西蜀绘画艺术迅速走向繁盛，成都成为晚唐五代时期的绘画中心。

及至晚唐时期，西蜀的绘画已是异常繁盛。因着唐玄宗与唐僖宗的入蜀，西蜀广建寺院，对寺庙壁画的需求剧增，这也为画家们切磋展示技艺提供了机会。《益州名画录·范琼传》载："洎宣宗皇帝再兴佛寺，（范琼、陈皓、彭坚）三人于圣寿寺、圣兴寺、净众寺、中兴寺，自大中至乾符（847—879），笔无暂释。图画二百余间墙壁……"仅四所寺院就有壁画两百余间，可以想象当时的绘画繁荣之景。唐五代的画师先后在成都城中各寺庙、禅院、道观墙上作画，大多保存到了宋代，但后来逐渐被损毁。当时的成都大圣慈寺名家汇集，创作了极其丰富的壁画，在西蜀最为知名，一时间大圣慈寺壁画以唐画闻名天下。

如果说寺院庙观壁画的需求为画家提供了发展的空间，那么蜀主的好尚则毫无疑问起到了推波助澜的作用，直接推动了西蜀绘画的繁荣。前后蜀的君王都极为重视绘画，他们大力任用提携画家，供其官职俸禄，从制度上提升画家的地位，同时，蜀主对绘画风格的好恶也深深影响着西蜀画派风格的形成。

当时西蜀宫廷画师黄荃父子在蜀中从事绘画四十余年，之后更影响了北宋画坛百年，是成都绘画史上具有开创意义的美术领袖人物。作为宫廷御用画家，他们开创的工笔重彩、精细富丽、形神兼备的花鸟画画风，成为当时宫廷画风的主流，与其后世追随者一起被誉为"西蜀画派"，在绘画史上卓有影响。西蜀画派的画师有近四十人，宋代邓椿《画继》中提道："蜀独僻远，而画手独多于四方。"西蜀画师不仅在数量上多，而且他们大多绘画技艺高超、作品丰富，道释人物画与花鸟画都是西蜀画派的重要主题，黄荃父子擅画花鸟，张玄擅画道释人物，李异工于山水……西蜀画派具有浓厚的家传特色，赵公祐父子、高道兴父子、阮知晦父子、黄荃父子等皆是一脉相承。

以黄荃为代表的西蜀画派的绘画风格富丽工巧而形神兼备，这符合了西蜀宫廷的审美旨趣，当时的花鸟画以黄家体制为圭臬，及至入宋后，凡画花鸟也莫不以黄家体制为准。

二、西蜀画院

前后蜀主都对绘画创作高度重视，先后设置了专门从事绘画的机构以供宫廷使用，为皇室贵胄服务。

前蜀主王建在西蜀优抚士族，使中原士族缙绅纷纷来奔，“蜀恃险而富……所用皆唐名臣世族”（《新五代史·前蜀世家》），他醉心于艺术，对绘画很是热爱，设立了内廷画图库，这是一所皇家绘画作品收藏馆，用以收藏蜀中流传的名画作品。这对后蜀画院的出现有着重要的影响。五代后蜀主孟昶曾仿汉武帝麒麟阁、唐太宗凌烟阁之意在大圣慈寺设置了孟蜀真堂，用以收藏影像图画，主要是绘制皇亲贵胄的肖像写真，并张挂在真堂中用以表彰其功勋。但不久之后，宋太祖伐灭后蜀，孟蜀真堂即被废弃。

后蜀明德元年（934），孟知祥在成都设立了专门从事绘画的国家机构——翰林图画院，又称西蜀画院。西蜀画院是中国绘画史上第一个真正意义上的宫廷画院，也是第一所正式的画院，由国家直接管理，收罗了大批唐末以来入蜀的中原画家以及蜀地本土画家，授予他们“翰林”“待招”等身份穿戴官服，供其俸禄，并且享受与文官相近的待遇，让他们可以安心地从事绘画创作。可以说这里聚集了当时西蜀最优秀的丹青妙手，这些画师擅长宗教人物画的最多，尤其是肖像画与罗汉像，同时花鸟画也很兴盛。

西蜀画院的活动前后持续了 30 余年，及至广政二十八年（965）孟昶降宋。画院的主要任务是为皇家宫廷服务，为帝王贵胄描绘肖像与生活，遇到重大活动，画院的丹青高手更是要出席并绘图记载。西蜀画院的设立对西蜀画家技艺水平的提升起到了积极的鼓励促进作用，也直接推动了当时蜀中绘画艺术的发展。之后宋代宣和画院的设置也深受其影响，宋初在翰林院之下设立了绘画机构“翰林图画局”，后被升格为“翰林图画院”，后世称之为“图画院”“画院”。在后蜀主孟昶降宋后，西蜀画院的领军人物黄荃父子也随之归顺宋朝，进入了北宋画院，黄筌在五代西蜀以及北宋宫廷画院都有着极为重要的地位和意义，其子黄居寀也成为北宋画院的中心人物。

当时，西蜀画院画师的画作是可以自由买卖的，入蜀的商人也以蜀画为珍宝。阮知诲、阮惟德父子二人是蜀中著名的画师，精工仕女画，尤其是肖像写真，名噪一时。后蜀广政初年（938），荆湖商贾来到蜀地，都争相求买阮氏父子所作的仕女图，携归本地，视若珍宝，呼为“川样美人”。

前后蜀君王崇尚文艺，热爱绘画，对画家大力提携，而蜀中绘画机构的设置又从制度上为画家的艺术创造提供了有力保障，对画家技艺水平的提升起到了鼓励和推动作用，对蜀地绘画的繁荣发展影响深远。

三、黄家富贵

黄筌，字要叔，成都人，五代宫廷画家。早以工画得名，尤精花鸟草虫，师从刁光胤、滕昌祐，兼工人物、山水、墨竹。《宣和画谱》言其“花竹师滕昌祐，鸟雀师刁光，山水师李昇，鹤师薛稷，龙师孙遇。然其所学笔意豪赡，脱去格律，过诸公为多”，黄筌撷诸家之萃，脱去格律而自成一派。他所画的禽鸟造型准确，骨肉兼备，形象丰满，赋色浓丽，勾勒精细，几乎不见笔迹，似轻色染成，宋人沈括评价说：“诸黄画花，妙在赋色，用笔极精细，几不见墨迹，但以五彩布成，谓之‘写生’。”

黄筌十七岁入前蜀皇宫后，深得前蜀主王衍赏识，后蜀时期君主更是对他恩宠有加。作为西蜀画院的领军人物，他多次奉命为宫殿、寺观作壁画、屏风、卷幅，后蜀主孟昶降宋后，黄筌随主归顺宋朝，进入北宋画院，他又将自己主宰的西蜀宫廷画风带入北宋宫廷画院，影响了北宋早期宫廷画风近一个世纪之久。黄筌弟弟黄唯亮，子黄居宝、黄居实、黄居寀均以画闻名。黄氏父子一同进入北宋画院之后，黄居寀继承家传并将其父的画艺画风延续下去，成为宋初画坛绘画欣赏品评的标准。

黄筌的工笔花鸟画有多精妙呢？据史料记载，后蜀广政十六年（953），孟昶于皇宫大殿西门外新筑八卦殿，命黄筌在八卦殿的四壁上各画四时花木、虫鸟、锦鸡、鹭鸶、牡丹、蜘蛛等，很是壮观。后来五坊史官为孟昶献鹰于八卦殿。白鹰看到黄筌在壁上画的野雉，误以为是活的，几次振臂扑击。孟昶赞叹不已，下令引走了白鹰，以免损坏壁画，并视黄筌为当代绘画奇笔，还命翰林学士欧阳炯属文记之。黄筌工笔绘画的精妙可见一斑。

后世还流传了不少关于黄筌绘画技艺高超的故事。据说当时后蜀与淮南国友好，淮南国赠给后蜀活鹤，孟昶极为感兴趣，命令黄筌将其绘制在宫中素壁上，黄筌经过仔细观察，运用其高超的写生技巧，画成一幅以鹤为题材的壁画。画中六鹤姿态各异，生动绝伦，竟然引得活鹤争相来伴，误以为是其同类，看到的人都大为惊叹。

此外，《宣和画谱》记载，前蜀后主王衍曾召黄筌到皇宫内殿看吴道子所画的《钟馗》，并评价：“吴道子画《钟馗》用右手第二指折取鬼的眼睛，不如用拇指更为有力。”下令让黄筌修改此画。黄筌却并未在吴道子的画上修改，而是重新画了一幅钟馗用拇指折取鬼的眼睛的图献上，后主责怪他为何不就原稿修改，黄筌答道：“道子的画，钟馗的眼珠是盯着第二指的，今臣所画钟馗，眼珠是盯着拇指的。”王衍这才明白黄筌作画从不妄下笔，极为注重细节，于是对其更是推崇。宋代诗人梅尧臣作《赋石昌言家五题其三白鹘屏》，诗云“画师黄筌出西蜀，成都范君能具知。范云筌笔不取次，自养鹰鹘观所宜”，赞美画师黄筌下笔精准，为作画还自己养鹰来观看其动作姿态。

遗憾的是，黄筌的作品大多毁于战火，《写生珍禽图》是黄筌流传至今的唯一真迹，现收藏在北京故宫博物院。图画用细密的线条和浓丽的色彩描绘了大自然中的众多生灵。尺幅不大的绢素上绘制有昆虫、鸟雀、龟类等动物共24只。这些动物造型准确严谨，特征鲜明，活灵活现。然而这幅画只是黄筌为创作而收集的素材，是交给他的儿子黄居宝临摹练习用的稿本而已。但却可从中一窥黄筌作品之精妙，西蜀画家水平之高超。

宋代西蜀和南唐地区出现了“黄家富贵”与“徐熙野逸”两种截然不同的绘画风格。北宋郭若虚的《图画见闻志》中所论“徐黄异体”——“黄”指西蜀的黄筌父子，“徐”则是南唐的徐熙家族，“黄家富贵，徐熙野逸。不唯各言其志，盖亦耳目所习，得之于心而应之于手也”（《图画见闻志》）。徐熙作为江南的布衣画家，其志节高尚，放达不羁，所绘多是江湖间汀花野竹、水鸟渊鱼、草木虫兽之类，画法与设色也不是那么精细，其画风被称为“徐熙野逸”；黄荃17岁即入宫中画院，所画多是珍禽瑞鸟、奇花异石，画风工整富丽，强调画法精细，造型准确，设色富丽堂皇，欣赏者以皇帝贵胄、上层士大夫为主，其“勾勒填彩，旨趣浓艳”的富贵风格反映了宫廷的欣赏趣味，后世人称其画风为“黄家富贵”。在黄徐二人的影响下形成了五代、宋初花鸟画两大主要流派，基本代表了那个时代乃至后世生活在宫廷的画家与生活在民间的画家在绘画创作上的两种截然相反的风格取向，而“黄家富贵”与“徐熙野逸”这两种技法风格的出现，标志着中国花鸟画走向成熟。

黄荃《写生珍禽图》

西蜀归宋后，黄荃等画家也随之来到开封，得到北宋皇帝的重视。黄荃画派主导了北宋画院，在北宋画坛前后影响近百年，直到宋真宗时期，才逐步让位于有着地理优势的开封籍画家。南宋时期的画院，花鸟画创作也有非常明显的黄家体制痕迹。中国历代很多画家都深受西蜀画派这支独具特色的地域性画派影响，即使他们所作之画多供宫廷中人欣赏，但是他们将目光倾注于现实生活中的美好物品，精工细腻，形神兼备，具有很强的艺术生命力。

主要参考文献

北京大学古文献研究所，1998. 全宋诗（第 2293 卷）[M]. 北京：北京大学出版社.

常璩，2007. 华阳国志校注［M]. 刘琳，校注. 成都：成都时代出版社.

陈贻焮，2003. 杜甫评传（中）[M]. 北京：北京大学出版社.

陈盈洁，2007. 宋代文豪与巴蜀旅游［M]. 成都：巴蜀书社.

成都市群众艺术馆，2007. 成都掌故（典藏版）[M]. 成都：四川大学出版社.

成都市文联，成都市诗词学会，1999. 历代诗人咏成都（下）［M]. 成都：四川文艺出版社.

《地方文化研究辑刊》编辑部，2014. 地方文化研究辑刊（第 7 辑）[M]. 成都：四川大学出版社.

杜甫，2015. 杜诗详注［M]. 仇兆鳌，注. 北京：中华书局.

段玉明，1986. 略论五代时期的西蜀画派［J]. 四川文物（4)：23－26.

房锐，2007. 杜甫诗歌与蜀中大石传说［J]. 杜甫研究学刊，2：62－66.

郭茂倩，1979. 乐府诗集［M]. 北京：中华书局.

韩明辉，2016. 这些年，我们还在相信的历史谣言［M]. 杭州：浙江大学出版社.

何一民，王苹，2018. 成都历史文化大辞典［M]. 北京：社会科学文献出版社.

花志红，彭敏，李芳，2010. 宋代文人的巴蜀情怀［M]. 成都：电子科技大学出版社.

黄瑞欣，2003. 五代时期西蜀绘画的发展与演变［J]. 郑州大学学报（哲学社会科学版)，4：49－52.

雷怡安，2013. 成都“人日”游，以诗会友，以歌助兴［J]. 四川党的建设（城市版）(2)：64.

李白，2015. 李太白全集（典藏本）[M]. 王琦，注. 北京：中华书局.

李调元，何光清，1992. 全五代诗［M]. 成都：巴蜀书社.

李文月，2018. 海棠与牡丹：陆游的名花记忆［J]. 南京工程学院学报（社会科学版)，18(3)：46－50.

李泽厚，1981. 美的历程［M]. 北京：文物出版社.

梁锦奎，2014. 听剑楼笔记・花影［M]. 北京：生活・读书・新知三联书店.

梁中效，2018. 唐诗所反映的成都文化形象［J］. 成都大学学报（社会科学版），1：52－58.
林孔翼，1986. 成都竹枝词［M］. 成都：四川人民出版社.
刘晓凤，2012.《上皇西巡南京歌》与《成都府》比较——成都历史记忆的寻找［J］. 杜甫研究学刊（3）：29－36.
刘昫，等，1975. 旧唐书［M］. 北京：中华书局.
陆游，2015. 渭南文集校注［M］. 马亚忠，涂小马，校注. 杭州：浙江古籍出版社.
罗天全，2010. 中国古代音乐之源与流［M］. 成都：四川人民出版社.
罗元黼，1983. 蜀画史稿［M］. 成都：四川人民出版社.
莫砺锋，2003. 陆游诗中的巴蜀情结［J］. 社会科学研究（5）：131－136.
莫砺锋，2005. 古典诗学的文化观照［M］. 北京：中华书局.
彭敏，朱瑞昌，2014，花志红. 唐代入蜀文人蜀中创作研究［M］. 成都：四川大学出版社.
彭志强，2019. 成都，唐朝音乐之都［N］. 文学报，2019－12－19（11）.
钱仲联，2005. 剑南诗稿校注［M］. 上海：上海古籍出版社.
钱锺书，2014. 宋诗选注［M］. 上海：上海三联书店.
四川省眉山三苏博物馆，四川师范大学学报编辑部，1987. 三苏散论 纪念苏东坡诞辰九百五十周年［J］. 四川师范大学学报丛刊，13.
苏轼，1982. 苏轼诗集［M］. 王文诰，辑注. 孔凡礼，点校. 北京：中华书局.
苏轼，2002. 苏轼选集［M］. 张志烈，张晓蕾，选注. 北京：人民文学出版社.
粟品孝，等，2011. 成都通史（卷四）：五代（前后蜀）两宋时期［M］.《成都通史》编纂委员会，主编. 成都：四川人民出版社.
唐圭璋，1999. 全宋词［M］. 北京：中华书局.
唐中六，2017. 琴都流韵［M］. 成都：四川人民出版社.
天府文化研究院，2018. 天府文化研究（乐观包容卷）［M］. 成都：四川大学出版社.
天府文化研究院，2018. 天府文化研究（优雅时尚卷）［M］. 成都：四川大学出版社.
脱脱，等，1985. 宋史［M］. 北京：中华书局.
王兴国，2017. 黄筌父子与西蜀画派［J］. 先锋（01）：62－63.
王灼，2000. 碧鸡漫志校正［M］. 岳珍，校正. 成都：巴蜀书社.
魏风华，2013. 唐朝诡事录［M］. 北京：中国城市出版社.
魏征，令狐德棻，1973. 隋书［M］. 北京：中华书局.
闻一多，2016. 唐诗杂论［M］. 北京：中华书局.

谢天开，2019. 蜀都竹枝：竹枝词中的民俗万象［M］. 成都：西南交通大学出版社.
辛弃疾，1993. 稼轩词编年笺注［M］. 邓广铭，笺注. 上海：上海古籍出版社.
徐陵，2017. 玉台新咏笺注［M］. 吴兆宜，注. 程琰，删补. 穆克宏，点校. 北京：中华书局.
宇文所安，2014. 追忆：中国古典文学中的往事再现［M］. 郑学勤，译. 上海：上海三联书店.
曾国藩，2009. 十八家诗钞［M］. 长沙：岳麓书社.
张唐英，1999. 蜀梼杌校笺［M］. 王文才，校. 成都：巴蜀书社.
张仲裁，2010. 略论“自古诗人皆入蜀”［J］. 文史杂志，2：53—55.
赵崇祚，2014. 花间集校注［M］. 杨景龙，校注. 北京：中华书局.
《中国通史》编委会，汤一介，文怀沙，2020. 中国通史 最新整理（第 4 卷）［M］. 北京：中国书店出版社.
中华书局编辑部，2008. 中华宋词鉴赏辞典［M］. 北京：中华书局.
周翔宇，2019. 感悟成都生活美学 感受天府文化魅力［N］. 成都日报，2019—06—12（6）.
周晓音，2017. 苏轼两浙西路仕游研究［M］. 杭州：浙江工商大学出版社.

中篇

Zhongpian

乐活文旅之美

“人，诗意地栖居在大地上”，自然环境与生活习惯生发和滋养着生长在这里的人民的文化。天府之国的居民繁衍生息于一片山川壮美、物产丰饶、四季美景环绕、生活悠闲安逸的沃土，天府文化具有“亲近自然”“乐活尚游”“文旅相和”的特点。随着蜀道渐成坦途，对外交往日益频繁，天府之国的文化旅游与休闲生活相互融合、相互促进、相互升华，为人们带来满载天地山川灵气、充裕人间烟火气息的独特美学体验。

文化旅游一体化是区域一体化进程和旅游业转型升级的客观反映。天府文化历史积淀深厚、文化赋存和旅游资源丰富，对周边区域影响力和辐射力巨大。以文化为主题、融文化为要素的体验式旅游已成为越来越多的人在休闲出行时的主要选择，文旅融合发展、共生共赢是文化和旅游资源富集的地区发展文创产业、旅游业及其附加产业的主流趋势。发现与弘扬天府文化中的“乐活文旅”之美，对于成都市实现文旅融合发展、促进产业转型升级、着力打造“三城三都”品牌、加快建设世界文化名城，有着十分重要的意义。

第一节
水润天府

川西平原因水而生、以水为名。川，甲骨文中写作“”或“”，取流水之形状。在《说文解字》中，“川”释义为“贯穿通流水也”。川中古城名镇尽皆傍水而立、依水而兴，河川穿城而过，湖泊点缀其间，水文化是孕育天府文化的渊源与源泉，贯穿于天府之国的历史沿革之中，润泽这片中华民族自古栖居的大地，绽放天人合一、上善若水的文化之美。

一、天府上善若水之治

天府文化受到水的滋养，源于得天独厚的自然资源禀赋。从古至今，在天府大地上，缓缓流淌着数以百计的江河溪流，停驻着仿若繁星的湖泊池塘，岷江、青衣江、锦江、涪江、浣花溪、百花潭、摩诃池、白水湖、黑龙滩等，美名远播、享誉四方。有的河溪的名字，本身就蕴含着美丽动人的传说、彰显着源远流长的历史。古时围绕于成都西郊，而今坐落中心城区腹地的浣花溪，即是如此。

相传唐代成都西郊溪边住着一户姓任的农家，生有一个貌美心善、勤劳勇敢的女儿，有一天任姑娘正在溪畔洗衣，远远行来一个遍体生疮的过路僧人。僧人邋遢肮脏的模样令周围劳作与过路的人们都纷纷躲避。他摇摇晃晃地走向溪水，又跌进沟渠里，浑身上下更加污秽不堪。游方僧人脱下沾满了污泥的袈裟，请求任姑娘替他洗净，众人侧目掩鼻，而任姑娘却欣然应允。她将僧袍浸在清凉洁净的溪水中揉搓漂洗，随着她手上的动作，溪面竟然漂浮起一朵又一朵的莲花，刹那间遍生溪中。从此，溪水以“浣花”为名，涤荡着千年以来天府文化中的真善美的精魂。传说，那脏僧人是佛陀化身，乃是为点化世人而来，任姑娘的善行为她自己与这片土地积累了长久的佛缘与福祉。后来，这位任姑娘嫁给了西川节度使崔旰，在蜀中遭逢战乱时，她毅然拿出自己的私蓄招募兵士为保卫家园而战，后来成都果然安然无恙，而任氏也被诰封为“冀国夫人”，又称“浣花夫人”，并于浣花溪畔为她建“浣花祠”以资纪念。

丰富纷繁的水系，使得天府之国的城镇为了彼此沟通，架起了座座桥梁，这些桥梁与水流一起，构筑出天府水文化的支脉，衍生出新的故事。因司马相如“不乘赤车驷马，不过汝下”的鸿鹄之志，“升仙桥”易名的“驷马桥”；毗邻道教名观“青羊宫”；相传三月三大会时常常能遇上各路神仙与民同乐的“送仙桥”；令费祎感叹“万里之行，始于此桥”的“万里桥”；桥下有九孔，本名“宏济”，却被一代代老百姓们叫着叫着就变了名字的“九眼桥”……一座座桥，一行行水，天府文化随水流过千年，也凭桥屹立千载。

成都平原雨热同季、降水丰沛，全年湿度很大，从春季的绵绵细雨、到夏季的惊雷暴雨、至秋季的夜雨连连，就连冬季也是浓雾不绝。许多时候是天降甘霖，也免不了有过被水患困扰的时期。“治水”是天府水文化中历久弥新、有无数传奇的永恒主题。在上古时代，四川盆地江河众多、地势低洼、湿热多雨、瘴疠横生，是水患肆虐、民生艰辛之地。根据《三家注史记·夏本纪》记载，再由当代历史学家考证，夏王朝的建立者“禹”很有可能出生于四川省汶川县石纽山区。《三家注史记·夏本纪》中记载了禹的出生地：“父鲧（gǔn）妻脩（xiū）己，见流星贯昴，梦接意感，又吞神珠薏苡，胸坼而生禹。名文命，字密，身九尺二寸长，本西夷人也。大戴礼云‘高阳之孙，鲧之子，曰文命’。”《蜀王本纪》中记载“禹本汶山郡广柔县人也，生於石纽”。汶山郡广柔县即今天茂县汶川一带。上古传说“大禹治水”正是禹继承父亲鲧的治水事业，从岷江流域开始一路到中原治水的传奇故事。

以《蜀王本纪》《华阳国志·蜀志》为代表的古蜀文明演变的传说与记载中，古蜀先民们自岷江流域的山区逐步迁移至平原，历经蚕丛、柏灌、鱼凫、杜宇、开明等王朝。有神化王朝或部落首领的传统的古蜀人，将领袖率领部落人民与自然和谐共生、奋斗求存的事迹融入众多神话传说之中。古蜀人的图腾崇拜、古蜀王朝的迭代更替，体现了天府文化自古以来与水共生、治水求存的“水文化”脉络。

古蜀国“三王二帝”中第三代领袖鱼凫王建立的鱼凫王国，图腾为以鱼鹰（即“鱼凫”）为代表的神化后的鸟类，体现了古蜀先民逐水而居、渔猎为生的生活文化。据历朝典籍记载，鱼凫古城位于成都市温江区，河道纵横、杨柳依依，史称“柳城”。1996 年，成都市考古研究所会同温江区文物保护管理所进行了初次发掘勘探，证实鱼凫城距今 4000 年左右，早于广汉三星堆遗址，成为当年全国十大考古发现之一。

传说中的古蜀国国王“丛帝”鳖灵原为当时古蜀统治者、杜宇王朝的“望帝”杜宇之相，因为治水有功，得到杜宇的欣赏敬重与百姓的爱戴拥护。杜宇向鳖灵禅让了帝位，鳖灵由此成为了开明王朝的首位君主。丛帝死后葬于今成都市郫都区，后又建丛帝祠，南朝齐明帝时将望帝陵迁至丛帝祠，二陵一处，合称“望丛祠”。

善于治水的鳖灵并非古蜀国原住民，而是一位外来的能人贤士。根据《蜀王本纪》记载：“望帝积百余岁，荆有一人，名鳖灵，其尸亡去，荆人求之不得。鳖灵尸随江水上至郫，遂活，与望帝相见。望帝以鳖灵为相。”这个故事十分神异有趣，说望帝杜宇活了一百多岁时，从荆楚之地逆流而上漂来一具荆人的尸体，这具尸体就是鳖灵。鳖灵漂到现在成都市郫都区附近时，突然复活了，望帝和他见面后便以他为相，辅政治国。

或许是因为距离今天的时间太过久远，悠悠数千年来，几经润色传播，上古历史往往都有很浓重的神话色彩。同中原文化中的上古帝王一样，古蜀国的君主都被神化为寿命长达数百年，实际较为合理的解释是，与中原“三皇五帝”的历史传说相似，古蜀杜宇王朝经历百年，其间历经数代帝王，但都以“杜宇”为领袖统称。以此类推，鳖灵从其名称可见是水性不凡的人或部族，由于种种原因，沿长江水道来到巴蜀大地，离开了原本共同生活的“荆人”，令荆楚之地的部落“求之不得”。“尸”可能是用来代指战败流亡、失去权力与繁衍生息之地的部落首领或者遗族，“亡去”有“逃离”的意味，“遂活”则可以解释为部族再度繁衍生息之意。

鳖灵成为望帝之相数年之后，古蜀国再次遭逢洪水袭击，《蜀王本纪》中将这次洪水与上古尧帝时期的大洪水相比较，指出“时玉山出水，若尧之洪水”。这次的大洪水与后来的治水工程，使得古蜀国发生了政权变更：“望帝不能治，使鳖灵决玉山，民得安处。鳖灵治水去后，望帝与其妻通。惭愧，自以德薄不如鳖灵，乃委国授之而去，如尧之禅舜。鳖灵即位，号曰开明帝。帝生卢保，亦号开明。”据文献和传说记载，携带荆楚文化中先进实用的治水、驭水文化来到蜀地的鳖灵，用禹治水时所采取的疏导法，凿开玉垒山，疏通河道，将壅塞的洪水导向江海，排除了古蜀大地的水患。

在长达数年的治水过程中，鳖灵也像禹一样，数过家门而不入，其贤能为百姓交口称颂。“鳖灵治水”的故事中既有“大禹治水”的底子，又有独特的蜀地文化烙印，是中原文化、荆楚文化、巴蜀文化融合共生的天府治水文化的缩影。

在鳖灵等开明王朝君主治理之下的古蜀大地，经济与社会发展较为稳定，人民安居乐业，与中原文化交往日益频繁。在战国末年至秦汉初期国家与王朝的征伐与统一过程中，源出中原的“天府”美誉随秦军入蜀，天府文化逐步发展壮大。

二、李冰父子治水

“天府”之称源出于周朝，原意指珍藏国家重宝与各地重要文书的皇家宝库，后来成为一种官职名，在《周礼·春官》中记载：“天府，掌祖庙之守藏，与其禁令。”再次引申为地域称谓后，特指藏聚财富、物产丰饶之地。一开始“天府”的美名是用以形容富饶安定的关中平原，这片丰沃的土地和它丰富的产出是支撑秦国发展壮大的物质基础。秦国国力日强，野心也渐大，到战国末年时已经有一统天下之势。为了让出征四方的军队能够得到源源不断的给养，为了越来越多的国民能有安居乐业的美好家园，秦国需要一处新的“天府”。秦灭蜀，是秦建立大一统王朝的重要一步。而秦人入蜀，也为这片土地的水文化再次注入了新鲜的、永恒的生命力。

根据《华阳国志·蜀志》记载：“周灭后，秦孝文王以李冰为蜀守。”大约在公元前 256 年左右，秦王任命了一位新的蜀地最高行政长官，这位名叫李冰的蜀郡太守，成为了天府文化中最为重要的“水的使者”。关于李冰来到蜀地之前的经历，已经湮没在了历史长河之中，史书中说他“能知天文地理”，应该是一位博学多才、技术傍身的“学者型官员”。为了让蜀地的物产能够更好地支持秦国的大业，兴修水利、根除岷江水患，成为了李冰新官上任之后的头等大事。《华阳国志·蜀志》中描写了李冰考察岷江流域和成都平原的地理水文情况，不仅仅是他自己，参与这项惠民工程的还有他的儿子和当地的民众。四川盆地的山水之雄浑壮丽，“谓汶山为天彭门；乃至湔氐（jiān dī）县，见两山对如阙，因号天彭阙”，给李冰及其随行考察团队留下了深刻的印象，崇敬天地的心情油然而生，“仿佛若见神”，于是他们以牺牲和礼器进行了隆重的祭祀，“遂从水上立祀三所，祭用三牲，珪璧沈濆（fén）”。

在实地调研和祭祀神祇之后，李冰顺水势而为，着手兴建水利工程。书中记载：“冰乃壅江作堋，穿郫江、检江，别支流双过郡下，以行舟船。岷山多梓、柏、大竹，颓随水流，坐致材木，功省用饶；又溉灌三郡，开稻田。”李冰团队修筑都江堰水利工程的方法模式直至今日也为行家里手们啧啧称赞。在无法借助炸药的开山崩石之力、也无法依赖机械节省人工的时代，李冰想出了一个妙招，先以大火煅烧岩石，再以冷水浇淋，冷热交替刺激，使得坚石产生裂隙，大大节约了挖掘玉垒山的时间，数年后，山体分离，多出的山石堆砌为“离堆”，而缺口处则是“宝瓶口”。有了这个大山之中小小的缺口，岷江至此便有了一条分水的通道，西面的是外江，为岷江的主河道，大部分的水流经外江一路汹涌而下；东面的是内江，往广袤的成都平原而去。在汛期时，西面干流的压力得以缓解，而在旱期时，人们可以借助这一通道，从都江堰引水灌溉成都平原的良田。为了帮助河床天生东高西低的岷江江水自动分流，李冰团队又在宝瓶口上游筑起了一道工事：以装满鹅卵石的竹笼子堆出一条分水堤坝，称为“鱼嘴”。除了协助分水，“鱼嘴”还十分精准地运用了河流上清下浊、于弯道处转弯的特点，使得岷江流过时上层清水基本流入内江、下层浊水中的泥沙则大多被外江急流带走，起到了分沙的作用。一部分泥沙在“鱼嘴”的后端慢慢沉积下来，形成了后世称之为“金刚堤”的分水堤。为了减轻汛期降水对工事的冲击，李冰团队还在“离堆”与“金刚堤”之间，修建了一条泄洪道“飞沙堰”，水量大的时候本来流向平原区的内江中的一部分水流，会通过这条泄洪通道排入外江，并且带走多余泥沙。

古人的智慧实在令人敬佩感喟，通过这几处巧妙的安排布置，都江堰成为了一处几乎可以称之为完美的水利工程，既能分水，又能排沙；汛期防洪，旱时灌溉，它的出现彻底改变了天府大地的水资源配给与水文化趋向，从“治水”重“治”转而为重“用”。都江堰与成都平原流域之中还曾布置下多处测量水位的设施，“外作石犀五头以厌水精；穿石犀溪于江南，命曰犀牛里。后转置犀牛二头：一在府市市桥门，今所谓石牛门是也；一在渊中。乃自湔堰上分穿羊摩江，灌江西。于玉女房下白沙邮作三石人，立三水中。与江神要：水竭不至足，盛不没肩”，用以帮助人们长期持续观察岷江水情以及水利工程运转情况。

历经多年探索与实践，李冰团队终于治愈了蜀中水患，使得自上古时代就为天灾水旱所苦的这片土地，从此享有“天府”的美名，“蜀沃野千里，号为‘陆海’。旱则引水浸润，雨则杜塞水门，故记曰：水旱从人，不知饥馑，时无荒年，天下谓之‘天府’也”。蜀地由此成为秦国争霸的底气与经营后世的依凭，“蜀既属秦，秦以益强，富厚，轻诸侯”。从战国末期至今长达 2000 多年来，由于人们持续不断的维护，都江堰水利工程始终为成都平原发挥着千年如一、不可替代的治水、用水之能。

三、世界上年代最久的水利工程：都江堰水利工程

时光流淌过 2000 多年，在成都平原上，有一座伟大的水利工程，至今还发挥着防洪、灌溉的作用，那就是世界文化遗产——都江堰水利工程。

“玉垒浮云变古今”，在漫长的历史长河中，李冰父子已经被神话为百姓崇拜的神灵，在许多传奇故事里，李冰有时会被附会成托塔李天王；而他的二儿子据说名“二郎”，居于灌江口，被相信是道教“二郎神”崇拜的一种可能由来。而今伫立在都江堰渠首的二王庙，就是当地老百姓和后世统治者们对李冰父子治水伟业的纪念。直到现在，在每年的清明佳节，二王庙会举行隆重盛大的祭祀活动和岁修放水的“开水”典礼。

都江堰水利工程建成后的悠悠岁月里，天府之国的居民尽享风调雨顺、水旱从人的随心而为的“用水”生活。汉代，人们用都江堰水利工程分流而出的内河“府河”“南河”濯洗出繁复华丽的锦缎，蜀锦名动天下，而两条河流也并称为“锦江”；隋代，在和风暖阳的午后，人们在摩诃（hē）池欢聚饮宴、徜徉水中；唐代，在“随风潜入夜”的雨丝里，有美丽的女诗人用浣花溪的

都江堰水利工程（朱宥名供图）

水，制作色彩各异、风雅别致的诗笺；元代，《马可·波罗游记》之中言及成都，赞叹这里河道广阔、水量丰沛、桥梁精美；明代，成都才子杨慎吟咏流过天府的滚滚长江“浪花淘尽英雄”；清末民初，天府文人从《死水微澜》著述到《激流三部曲》……水文化，是天府文化的永不枯竭的血液与滋养，是天府文化贯通古今的永恒之美。

进入现代，天府水文化又频频因科技发展与生态文明建设，再添新的美丽与光彩。坐落在成都市府河之畔的活水公园，占地 2.4 万平方米，于 1998 年建成，是世界上第一座“水文化”主题的城市生态环境公园。活水公园的建设理念承继了天府水文化中“天人合一”“人水相依”的哲学理念，将自然生态之灵与人文创意之美高度统一起来，呈现了成都市“水治理”的思维与理想。活水公园中的“活水历程”展现的是大自然在尚未被“现代文明”“污染”前的美景、自然景观被破坏和污染时的状况，以及经由人工湿地进行生物净化后的河水的新生。活水公园既是人们徜徉在自然美景中的园林，也是科普教育和水治理的基地，每天园中为人们演示由“浊”变“清”、由“死”变“活”的水达 300 立方米之多。结合水文化与创意设计出的这座独特的公园，获得了包括 1998 年国际水岸中心“优秀水岸奖最高奖”、国际环境设计协会和美国《地域》杂志联合评定的“环境设计奖”、1998 年联合国人居奖等在内的多个国际奖项，加快了全国园林人工湿地建设的速度，上海梦清园、长春南湖公园、北京奥运村森林公园纷纷建设了人工湿地系统①。

城市在变迁、环境在变化、生活在变革，萦绕在天府居民身边的水则是越变越美。绵延千年的江河湖溪之外，湿地公园、微绿地、人工湖等水域水面，淋漓尽致地展现着园林景观、公共空间与周边环境的和谐相融，弘扬着天府水文化之美。锦城湖、三岔湖、鹿溪河、兴隆湖……黄鹂在水边清歌，白鹭于水间曼舞，夜幕渐渐低垂后，夜游锦江的船儿又要出发了，灯光水影、风景变幻，人们仿佛能随着粼粼波光的锦江穿梭于不同时空。天府大地流水潺潺，自上古蛮荒而来，满载优雅与美好的文化，往繁荣昌盛的未来而去。

---

① 微缩版活水公园演绎“人水相依”[N]. 劳动报，2009－08－28.

第二节
山川秀美

“噫吁嚱，危乎高哉！”蜀道之难之险，在于蜀山；“上有六龙回日之高标，下有冲波逆折之回川”，“连峰去天不盈尺，枯松倒挂倚绝壁。飞湍瀑流争喧豗（huī），砯（pīng）崖转石万壑雷”，“峥嵘而崔嵬，一夫当关，万夫莫开”，蜀山雄奇壮美，世所罕见。四川盆地为中国四大盆地之一，周围山地陡峭高耸，不乏海拔在三千米以上的高山，而中间盆底处却地势低矮，部分地区海拔甚至不足三百米。群山环绕的地理环境，一方面拥有天然屏障能够隔绝外部的纷争动荡，使得蜀中文明得以持续繁衍生息；另一方面，让盆地中的文化产生了既能享受安逸又能坚持突破屏蔽、创新发展的特质。古蜀文明铸造的青铜人像多有一双大大的眼睛，眼球甚至向外凸起，为的就是要看穿层峦叠嶂、云雾绵绵，寻找天地真理与人生大道。在天府之国绵延发展的数千年里，人们翻越崇山峻岭、飞渡高峡激流，走出盆地、传播文化、引入新知，与蜀道相连相依的条条山脉、围成都耸立的座座高山，留下了美妙而独特的文化烙印。

一、峰岭竞秀

四川盆地的底部自西向东分布着成都平原、川中丘陵和川东岭谷。

（一）龙门山脉

成都作为 2300 年来城址未变的历史名城，在地貌上一直有“两山夹一城”的特点。城西平原延伸至龙门山脉，城东平原区域则直抵龙泉山脉，翻过龙泉山，就是川中丘陵地区。龙门山脉包括龙门、茶坪、九顶等山，是岷山山脉在成都平原的主体部分，东北端与摩天岭相接，西南端则止于岷江之畔。龙门山脉最高峰九顶山海拔近五千米。绵延千里的龙门山脉东坡为汉族分布区，西坡为羌族聚居地，历史悠久、文化遗产丰富，山脉中的茂县段正是传说中上古帝王“禹”的故里所在。龙门山得名也源于大禹“凿龙门、铸九鼎、治水患”的彪炳功绩。①

龙门山脉中的九峰山，位于今成都市下辖彭州市的西北部，主峰太子城海拔 4812 米，是一座佛道两家文化交融的“有灵仙山”。九峰山因其有九座山峰而得名，据清代《彭县志》记载，“在西北百六十里，至此奇峰地依天，耸然峙列者九，实为彭邑诸山之冠，故名”，九座山峰形态各异、巍峨绮丽，“九峰东北曰青龙、朱雀、火焰、天牙，中曰背光，西南曰仙人、黄龙、元武、白虎诸峰，迤逦蜿蜒”，山涧云雾缭绕，山峰高入云天。古蜀国的居民认为九峰山乃是日月运转的通道与休憩场所，将九峰山诸峰间的峡谷称之为“日所入”的“蒙谷”（太阳休眠的地方）。有研究者认为九峰山是《山海经》中记载的巫师们沟通天地、采药行巫的“灵山”，认为登上九峰山能超脱生死、具备异能，

① 贾松青，林凌. 四川区域综合竞争力报告 2008[M]. 北京：社会科学文献出版社，2009.

“登之乃神”“登之能不死”“登之能使风雨”。九峰山在经过巫祝时期后，随着纳入中原文化发展的主流逐渐仙气袅袅，北宋时期的九峰山，已是“楼阁亭轩隐然树竹”的川西佛道胜地，至明清两朝山间已累建有嫘祖寺、清凉寺、海会堂和祖师殿等寺庙，明代将领张定边于九峰山弃戎出家，法名“无暇”，建雷音寺于山顶。清代九峰山与蜀中华蓥山、天台山合称三山佛教名区。近峰顶处的南天门，是上雷音寺的唯一通道，地势险要、绝壁千仞，清代建造的木亭留存至今。

（二）龙泉山

耸立在四川盆地西部、成都平原东边的龙泉山脉，北起于绵阳市，经德阳市、广汉市至成都市龙泉驿区，继而沿成都市双流区、简阳市，南达乐山市而止。龙泉山脉全长约 200 千米，宽约 10 千米，平均不足 1 千米的海拔在蜀地山脉之中不算很高，而放诸东南则可称雄，最高峰长松山海拔 1051 米，在成都市龙泉驿区境内。成都市区域内的龙泉山脉称为龙泉山，山名在历史上几经更改。《简州志》记载，龙泉山在唐代曾被称为“分栋山”，进入宋代后，随着灵泉县的设立改称“灵泉山”，至明代才取名为“龙泉山”。因为靠近城区、山势较缓、花木葱茏，自古以来，龙泉山就是成都居民踏青游春、观赏花卉、种植林木和品尝瓜果的好去处。除了自然风光之美，龙泉山区域内的文化之盛，也令数千年以来的天府人民流连忘返。

在龙泉山脉深处，成渝古驿道旁的石佛寺背后一块俗称“天落石”的巨石壁上，刻有北周将领为追谥北周文王宇文泰而立的“北周文王碑”。碑文刻于北周孝闵帝元年（557），高 2.44 米，宽 1.24 米，以楷书阴刻 1310 余字，记叙西魏实际执政者、北周政权奠基人宇文泰的生平功绩，是长江流域发现最早、保存最为完好的南北朝碑刻[①]。位于成都市龙泉驿区十陵街道正觉山麓的明蜀王陵墓群，以僖王陵为中心散布 10 余座明代蜀府诸王及王妃墓葬，形成

① 北周文王碑 风蚀 1400 多年依然完好[N]. 龙泉开发. 2015－03－18.

了一处类似北京明十三陵的著名王陵墓葬群胜迹，在了解明代藩王陵寝制度以及建筑、雕刻艺术等方面，具有重要意义。[①]

（三）西岭雪山

位于成都市大邑县境内的西岭雪山，最高峰大雪塘海拔 5364 米，终年积雪不化，为成都第一高峰，《大邑县志》中记载：“大雪塘冬季积雪如银，周围可数百里，三面皆立壁千仞，唯一面岛道可蜿蜒至山顶。”西岭雪山得名于“诗圣”杜甫的千古绝句“窗含西岭千秋雪，门泊东吴万里船”。[②] 西岭雪山“春赏杜鹃夏避暑，秋观红叶冬滑雪”，春天山花烂漫、满山杜鹃，夏天气候凉爽、绿草如茵，秋天万山红遍、层林尽染，冬天山舞银蛇、白雪皑皑。山中奇景“阴阳界”是四川盆地和青藏高原气候的分水岭，西部为高原气候，寒冷干燥；东部为盆地气候，温暖湿润。盆地的暖气流和高原的冷气流在白沙岗上相遇，山脊的西北方晴空万里，湛湛蓝天；而山脊的东南方却是云蒸雾涌，朦胧世界。“阴阳”两界分明、变化无常、世所罕见。[③] 天清气朗“推窗可见”、短短半日驱车可至的西岭雪山，让南方城市中生活的成都居民也能体会千里冰封、万里雪飘的壮丽风景，品味千年传承的天府文化之美。

（四）云顶山

位于龙泉山脉中段，成都市金堂县境内的云顶山，更加古迹巍然、风景殊胜。云顶山包括大小云顶山，大云顶山海拔 982 米，山势峭拔，自古为兵家必争之地，山顶曾有南宋名将余玠下令修筑的防御堡垒“云顶石城”。该城建于公元 1243 年，依山势、借峭壁为城垣，周围建有 8 座城门，城墙上设有城垛

---

① 王毅. 汉唐巴蜀古道：龙泉驿多彩文化的彩练[M] //曾列，张珂. 岁月雕花——汉唐巴蜀古道遗珠. 成都：四川美术出版社，2012：序言.

② 杨哲翎，温金鸿，何泽禄. 西岭雪山[N]. 武陵都市报，2017－06－13.

③ 林观陀. 西岭雪山，南方的林海雪原[N]. 深圳商报，2014－01－13.

和炮台，居高临下、易守难攻。宋元战争中，先后迁成都府路、川府路、怀安军等治所于上，置“利戍司”重军防守，历经多次战斗，坚守 15 年，终因城内食尽而失陷。山顶的大云顶寺，始建于南北朝时期，当时名为“清修寺”；山间有唐代摩崖石刻造像；山中林荫霭深，有“云顶日出”“雾山云海”“云顶晴岚”等胜景。

二、道教四大名山之一——青城山

“青城天下幽”“峨眉天下秀”，蜀中名山数不胜数，青城、峨眉两山尤其为历代文人雅士、得道修佛之人所青睐，留下了许多传颂千古的名篇和脍炙人口的传说。上古地理志《禹贡》中提道：“岷山之阳，至于衡山，见湖广名山。又曰：岷山导江。”《荀子·子道》中也以岷山为江源：“昔者江出于岷山，其始出也，其源可以滥觞。”王羲之将岷山与昆仑相较：“岷山夏含霜雪，殆昆仑之伯仲也。”陆游的《入蜀记》中也提道：“尝登岷山，欲穷江源而不可得。盖自蜀境之西，大山广谷，谽谺（hān xiā）起复，西南走蛮箐中，皆岷山也，则江所从来远矣。”岷山山脉主体部分和著名峰岭均在天府之国，岷山南端即为峨眉山，而青城山则是岷山在成都区域内最为幽静美妙的一部分。

青城山（朱宥名供图）

青城山位于成都西侧，紧邻都江堰水利工程，主要分为前山和后山两部分，通常所称的青城山为青城前山。青城前山历史文化底蕴深厚，青城后山峻峭清净，区域内群峰环绕起伏、林木葱茏幽翠，是成都人民自古以来问道访仙、纳凉消夏的好去处。青城山之美在于“道”“幽”二字。

“道”是由于数千年天府文化中青城山与华夏本土宗教“道教”的深厚渊源。故老相传，黄帝时期曾有宁封子在青城山修道，向黄帝传授“龙跻之术”，黄帝拜其为“五岳丈人”，因此青城山古有别名“丈人山”，供奉“五岳丈人宁封真君”，与江西龙虎山、湖北武当山、陕西景福山、安徽齐云山合称“五大仙山”。西汉末年，“蜀中八仙”之一的阴长生曾在青城山修道。东汉顺帝初年，张道陵先于今成都市大邑县境内鹤鸣山创立“五斗米道”，即“天师道”，再从鹤鸣山至青城山传道，终于在青城山羽化飞升。青城山因此成为“天师道”的祖山，位列中国“四大道教名山”之一，为“道德天尊”道场。“道德天尊”指的是道教最高尊神“三清”之一的“太上老君”，道家哲人老子被认为是太上老君化身，传下道家经典《道德经》，被道教奉为开山祖师。因为老子姓“李”，唐朝皇室尊奉老君为其始祖。唐朝道教兴盛，青城山道场林立、宫观遍布。安史之乱时期，唐玄宗、唐僖宗先后入蜀避难，国家不幸道家幸，唐僖宗命青城山修灵宝道场罗天大醮，道教发展十分兴旺。唐末名道杜光庭长期隐居青城山，整理和撰写了大量道书。[①] 清代武当山全真道龙门派道士陈清觉来青城山主持教务，而今青城山道教所传派系被归为全真道龙门派丹台碧洞宗。

“幽”是在于青城山自然地理环境的清幽和名胜古迹的幽美。青城全山林木葱郁，四季常青，四周山峰状如城郭，古木参天、溪涧深邃、曲径间杂，幽静清雅。道观、亭阁、民居掩映山林之中、藏于峭壁之下，取材山石树木建造，恍如世外桃源，尽显天人合一、道法自然的幽然美好。如山中“天然图画”一景，亭台十角重檐，位于建福宫与天师洞之间，游人至此见苍崖耸立、

① 粟品孝，等. 成都通史（卷四）：五代（前后蜀）两宋时期[M]. 成都：四川人民出版社，2011：460－464.

翠林环绕、两峰夹峙，如置身画中。始建于唐开元十八年（730）的建福宫坐落于丈人峰下，现存两殿三院，奉祀道教名人和诸神，后殿有被称为“青城一绝”的一副长联，记述了青城山的传奇、描摹了青城山之幽绝：

溯禹迹莫岷阜以还，南接衡湘，北连秦陇，西通藏卫，东峙夔巫。葱葱郁郁，纵横八百里舆图。试蹑屐登上清绝顶，看雪岭光腾，红吞沧海；锦江春涨，绿到瀛洲；历井扪参，须臾踏蜗牛两角。争奈路隔蚕丛，何处寻神仙帑库？丈人峰直墙堵耳！回思峨眉秋月，玉垒浮云，剑门细雨。尚依稀绕襟袖间。况乃夜朝群岳，圣灯先列宿柴天；泉喷六时，灵液疑真君唾地。读书台犹存芳躅，飞赴寺安敢跳梁！且逍遥陟檐卜岗，渡芙蓉岛，都露出庐山面目，难遽追攀，楼观互玲珑，今幸青崖径达。问当初华渚姚墟，铜铸明皇应宛在？

自轩坛拜宁封而后，汉标李意，晋著范贤，唐隐薛昌，宋征张愈。烈烈轰轰，上下四千年文物。漫借瓻（chī）考前代遗徽，记官临内品，墨敕亲颁；曲和甘州，霓裳同咏；鸾章翠辇，不过留鸿爪一痕。可怜林深杜宇，几番唤望帝归魂。高士传岂欺予哉！莫道赵昱斩蛟，佐卿化鹤，平仲驰骡，悉缥缈若遐荒事。兼之花蕊宫词，巾帼共谯岩竞秀；貂蝉画像，侍中与太古齐名。携孤琴御史曾游，吹长笛放翁再往。休提说王柯丹鼎，谭峭靸鞋，那堪他沫水洪波，无端淘尽，英雄多寄寓，我亦碧落暂栖。待异日龙吟虎啸，铁船贾郁定重来。

三、中国四大佛教圣地之一——峨眉山

“蜀国多仙山，峨眉邈难匹”，在天府绝代才子、诗仙李白心中，蜀中仙山之冠非峨眉山莫属。《华阳国志·蜀志》中有对峨眉山的记载，认为上古“杜宇以褒斜为前门，熊耳、灵关为后户，玉垒、峨眉为城廓”，将峨眉山作为古蜀国的边界山脉之一。据称曾有《峨眉郡志》记述峨眉山得名于山势，“云

峨眉金顶（张森供图）

鬘（mán）凝翠，鬒（zhěn）黛遥妆，真如螓首蛾眉，细而长，美而艳也，故名峨眉山”。以山景秀美而言，峨眉山有“天下秀”“天下名山”的盛誉。峨眉山山势高耸，自平原拔地而起、向南北绵延，主要由大峨山、二峨山、三峨山、四峨山 4 座山峰组成。大峨山为峨眉山主体，最高峰万佛顶海拔 3099 米，山脉峰峦起伏，重岩叠翠，山麓至峰顶 50 余千米，石径盘旋，直上云霄。[①] 大峨山金顶处为大面积抗风化能力强的玄武岩覆盖，构成了较为平坦的山顶；金顶东侧则是容易为流水溶蚀的古生代碳酸岩，滴水穿石，经千万年造化形成了高达 800 米的陡崖（舍身崖）和山中深涧。二峨山又名绥山，呈东北一西南走向，主峰形似覆釜，海拔 1909 米，二峨山南麓的紫芝洞为道教名胜，相传是吕洞宾修道的洞府之一。三峨山又名西皇山，位于乐山沙湾镇西南，主峰海拔 2027.1 米。四峨山海拔 982 米，山形如花，棱角如花瓣伸展，又名花山，山顶寺庙相传是明代高僧印宗禅师说法之地。峨眉山脉重峦叠嶂、雄奇秀丽、万壑飞流、云深雾绕、气象万千，有“一山有四季，十里不同天”的醉人美

① 章人英. 华夏文明圣火薪传（第 3 卷）[M]. 上海：上海三联书店，2015.

景。山中春季百花争艳、夏季郁郁葱葱、秋季漫山红叶、冬季银装素裹，四季美景与“日出、晚霞、云海、佛光”的壮丽奇景相辅相成。清代诗人谭钟岳曾将峨眉山的绝世风景概括为十种：“金顶祥光”“象池月夜”“九老仙府”“洪椿晓雨”“白水秋风”“双桥清音”“大坪霁雪”“灵岩叠翠”“萝峰晴云”和“圣积晚钟”。①

除了自然风光宜人之外，峨眉山更以文化之美令人赞叹称颂、备受推崇。作为与山西五台山、浙江普陀山、安徽九华山并称的中国“四大佛教名山”之一，峨眉山是中国佛教圣地、普贤菩萨的道场，佛教文化为峨眉山历史文化的主要脉络。在佛教传入之前，峨眉山曾为道教的“洞天福地”之一，佛教传入峨眉山后，修建寺庙，弘扬佛法，较长时间处于佛道并存的局面，梵刹宫观交错其间，僧人、道士竞相发展。明代，佛教鼎盛，道教逐渐衰落。入清后，羽士绝踪，全山皆为佛寺，道教在峨眉山仅存遗迹。② 如仙峰寺侧之九老洞中，现仍有财神殿，塑供赵公明像；伏虎寺外原有玉皇楼、无量殿。

据史料记载，公元 1 世纪中叶，佛教经由南方丝绸之路由印度传入峨眉山，《峨眉山志》记述“蒲归乃建普光殿”，又载“光相寺在大峨峰顶，相传汉明帝时建，名普光殿”。《峨眉伽蓝记》则将峨眉山建造佛寺的时间延后至晋朝，“万年寺传为晋时普贤寺，唐慧通禅师更名白水寺，宋时更名白水普贤寺，明万历时更名圣寿万年寺”。《中国佛教寺院大观》认为“有史可稽的峨眉山佛教始于东晋隆安年间，净土宗创始人之一慧持大师前来传播，创建了全山第一座寺庙普贤寺（今万年寺）”。③ 南北朝时期，僧人宝掌和尚、淡然大师、阿罗婆多尊者等在峨眉山驻锡及建道场，弘传佛法。

唐代蜀中居民崇信佛教，牛心寺、华严寺、光相寺、西坡寺、灵岩寺、华藏寺等相继建成。宋太祖赵匡胤、太宗赵光义支持佛教，乾德二年（964），继业三藏大师奉诏入天竺求舍利及贝多叶书，至开宝九年始归，复命后，帝听其

① 杨元敏. 畅游最美的 66 个名山大川[M]. 北京：清华大学出版社，2013：240－242.

② 邹发生. 生歌好雨[M]. 广州：花城出版社，2009：75.

③ 黄文连，董瑞成，龚戚健. 乐山峨眉山[M]. 北京：中国旅游出版社，1998.

选择名山修习，大师来峨眉山重建牛心寺以终老。太平兴国五年（980），太宗诏令白水寺住持茂真入朝，赐诗嘉誉，并赐黄金三千两，遣大夫张仁赞协理，铸造普贤坐象铜佛像，供于白水寺内，改名白水普贤寺。伏虎寺、牛心院（今广福寺）、雷洞祠、新殿（今接引殿）等，均建于宋代。[①] 太宗、真宗、仁宗三朝，对白水普贤寺敕赐颇多。中峰寺密印安民禅师、别峰禅师，灵岩寺慧远禅师等均为一代高僧，孝宗曾赐号慧远为“佛海禅师”。同时，峨眉山僧人开始在峨眉县境内乡村修建寺庙，如普兴场之普贤寺、龙池之中山寺、双福之拨云山庵（今磁佛寺）、城南之圣积寺等。

唐宋时期，名人学士游览观光峨眉山者众多，与名僧常有唱和，李白的《听蜀僧浚弹琴》《峨眉山月歌送蜀僧晏入中京》，均是脍炙人口的名篇。北宋哲宗时，黄庭坚曾在中峰寺习静，作有《对青竹赋》，元祐六年十二月大寒书《七佛偈》，现刻木屏悬挂于报国寺之七佛殿。[②] 南宋诗人范成大于淳熙四年游峨眉山，著有《峨眉山行纪》。陆游与中峰寺别峰禅师相交甚厚；师入京后，孝宗优礼有加，淳熙十年，命为御制《圆觉经注》作序；别峰圆寂后，陆游为之作塔铭。

明太祖朱元璋曾在皇觉寺出家为僧，与佛教有深厚渊源，曾敕封宝昙和尚为国师，洪武初遣师来峨眉山，重建铁瓦殿，留蜀 10 年。万历二十九年（1601），慈圣太后派人在白水普贤寺修建砖殿，神宗朱翊钧御题“圣寿万年寺”，白水普贤寺从此更名圣寿万年寺。明代中晚期和清初，由于朝廷和地方官吏推崇佛教，多有赐捐建寺，因此峨眉山年年营造、无峰不寺，这一时期为佛教在峨眉山发展的鼎盛时期。明末《峨眉山道里记》中提及峨眉山全山寺庙超过百座。明万历年间，明光道人创建会宗堂于伏虎寺侧，清初闻达禅师迁建今址，康熙四十二年（1703）赐名报国寺。康熙四年乙巳（1665），四川巡抚张德地捐俸重修万年寺、光相寺；三十八年（1699），行能禅师改建初喜亭为洗象池。明时楚山禅师开建千佛庵，清初峨云禅师重建，乾隆四十三年

---

① 余志超. 秀甲天下 峨眉山[M]. 郑州：大象出版社，2013.

② 孙雁鸣，黄小平. 四名驱动 大美乐山——浅析乐山文化的渊源与流变[J]. 中共乐山市委党校学报，2019，21（02）：22—30.

(1778) 火焚，以后又逐次修复。仙峰寺原系小庵，明万历年间扩建为大寺，名慈延寺，清乾隆时泰安、玉升增修，改名仙峰寺。

四、山不在高，有仙则名

青城山与峨眉山对于天府文化的贡献不仅仅在于宗教与文学方面，在中华民族特有的非物质文化遗产“武术文化”方面，两座名山也历史悠久、各有特色、享誉四方。青城武术是一个重要的中国武术流派，属于中国古代武术四大门派之一，发源于中国道教圣地、世界文化遗产四川青城山。东汉张道陵在青城山传道，留下雌雄龙虎剑、降魔功，形成青城派武术雏形。青城派分三大支系，道家武术讲轻灵飘逸、舒展大方，佛家讲小手连环、轻步行走，侠家擅长在高低不平的地方作战，总体而言尤以道教文化影响深远。青城武术名家擅长吐纳养生，重实战搏击，步型、身法、手法奇特，与少林、武当皆有区别。青城派武术以玄门太极和剑术见长，青城剑术套路中啸云剑、七星剑、龙虎剑、八仙剑等扬名天下，被誉为“中华四大剑派”之一。[①] 青城派历代高手辈出，清代有超过百名武举人和一名武状元来自青城山区域。青城武术文化是千年来以青城山为中心发源的以道教文化为主体、以成都地区为主要流传地的优秀传统文化。

与南北朝时期来华的古印度高僧、中国禅宗始祖达摩创立的少林派武术，和元末明初道家宗师张三丰创立的武当派武术，以及同属蜀中武术文化的青城派武术相比，峨眉武术产生的时间更为久远，可追溯到春秋战国时期白猿祖师司徒玄空的“峨眉通臂拳”。止戈为武，禅武合一，峨眉山武僧辈出，如淡然法师、德源长老、白云禅师、普恩禅师等。唐宋年间，峨眉山佛道并存，僧道在参禅修道之余，经常练习拳脚弄枪使棒，主要是为强身健体，其次为保护寺观。佛道两家在武艺切磋中取长补短、各创新路，逐渐形成了独具特色的峨眉

① 邓以华. 峨眉派武术健康科学发展之我见[J]. 科技信息，2011 (24)：654－655.

武术。峨眉武术皆具道家之动功和佛家之静功，有一套动静结合的练功方法。[①] 峨眉山金顶寺白云禅师的“峨眉十二庄”，就是根据道家内养炼丹术、导引吐纳和佛门动静气功的功法而创，至今仍有众多的习练者。南宋时期，峨眉山德源长老武艺高强，他模仿山中白猿的敏捷动作，创编了一套“白眉拳”，著有《峨眉山拳术》，形成了峨眉武术理论雏形，在武林中逐渐形成了自己的体系和风格。明末清初，峨眉武术的拳种和流派大有发展。[②] 峨眉山白龙洞湛然法师博采众家之长，融合自身特点写了《峨眉拳谱》，把峨眉武术概括为“一树开五花，五花八叶扶，皎皎峨眉月，光辉满江湖”。在尚武好勇的巴蜀地区经历千年传承，峨眉武术逐渐发展成为以峨眉山为主的一大地域性武术派系“峨眉派”。峨眉武术受到巴蜀、楚越神巫文化影响，得益于道家养生行气之术和佛门内外兼修哲学的熏陶，是数千年来天府居民智慧的结晶，是天府文化在武术文化中的表达。

“山不在高，有仙则名”，蜀地群山既险峻峭拔、高耸入云，又文化丰富、仙缘深厚。如果说水润泽了天府文化的“海纳百川”，融会贯通各地文化流派于一体，那么山就支持了天府文化的“高瞻远瞩”，使其始终保持博采众长的发展眼光。栖居在天府之国的人们自古以来在青山绿水的环绕之中，以“仁者乐山、智者乐水”的传统智慧，将对山水之美的喜爱与品味，与追求美好、优雅时尚的生活趣味相结合，发展出多姿多彩的天府文化，为今日成都文化、四川文化，乃至中华文化贡献了宝贵的精神与物质财富。

---

① 王亚慧，代凌江. 试论峨眉武术的起源及对“白猿起源说”的质疑[J]. 成都体育学院学报，2010，36（05）：51—54.

② 峨眉山佛教协会. 历代祖师与峨眉山佛教[M]. 成都：四川人民出版社，2012：57—58.

第三节
花重锦官

在气候温润、降水丰沛的天府大地上，花是最美的妆点。若是要为这片土地上的花儿排列著述群芳谱，品评出座次高低来，却是一项不可能完成的任务，因为每一位惜花人心里有着自己最为倾心喜爱的花朵。在历史时间里、在地理空间中，不同的花卉演绎出千姿百态的传奇，共同构成了天府文化中“花重锦官”的栖居乐活之美。

一、传世美名：芙蓉花开

城因花而美，花因城而名，中国的许多历史文化名城都与名花有着相互成就的渊源。比如曾经与成都齐名、并称“扬一益二”的扬州，隋唐时期以琼花为胜，花开城中如降瑞雪；十三朝古都、唐宋名城洛阳有“花开时节动京城”的牡丹，至今以牡丹花会为每年盛事。春来秋去、花开花落，四季芬芳不绝的川西平原上、百花争艳的天府文化中最独具成都标识的名花当属芙蓉。

成都的市花“芙蓉”，即通常所说的“木芙蓉”，是一种锦葵科、木槿属的植物，因为花期是每年的 8 到 10 月，正值秋季，所以又有“拒霜花”的别名。

春夏万物复苏、阳光充沛、雨水充足，是大多数花卉应时盛放的季节，而到了秋天，草木凋零、日照稀少，这一时节逆寒风怒放的花儿更为人们所珍惜爱怜。何况芙蓉多为重瓣大花，植株为小乔木或灌木，花枝娇艳婀娜，初开时为白色或淡红色，后作深红，一花常具双色，极富观赏与装饰价值。五代十国时期，后蜀主孟昶曾令城中遍植芙蓉，尤其是在羊马城的四十里城垣上。在那个数十年没有战乱、偏安西南一隅的时期，成都富庶美丽犹如天堂一般，本地的仕宦百姓与远道而来的客商，在送爽的秋风、绵密的秋雨里眺望这座千年名城时，无不赞叹它城墙内外云蒸霞蔚的芙蓉胜景。芙蓉从此成为成都最具代表性的花卉，为成都赢得“蓉城”的雅号。如今，芙蓉已是成都市的市花，城市建设中处处以芙蓉做点缀、因芙蓉而更美丽。高速路与高架桥的旁边、校园公园的绿地上、锦江两岸，乃至社区院落之中，昔日因王侯喜好而力行推广的花朵，真真正正走入了寻常百姓家，为天府居民带去美的享受。

“名花倾国两相欢”，天府文化里的“花”总是与“佳人”相依相伴、互为衬托，留下多少风雅韵事至今流传、脍炙人口。在孟昶之前，居住浣花溪畔的女诗人薛涛已经是“芙蓉达人”，她使用芙蓉树皮作原料、掺入芙蓉花汁，制作出或光洁细致、或纹理别致的深红色彩笺，用以写诗唱和。薛涛是爱花的人，相传她与诗人元稹相恋，但是两人无法在一处长相厮守，于是薛涛曾在春光明媚、繁花似锦时写下思念爱人的名句“花开不同赏，花落不同悲。欲问相思处，花开花落时”，婉转低回，倾诉花开有时、人各一方的惆怅。

芙蓉花（李泽梅供图）

二、雅俗共赏：万花盛开

杜鹃花（赵书供图）

自历史长河溯源，天府之国“最古”的名花当属“杜鹃”。“杜鹃”既是花名，亦是鸟名，且花鸟之间有着极其重要的关联。故老相传“杜鹃啼血”，说的是杜鹃鸟啼声悲切，且一旦鸣叫就不到咳血不会停止，从鸟儿口中滴下的鲜血落在林间花上，就成了殷红艳丽的杜鹃花。春来天府大地漫山遍野的杜鹃花，的确也带有一种壮丽灿烂、一往无前的气势。望帝的故事有许多版本，无一例外地都与“杜鹃”这种鸟紧密相连，或是以望帝化身杜鹃，或是以杜鹃纪念望帝，唐朝诗人李商隐提及这段传说还吟哦“望帝春心托杜鹃”。直至今日，成都市郫都区还有一个别称叫作“鹃城”。“蜀魄未归长滴血，只应偏滴此丛多”，杜鹃血所化的杜鹃花，是郫都的特产与象征，这里的杜鹃花期长、花形美、品种丰富、颜色多样，是春季里最热烈美艳的标志与纪念。而今，杜鹃已经成为天府之国常见的园林与城市公共空间装饰花卉之一，为人们的日常生活带来赏心悦目的美好风景。

花朵妆饰在美人的鬓边、吐蕊在闺阁绣楼，也活灵活现、活色生香在才子们的笔下，天府文化里，才子们的吟哦与欣赏令这些天地灵气之所钟的花卉得以穿越千年依旧鲜艳明媚、永不凋零。苏轼喜爱以海棠咏喻娇美可人的妙龄女子，他的名篇“东风袅袅泛崇光，香雾空蒙月转廊。只恐夜深花睡去，故烧高烛照红妆”将夜间海棠掩映在月色下的俏美娇娜描绘得入木三分。相传苏轼还曾调侃朋友垂暮还纳年轻小妾为“一树梨花压海棠”，虽然未见诸正史，却可见其中文人雅士俏皮可爱的意趣。

喜爱梅花的陆游曾徜徉于成都西郊罨画池，这里是杜甫《和裴迪登临蜀州东亭送客逢早梅相忆见寄》中提到的“东阁官梅动诗兴”的地方，自唐至宋的经营修筑，使得原本只是驿站郡圃的“东亭”逐渐扩建成为一处蜀中名园。园中亭台楼阁、池塘画舫悉备，且花木扶疏、曲径通幽、雅趣横生。罨画池所培植的林木之中，以梅花为翘楚，至今仍是成都市民冬季赏梅游玩的风景胜地。园中建有赵陆公祠，后世改称为“二贤祠”，门悬“琴鹤梅花”四字匾额，纪念赵抃、陆游二公的高尚情操。写下咏梅名句“当年走马锦城西，曾为梅花醉似泥”的陆放翁时常与好友范成大一同赏梅、饮酒、赋诗，天府花文化的美好细腻抚慰了这位心怀天下却报国无门的诗人，令他在蜀中留下了许多脍炙人口的名篇佳作。

在万紫千红之中，陆游诚然最为喜爱梅花，却也流连别种花木的娇美，他以海棠为题兼咏其他花儿的佳句亦是流芳千古。南宋时成都海棠冠绝天下，城西碧鸡坊与张氏海棠园被推为城中翘楚。陆游晚年回忆起当年与友人在成都观赏海棠时，写下“我初入蜀鬓未苍，南充樊亭看海棠。当时已谓目未睹，岂知更有碧鸡坊。碧鸡海棠天下绝，枝枝似染猩猩血。蜀姬艳妆肯让人，花前顿觉无颜色。扁舟东下八千里，桃李真成仆奴尔。若使海棠根可移，扬州芍药应羞死。风雨春残杜鹃哭，夜夜寒衾梦还蜀。何从乞得不死方，更看千年未为足”的咏叹，更多次将海棠与牡丹、芍药等花中帝后相较，既是咏花，也是咏史，更是明志。他在《张园海棠》中写道：“洛阳春信久不通，姚魏开落胡尘中。扬州千叶昔曾见，已叹造化无余功。西来始见海棠盛，成都第一推燕宫。池台扫除凡木尽，天地眩转花光红。庆云堕空不飞去，时有绛雪萦微风。蜂蝶成团出无路，我亦狂走迷西东。此园低树犹三丈，锦绣却在青天上。不须更著刀尺裁，乞与齐奴开步障。”陆游甚至为海棠写下组诗《花时遍游诸家园》，可谓一季看尽锦城花：“看花南陌复东阡，晓露初乾日正妍。走马碧鸡坊里去，市人唤作海棠颠。”

陆游的好友范成大在词作《醉落魄·海棠》中对西蜀海棠也是赞不绝口："马蹄尘扑，春风得意笙歌逐。款门不问谁家竹，只拣红妆，高处烧银烛。碧鸡坊里花如屋，燕王宫下花成谷。不须悔唱关山曲，只为海棠，也合来西蜀。"两人时时一同赏花，此时彭州丹景山所植牡丹已是天下牡丹中的名品，洛阳牡丹陷于敌手不可再得，二人在牡丹花季一面同赏天彭牡丹、一面感慨国家兴亡。陆游写下《天彭牡丹谱》，自花落笔"牡丹，在中州，洛阳为第一。在蜀，天彭为第一。天彭之花，皆不详其所自出。土人云：曩（nǎng）时，永宁院有僧种花最盛，俗谓之牡丹院，春时，赏花者多集于此。其后，花稍衰，人亦不复至。崇宁中，州民宋氏、张氏、蔡氏，宣和中，石子滩杨氏，皆尝买洛中新花以归。自是，洛花散于人间，花户始盛。皆以接花为业，大家好事者皆竭其力以养花。而天彭之花遂冠两川"。逐渐绵延到历史现实，感叹："天彭之花，要不可望洛中，而其盛已如此！使异时复两京，王公将相筑园第以相夸尚，予幸得与观焉。其动荡心目，又宜何如如也？"

薛涛对花甚为喜爱，还因此为蜀中带来了新的花木品种。据传成都平原虽然物产丰饶却无海棠，西川节度使李德裕自洛阳带来海棠树苗，"鲜花赠美人"以投薛涛所好。经过这位心灵手巧的女诗人的培植与改良，海棠花才开始在蜀中得以推广，继而成为海内一绝。这个说法或许能够解释杜甫客居成都却无诗吟咏海棠的怪事，毕竟中唐时期流离至此的杜甫不可能见到晚唐才在成都盛开的海棠，就如杨万里所说："岂是少陵无句子，少陵未见欲如何？"然而究竟海棠是否真的是因为薛涛才得以生根天府，恐怕难以得到十分确凿的回答，但是从薛涛的诗作《海棠溪》中，能够明显发现至少在她生活的年代成都已经广泛种植海棠。"春教风景驻仙霞，水面鱼身总带花"的景色，绝非一朝一夕之功。晚唐诗人贾岛写道："昔闻游客话芳菲，濯锦江头几万枝。"可见如果说后蜀的成都是一座芙蓉"锦上添花"的城池，那么晚唐的成都当是海棠"鲜花着锦"的都会。

苏轼在记述后蜀宫中轶事的《洞仙歌》里写道："冰肌玉骨，自清凉无汗。水殿风来暗香满。"冰肌玉骨、清凉无汗的绝代佳人花蕊夫人是后蜀主孟昶的宠妃。这位以花为封号的美人，既是当时成都最美丽娇艳的一朵奇葩，同时也是惜花之人。传说正是因为她喜爱牡丹，后蜀宫中专辟一所“牡丹苑”，并且派专人远赴洛阳寻求奇珍异种加以栽培。洛阳牡丹甲天下，而蜀中牡丹自此不弱于洛阳。对牡丹的培育传统与人们的观赏情趣由此代代流传。成都的“牡丹之乡”彭州丹景山是中国天彭牡丹的发源地，南宋时期花特盛，与洛阳、菏泽齐名。时至今日，每逢牡丹盛开时节，丹景山都会举办牡丹花会，姚黄、魏紫、白鹤羽、胜葛巾、丹景红、娇容三变、倒晕檀心……天府牡丹美不胜收。

桂花（练梦静供图）

桂树葱葱郁郁，桂花气味清芬，且有“蟾宫折桂”的美好寓意，向来为文人雅士所喜爱。明朝蜀中唯一一位高中状元的才子杨慎，字用修，号升庵，别号博南山人、博南逸史等，是成都府新都（如今的成都近郊新都区）人。其父杨廷和为明朝中期著名政治家、历经四朝的国之重臣，家中颇有资产。杨氏位于新都的祖居屋舍俨然、园林精巧，杨慎于庭院湖畔手植桂树，园中秋来丹桂飘香，湖水遂得“桂湖”美名。杨氏一族世代簪缨，杨慎自幼是出了名的神童，又得金榜题名、独中魁元，他家的桂花也就格外合题应景。杨慎一生留下过不少咏桂或与桂花相关的诗篇，如《桂湖曲》《桂湖送胡孝思》等，他的“宝树林中碧玉凉，西风又送木犀黄。开成金粟枝枝重，插上乌云朵朵香”乃是赠予妻子的缱绻之作。杨慎学问高深、品格高洁，数百年来，人们为了纪念这位不世出的文坛大宗师，在桂湖旁修筑升庵祠，且自明、清两朝至今，新都地区种桂蔚然成风，许多地名和建筑都以“桂”得名，如桂水、桂花坎、桂花桥、双桂街、双桂堂、桂花亭等。[①] 每年中秋前后，一年一度的桂花节期间，到杨慎故居游湖赏桂的游人络绎不绝，伴随桂树间阵阵香风，人们品尝着以桂花入馔烹制的佳肴美味，选购着桂

① 李义让. 明代状元杨升庵[M]. 成都：四川人民出版社，1985：93.

花糕、桂花糖、桂花茶等特产，遥想当年杨门文风韵事，品味天府文化的博大精深。

三、一树花开：桃花朵朵

千载悠悠，天府之国的花儿越种越多，海棠、芙蓉、牡丹等都曾冠绝一时。在进入现当代之后，樱花、梨花、杏花、菊花、玉兰、辛夷等名花异卉又竞相在此争奇斗艳。四季花会上人们能够观赏到来自四海的各色花卉，城市乡间处处是花舞人间的美景。在众多“扮靓”天府的花木之中最为雅俗共赏的，还属每年当春发生、“灼灼其华”的桃花。蜀中云遮雾绕，即使是春天，能看见灿烂阳光的日子也不多，而每逢春光明媚、艳阳高照的日子，往成都东郊外方向去的道路必定拥堵，那是因为爱花的成都人趁着好天气、纷纷相约前往龙泉山赏花。龙泉山是成都的花果山，山间居民多以种植水果为业，其中尤以水蜜桃为突出特色，因此每当春季满山桃花盛放，犹如片片彤云堆积山坳，红粉绯绯、美不胜收。

桃花（汪瑶供图）

桃花原产于中国，其树态优美、枝干扶疏、花朵丰腴、色彩艳丽，为早春重要观花树种之一，在中华传统文化中有着多重美好寓意，比如春天的新生、热烈的爱情、师生情谊、健康长寿以及安定和谐的生活等。“夸父逐日”的传说中，夸父的手杖化作桃林，象征着自由与理想的落地生根；《桃花源记》里以桃林隔开俗世与隐居的人们，“入桃花林，夹岸数百步，中无杂树，芳草鲜美，落英缤纷”，桃花是呵护梦想与和平的“仙花”；“人面不知何处去，桃花依旧笑春风”的爱情故事，令千百年人们为之怅惘感怀；“桃李满天下”“桃李不言，下自成蹊”，以“桃李”作为弟子的代称，表现一个人的学识在经过师长的调教之后，由稚嫩的花朵结出丰硕的成果。

桃花还可入药养生，陶隐居《太清方》中写道：“三月三日采桃花，酒浸服之，除百病，好颜色。阳春三月桃花盛开，此时采摘下桃花瓣阴干，放入粥内，常服可添娇色。”传说西王母以蟠桃宴请众仙共享长生，而南极仙翁手执桃木杖、捧着寿桃，为有缘人添福添寿。天上人间，皆以桃花、桃实为吉祥美好的化身，难怪连放诞怪癖的唐寅也自诩为“桃花仙人”，吟哦出“桃花坞里桃花庵，桃花庵下桃花仙。桃花仙人种桃树，又摘桃花卖酒钱。酒醒只在花前坐，酒醉还来花下眠。半醉半醒日复日，花落花开年复年。但愿老死花酒间，不愿鞠躬车马前。车尘马足富者趣，酒盏花枝贫者缘。若将富贵比贫贱，一在平地一在天。若将贫贱比车马，他得驱驰我得闲。别人笑我太疯癫，我笑他人看不穿。不见五陵豪杰墓，无花无酒锄作田”的名篇。

“黄四娘家花满蹊，千朵万朵压枝低”，从都江堰至锦官驿、从龙泉山到云顶城，无论是乡间小路两旁，还是农家院前屋后，家家有花、人人爱花，人们时时处处都能眼见花的身影、感受花的美好。春季金灿灿的油菜花田里，农人辛勤、游人如织；夏季繁忙的花木市场内，栀子与茉莉的香气沁人心脾；秋季大学校园池塘里菡萏未谢，而池畔的桂花、芙蓉已自争奇斗艳；冬天，在杜甫、陆游曾经留下千百诗作的草堂与屋舍旁，梅花凌寒怒放。伴随两千多年来天府之国的安逸生活，花文化已经在不经意间成为天府文化中最为绚烂美丽的一支，静静绽放，等待惜花人的呵护与欣赏。

第四节
百菜百味

“民以食为天”，中华饮食文化博大精深，在民丰物阜的天府之国，美食是数千年以来人们日常生活的一部分，更是由平凡的一日三餐经过千锤百炼升华而得的宝贵文化遗产。从食材到酱料、从菜品到菜系，美食文化成就了天府文化中最为“人间烟火”的一面，让天府文化的美好有温度、有味道、接地气、永传承。

一、博采众长的川菜起源

提到天府美食，人们的第一反应就是川菜。中国传统文化中“四大菜系”和当代中国“八大菜系”两份权威榜单皆名列其中的川菜，因其历史悠久、菜品多样、特色突出、传播广泛等特点，被认为是中华料理的集大成者。川菜的产生和演变可以分为古代、近代和现当代三个历史时期。在古蜀国、古巴国至鸦片战争前的古代川菜孕育和发展期，川菜在漫长的岁月中，随着中华文明、天府文化一起成长，食器、调味、选材、烹饪和食用的方式，无不与时代沿革、文化变迁相契合。在成都平原“三星堆遗址”和“金沙遗址”出土的文物中，发现了大量精美的青铜餐饮器具，鼎、釜、罍（léi）、樽、罐、杯、盘、碗、盒、豆、簋（guǐ）、壶等一应俱全。经考古证实，当时成都平原的烹饪食材较为丰富，人们已经创造出多种菜肴以供筵席享用。食器有礼制、具美型，菜肴有变化、更多样，“吃饭”不再仅仅是填饱人们的肚子的简单活动，而成为居民们对美好生活追求与创造的一部分。

战国末期秦军入蜀，灭古蜀国后将蜀地纳入疆域，其后一统天下，川菜在蜀中第一次大移民时代里，吸纳了来自中原文化的饮食精华，与本土的食物料理方式进行结合，进一步发扬光大。秦汉时期，成都列备五都，繁华富裕冠绝一时，成都平原自身物产丰饶，而南来北往的客商也带来了各地的美食，与川菜互相碰撞，产生更多的美味佳肴。

汉赋大家扬雄在其《蜀都赋》里写道：“秦汉之徙，元以山东。是以隤（tuí）山，厥饶水贡，其获苴（jū）竹，浮流龟碛……缘畛（zhěn）黄甘，诸柘（zhè）柿桃，杏李枇杷，杜樼（zhēn）栗榛（nài），棠梨离支，杂以梴（chān）橙，被以樱梅，树以木兰，扶林禽，爚（yuè）般关，旁支何若，英络其间……尔乃五谷冯戎，瓜瓠（páo）饶多，卉以部麻。往往姜栀，附子巨蒜，木艾椒蓠，蔼酱酴（tú）清，众献储斯。盛冬育荀，旧菜增伽。……乃使有伊之徒，调夫五味，甘甜之和，勺药之羹，江东鲐鲍，陇西牛羊，籴（dí）米肥腯……五肉七菜，朦猒（yàn）腥臊，可以练神养血腄（chuí）者，莫不毕陈。”扬雄用华丽繁复的辞藻描绘出一幅秦汉迁徙的移民入川后感喟川中富饶多产、食物丰盛的图卷。文中历数蜀都祭祀及日常菜肴所用的果菜肉食及调料，证明了川菜在当时已经具有“五味调和”的烹饪文化神髓，并且指出居于多元文化交会地的蜀都食材来自全国各地的特点。

二、富有创新的川菜文化传承

历史学家与美食文化的研究者们通常认为，川菜形成有别于其他菜系的独到烹饪调味方式和菜系特征是在东汉至魏晋南北朝时期。在四川地区发现的东汉墓葬中，出土了许多与“庖厨”“宴饮”相关的陶俑，同时还有与之相佐的画像砖。陶俑及画像砖呈现出的烹调飨宴场景及技法，可以作为川菜烹饪方式及其在生活中的应用逐渐成熟的明证。从出土文物中还能够发现，两汉时期四川已经出现了“水饺”，水饺在当时是“馄饨”的变种，人们称“馄饨”为“餦馄（zhāng hún）”，将之归类于“饼”的一种，也称之为“汤饼”。东汉刘熙在《释名》中的“饼”里，将这一类食物列举了“蒸饼、汤饼、蝎饼、髓饼、金饼、索饼”等种类。这一类面点对于面粉的加工要求较高，同时也为食物带来了更加多样的制作方式和更为丰富的口感。

如今人们说起主食，常常会有南方人喜欢米饭及稻米制品、北方人偏好面食的印象。然而十分有趣的是，位处西南的四川盆地，却被认为是中国一项传统面点的发源地，那就是“馒头”。据说诸葛亮在七擒孟获、平定南蛮之后，过江时受到战死冤魂的阻拦，只得祭奠河神，以期祈福降魔。在选用祭品时，按照当地习俗本应生殉人的首级，诸葛亮不愿多造杀孽、伤及无辜，于是下令杀羊宰猪，包在面团之中假作人头投于水中以示供奉。宋代高承在《事物纪原·酒醴饮食·馒头》中记载：“稗官小说云：诸葛武侯之征孟获，人曰：‘蛮地多邪术，须祷於神，假阴兵一以助之。然蛮俗必杀人，以其首祭之，神则向之，为出兵也。’武侯不从，因杂用羊豕之肉，而包之以面，象人头，以祠。神亦向焉，而为出兵。后人由此为馒头。”在这一类传说故事里，“馒”被认为是通“蛮”，“馒头”即为“蛮头”。其实馒头是一种蒸食的面点，被认为是东汉末年已经出现的一种“蒸饼”。后人假托为三国时代诸葛亮的发明，一方面的原因应当是天府文化中对诸葛亮的尊崇，另一方面则可能由于当时蜀地在馒头内包以肉馅，确有独到之处。魏晋南北朝的《魏武四时食制》中也曾提及成都平原的美食，比如今成都市郫都区附近的特产“郫县子鱼，黄鳞赤尾，出稻田，可以为酱”，是一种可以做酱佐餐的鱼类；而乐山附近的鱼则应当是用于菜肴，“大数百斤，骨软可食，出江阳、犍为”。

三国时期，成都作为蜀国首都，成为全国三大都会之一，在政治和经济地位上都得以进一步提高。优越的自然地理资源、城市的繁华兴盛以及蜀中居民对于美好生活的热爱追求，使得川菜在移民迁入、文化融合和社会发展中，逐渐形成了“一菜一格，百菜百味”的特有风格。西晋左思所作的令到“洛阳纸贵”的《三都赋》中，对成都有极高的评价，称之“既丽且崇”。城市建设固然令人赞叹，“辟二九之通门，画方轨之广涂。营新宫于爽垲（kǎi），拟承明而起庐。结阳城之延阁，飞观榭乎云中。开高轩以临山，列绮窗而瞰江。内则议殿爵堂，武义虎威。宣化之闼，崇礼之闱。华阙双邈，重门洞开。金铺交映，玉题相晖。外则轨躅八达，里闬（hàn）对出。比屋连甍，千庑万室。亦有甲第，当衢向术”；物产之丰、飨宴之盛更是令人艳羡，“家有盐泉之井，户有橘柚之园。其园则林檎枇杷，橙柿楟（yǐng）楟（tíng）。榹（sì）桃函列，梅李罗生。百果甲宅，异色同荣。朱樱春熟，素柰（nài）夏成。若乃大火流，凉风厉。白露凝，微霜结。紫梨津润，樼（zhēn）栗罅发。蒲陶乱溃，若榴竞裂。甘至自零，芬芬酷烈。其园则有蒟蒻茱萸，瓜畴芋区。甘蔗辛姜，阳蓲（qiū）阴敷。日往菲薇，月来扶疏。任土所丽，众献而储……吉日良辰，置酒高堂，以御嘉宾。金罍中坐，肴烟四陈。觞以清醥（piǎo），鲜以紫鳞。羽爵执竞，丝竹乃发。巴姬弹弦，汉女击节。起西音于促柱，歌江上之飉（liáo）厉。纡长袖而屡舞，翩跹跹以裔裔。合樽促席，引满相罚。乐饮今夕，一醉累月”。东晋常璩所著的《华阳国志·蜀志》中，对川菜的特点则概括为“尚滋味、好辛香”，表明当时川菜与中原菜系、江南菜系的区别已经显现。

隋唐两朝国家大一统，天府之国经过休养生息，经济、社会和文化迅速恢复与发展起来。成都先是作为越王杨秀的封地，城市区域得以扩建，人们的生活也逐渐富裕奢侈。安史之乱后，蜀地成为李唐王朝的避难别院，成都的城市规模再度扩大，饮食文化高度发达。唐朝流行的菜式和烹调方法，在天府大地得到了进一步发扬光大。据历史学家考证，唐时气候温暖，人们喜欢吃清凉的食物。对于当时流行的类似凉面的食物“冷淘”，寓居蜀地的杜甫曾在《槐叶冷淘》中写道：“青青高槐叶，采掇付中厨。新面来近市，汁滓宛相俱。入鼎资过熟，加餐愁欲无。碧鲜俱照箸，香饭兼苞芦。”而《观打鱼歌》中所写的“饔（yōng）子左右挥双刀，脍飞金盘白雪高”则类似于今日的生鱼片。

五代十国时期，成都成为前蜀与后蜀的首都，繁荣富丽甲于西南。尤以“孟蜀尚食”，偏安一隅数十年里，发展出《食典》百卷，后人更可自后蜀主孟昶的宠妃花蕊夫人所作宫词描绘的“厨船进食簇时新，侍宴无非列近臣。日午殿头宣索鲙（kuài），隔花催唤打鱼人”场景之中，窥见当时饮宴的盛况。进入北宋，成都流行游宴活动，人们对于川菜的钻研与应用都愈发深入，《益部方物略记》中记载了书中特有土产“益为西南一都会，左阻剑门，右负夷蕃，内坦夷数百里，环以长江，裹以复岑，川陆盛气碍而不得东回，薄蜿蜒还负一方，为珍木、为怪草、为鸟、鱼、芋、稻之饶，日暘（yáng）雨，雨嘘和，吐妍层出，杂见不可胜状，殆岷精緼（wēn）灵，示（阙）璚（qióng）於兹壤也。嘉祐建元之明年，予来领州，得东阳沈立所录剑南阳物二十八种，按名索实，尚未之尽，故遍询西人，又益数十物，列而图之，物为之赞，图视状赞言生之所以然，更名益部方物略记。凡东方所无及有而自异，皆取之，冀裨风土聚邱之遗云”，以及川菜的一些烹饪技巧，如“艾木大抵茱萸类也。实正绿味辛。蜀人每进羹臛（huò），以二三粒投之，少选，香满盂盏。或曰作为膏尤良”。

川菜在宋朝逐渐从地方特色菜系成为全国广泛接纳与喜爱的大众菜系，各地的四川饭馆主要售卖插肉面、大燠（yù）面、大小抹肉淘、煎燠肉、杂煎事件、生熟烧饭，让走出蜀地的川人和其他地方的居民都能吃到正宗的川菜。两宋自蜀中走向中原，以及从中原迁居成都的文人，对天府美食文化的传播与弘扬影响十分深远。其中两位著名的代表人物就是苏轼与陆游。作为宋代最“好吃”的文学家，苏轼将川菜的烹饪技法与特色带到了他居住与工作过的城市与乡村，在全国各地留下了与孟蜀烹制羊肉技法一脉相承的“东坡肉”，以及极具创新性的“东坡羊蝎子”“东坡酱鸭”等美食。陆游宦游成都多年，对川菜十分喜爱，曾写下“还吴此味那复有”的感叹。在他的诗作中有成都周边韭黄、猪骨、蒸鸡、粽子等食物的身影，“东门买彘骨，醢（hǎi）酱点橙薤（xiè）。蒸鸡最知名，美不数鱼鳖”。

三、别具一格的川菜文化

明清两朝，随着番薯、辣椒、番茄、土豆、玉米等海外新品种农作物的批量引入和战乱后其他地州人民迁移入川，川菜迎来了发展和转型的高峰。辣椒契合了川菜“好辛香”的传统风味，是这一时期为川菜带来变革和升华的最重要的“新元素”。辣椒原产南美秘鲁，15 世纪传入欧洲，16 世纪末从海上传入中国，又称“番椒”“海椒”，天府之国的辣椒从关中传入，因此又有“秦椒”之称。这种植物最初是被用作观赏花卉，明代高濂在其《草花谱》写道：“番椒，丛生，白花，子俨秃笔头。味辣，色红，可观，子种。”亦曾记录在汤显祖的《牡丹亭》之中。后来人们发现了它的调味功能，开始将之用于烹饪，徐启光在其著作《农政全书》中对辣椒有所记载，“番椒，有名秦椒，白花，子如秃笔头，色红鲜可爱，味甚辣”。清代全国开始广泛种植辣椒，并培育适宜食用与调味的新品种，朱彝尊在《食宪鸿秘》中将辣椒列入 36 种香辛料之一。在辣椒传入之前，花椒是川菜调味的特色香辛料；待辣椒传入之后，与花椒结合，进一步融汇出“麻辣”的川菜特色。辣椒被广泛地运用于川菜烹调之中，促使川菜的菜系特征进一步完成从古代到近代的转型发展。清代陈淏子于《花镜》一书中也写道：“番椒，一名海疯藤，俗名辣茄……其味最辣，人多采用。研极细，冬月取以代胡椒。”[①] 以今成都市郫都区为代表的蜀中居民，创造性地将辣椒与蚕豆融合在一起，创制了一种特别的调味酱料——豆瓣酱。这种被誉为“川菜之魂”的烹调佐料，在川菜代表性菜品中得到广泛应用，如回锅肉、麻婆豆腐、家常鱼等。辣椒的引进和豆瓣酱的发明，是划分古代川菜与近代川菜的标志性转折，继而带动川菜的酱料文化进一步发扬光大，出现了鱼香、泡椒、豆豉等多种别具特色的川菜烹饪风格。

在清代重要饮食文化典籍《醒园录》中详细记录了川菜制作的食材拣选与

① 杜莉，姚辉. 中国饮食文化[M]. 北京：旅游教育出版社，2013：25.

烹饪过程，还系统地搜集整理了炒、滑、爆、煸、溜、炝、炸、煮、烫、糁（sǎn）、煎、蒙、贴、酿、卷、蒸、烧、焖、炖、摊、煨、烩、淖、烤、烘、粘、汆、糟、醉、冲等烹调技法，尤其在腌制酱料方面对于后人学习与制作很有帮助，如“做水豆豉法：做就黑豆黄十斤，配盐四十两，金华甜酒十碗，先用滚汤二十碗，泡盐作卤，候冷澄清，将黄下缸，入盐水并酒，晒四十九日，下大小茴香，紫苏叶、薄荷叶各一两剉粗末，甘草粉、陈皮丝各一两，花椒一两，干姜丝半斤，杏仁去皮尖一斤，各料和入缸内再搅，晒二三日，用坛装起，泥封固。隔年吃极妙，蘸肉吃更好。按，陈、椒、姜、杏四味，当同黄一齐下晒，或候晒至二十多天下去亦可。若待隔年吃之，即当照原法晒为妥。又法：发就豆黄一斤，好西瓜瓤一斤，好老酒一斤，盐半斤，先用酒将盐浇化澄沙，合黄与瓜瓤搅匀，装入坛内封固，俟四十天可吃。不晒日”①。

火锅（赵惟丹供图）

以清朝八旗及湖广移民为代表的蜀中新居民，为川菜注入了新的菜品与风味，如以大杂烩、红烧肉、姜汁鸡、烩酥肉、烧明笋、粉蒸肉、咸烧白、夹沙肉、蒸肘子等“肉八碗”“九大碗”为代表的简易版“满汉全席”。这些新菜新味，对于川菜的再次转型意义重大。在鸦片战争爆发至新中国成立之前这段近代川菜发展时期，川菜不断吸收移民带入的其他菜系的优长，最终发展成为中国四大菜系之一。《成都通览》一书中详细记载了成都的包席馆、南馆、炒菜馆等各类饮食店铺，还呈现了当时 1328 种风味菜点及部分菜点的制法。战火纷飞的年代，由于僻处内陆，川中经济发展和社会生活相对较为安定，人们仍有饮宴的能力与心情，让川菜的兴旺未曾中断，其他地区的名店名厨躲避战乱

---

① 李化楠，侯汉初，熊四智．醒园录[M]．北京：中国商业出版社，1984：13.

回锅肉（亢池供图）

入川，也为川菜发展持续提供助力。近代川菜以家常菜为主，高端菜为辅，大众亲民、海纳百川，是国内众多“民菜”的缩影，基本完成了菜系整体格局和流派的塑造，川菜中的不同派系以地域分布进行区分，川菜研究文章中出现了“上河帮、下河帮、大河帮、小河帮、自内帮”的五分法和“上河帮、小河帮、下河帮”的三分法。五分法中的“上河帮”指岷江流域的成都、乐山一带的川菜；“下河帮”指重庆、达州、万州一带的川菜；“大河帮”指长江上游以泸州、宜宾为代表的区域的川菜；“小河帮”指南充、绵阳一带的川菜；“自内帮”则是自贡、内江一带。三分法中的“小河帮”主要指自贡、内江及宜宾、泸州等地川菜，代表菜品有火锅、回锅肉、鱼香肉丝、夫妻肺片、虎皮青椒、麻婆豆腐、东坡肘子等。

新中国成立后，现当代川菜进一步发扬光大，不但走出盆地、享誉全国，更在改革开放后走出国门，成为中国菜在海外的标志性、代表性菜系。以“狮子楼”“海底捞”等品牌为代表的四川火锅，和以“宫保鸡丁”“水煮肉片”“辣子鸡丁”为代表的川菜桌餐菜肴，深受全国各地和世界各国人民的喜爱。与此同时，新式川菜悄然流行，充满巧思的川菜传承人们将西餐的烹调技法、东南亚的独特香辛料以及日韩美食的风味引入川菜烹制，使得川菜的口感层次以及烹饪方法更加丰富多样。

成都市作为川菜集大成之地，于 2010 年被联合国教科文组织授予“世界美食之都”的荣誉称号。而今人们可以在成都大街小巷中探访数以千计的川菜餐馆，品尝各色美味的川菜菜品；也可以在世界唯一以菜系文化为陈列内容的川菜博物馆中了解川菜历史的源远流长，体味有滋有味的川菜文化。从一日三餐，到年节盛宴，当口尝川菜的“百菜百味”、目睹川菜的包罗万象，美食文化已逐渐沁润在人们的生活之中，成为每一位天府居民人生中最美好的体验和享受。

第五节
美茶美酒

生活在水旱从人、不知饥馑、仙山环绕、花团锦簇的天府之国，人们在享用了“百菜百味”的美食之后，还需要一些怡情赏心、助兴添趣的事物。“茶”和“酒”正是适宜“锦上添花”的美妙造物，它们或能沁润心脾，或能令人陶醉，与“阳春白雪”的诗歌、音乐、绘画以及“下里巴人”的田间小憩都能够善加搭配、相得益彰，见证着天府人民的繁衍生息、安居乐业。“茶文化”与“酒文化”在数千年天府文化的发展过程中，与其他文化要素相互促进、相互交融，芬芳四溢、魅力无穷，从古至今始终有着极为重要的地位。

一、川茶起源与历史演进

中国是茶的故乡，是世界上最早发现中国茶树、利用中国茶叶和栽培中国茶树的国家，也是“茶道”的发源地。茶被人类发现和利用的历史与中国历史一样源远流长，传说认为茶最早为神农氏所发现和服食。据说神农是一位肌肤透明、可以直接被看到五脏六腑的奇人，“神农乃玲珑玉体，能见其肺肝五脏”，他在为上古人民寻找可供食用、药用的植物时，常常中毒，而茶就是为他解毒的一味灵丹妙药，“神农尝百草，日遇十二毒，得茶而解之”。古代传奇往往隐喻着许多史实，神农用茶解毒的故事所反映的，或许是“茶”这种植物在进入华夏民族食谱初期，主要是作为药材在使用。茶类植物所具有的生津止渴、消食利便、祛热除瘴等药用功能，和较为便利的获得条件，对于当时部分地区实际生活中迫切需要这些疗效的人群十分重要。经过不知多少代人的探索、培植与改良，“茶”逐渐由一般性的药用食物发展为日常饮料。

四川被认为是中国茶的发源地，作为上古时期远离中原文化、疾疫多发的“烟瘴”之地，古蜀国人民以茶为药，日常饮茶，通常采用“煎茶”的方式服用，《竺国游记》中记载“番民以茶为生，缺之必病”。《广雅》中记载，“荆巴间采叶作饼，叶老者，饼成以米膏出之。欲煮茗饮，先炙令赤色，捣末置瓷器中，以汤浇覆之，用葱、姜、桔子芼（máo）之”，可见“煎茶”为历史悠久的制茶、饮茶法。苏轼在《试院煎茶》写道：“蟹眼已过鱼眼生，飕飕欲作松风鸣。蒙茸出磨细珠落，眩转绕瓯飞雪轻。银瓶泻汤夸第二，未识古人煎水意。君不见，昔时李生好客手自煎，贵从活火发新泉。又不见，今时潞公煎茶学西蜀，定州花瓷琢红玉。我今贫病长苦饥，分无玉碗捧蛾眉。且学公家作茗饮，砖炉石铫（diào）行相随。不用撑肠拄腹文字五千卷，但愿一瓯常及睡足日高时。”苏辙与他唱和：“年来病懒百不堪，未废饮食求芳甘。煎茶旧法出西蜀，水声火候犹能谙。相传煎茶只煎水，茶性仍存偏有味。君不见，闽中茶品天下高，倾身事茶不知劳。又不见，北方俚人茗饮无不有，盐酪椒姜夸满口。我今倦游思故乡，不学南方与北方。铜铛得火蚯蚓叫，匙脚旋转秋萤光。何时茅檐归去炙背读文字，遣儿折取枯竹女煎汤。”可见宋代各地茶叶种类、饮茶器具已经发展得十分丰富，而“煎茶”仍是饮茶品茶的主流方法，而此道源于蜀地乃是茶文化中的共识。

“茶”的得名也与天府文化有着极深的渊源。《尔雅·释木》“槚（jiǎ）”云：“树小如栀子，冬生叶，可煮作羹饮。今呼早采者为茶，晚取者为茗，一名荈（chuǎn），蜀人名之苦荼。”汉代“茶”字特指饮料“茶”，蜀人是茶饮的命名者。相传西汉甘露三年（公元前 51），蜀中蒙山县人吴理真在蒙顶山驯化野生茶树、研究制茶工艺，开创了世界人工植茶的先河。陶谷的《清异录》

记载：“吴理真住蒙顶，结庵种茶凡三年，味方全美，得绝佳者曰‘圣扬花’、‘吉祥蕊’。”据说吴理真种植的茶树为蒙山原产，“高不盈尺，不生不灭，迥异寻常”“其叶细长，叶脉对分”。吴理真被认为是“中国植茶始祖”，是天府文化对中华茶文化的贡献。

魏晋南北朝时期，文人饮茶之风盛行，与茶有关的诗词歌赋、传奇轶事日渐增加，茶文化在社会生活之中的交往唱和功能和优雅时尚品位的特点逐渐凸显。其时门阀贵族聚敛成风，人们夸豪斗富，有识之士不随俗流，开启“兴茶养廉”的新风。陆纳、桓温“以茶代酒”；南齐世祖武皇帝不喜游宴，死前下遗诏，节俭治丧，不以三牲为祭品，只放干饭、果饼和茶饭，“天下贵贱，咸同此制”。同时，魏晋南北朝时期哲学及宗教流派的发展也为茶文化的兴盛提供了契机，老庄思想糅合儒家经义产生了“玄学”，玄学家大都是重视门第、容貌、仪止，爱好虚无玄远清谈的名士，茶可长饮而保持头脑清醒、思路清晰，许多玄学家、清谈家从好酒转向好茶。[①] 随着佛教传入、道教兴起，茶文化开始与佛、道教文化交融辉映。在道家看来，茶可以帮助修道之人习炼“内丹”，升清降浊、轻身换骨，修成长生不老之体；在佛家看来，茶可助修行者禅定入静。

进入隋唐时期，茶的饮用与传播都得到了进一步发展。隋朝自皇宫内院至民间街巷都已经普遍饮茶、用茶，茶被认为是对身体大有裨益的日常饮品。唐朝则是茶文化从萌芽、雏形转向成型的重要时期。唐朝为避安史之乱，为后世推崇为“茶圣”的陆羽隐居浙江苕溪（今湖州），撰写《茶经》三卷，标志着中国茶文化的发展成熟。《茶经》是世界上第一部关于茶叶生产的历史、源流、现状、生产技术以及饮茶技艺、茶道原理的综合性专著，概括了茶的自然和人文科学双重内容，探讨了饮茶艺术，把儒、道、佛三教融入饮茶中，首创中国茶道精神。[②]《茶经》中多处提到蜀中茶叶出产与独有饮茶文化对于中国茶道的贡献，如在“八之出”一节中写到，茶叶出产“剑南以彭州上，绵州、蜀州

---

① 赵荣光，谢定源. 饮食文化概论[M]. 北京：中国轻工业出版社，2006：207.

② 中国新闻社宁德支社. 中国闽东茶叶大观[M]. 香港：香港中国新闻出版社有限公司，2011.

次，邛州次，雅州、泸州下，眉州、汉州又下”。唐代茶文化的形成与禅教的兴起有关，因茶有提神益思、生津止渴的功能，故寺庙崇尚饮茶，在寺院周围植茶树，制定茶礼、设茶堂、选茶头，专呈茶事活动。

唐代是天府之国蒙顶茶、峨眉茶发展的黄金时期，唐玄宗天宝元年蒙顶茶开始入贡皇室，白居易曾写下“琴里知闻唯绿水，茶中故旧是蒙山”（《琴茶》）的诗句。《元和郡县图志》中记述“严道县蒙山在县南十里，今每岁贡茶为蜀之最”，《膳夫经手录》也提到“蜀茶得名蒙顶，于元和以前束帛不能易一斤先春蒙顶”。唐敬宗时期李肇撰《唐国史补》提及蒙顶茶，“剑南有蒙顶石花，或小方或散芽，号为第一”。《四川通志》说：“自唐朝列为贡茶，建立御茶园。”成都平原西南的峨眉山，山清水秀，地理位置特殊，茶文化历史悠久，茶道代有传承。在峨眉山有文字记载以来 4000 多年的文明发展史中，峨眉山茶史及其茶文化占有相当重要的位置，而茶道更是峨眉山佛教徒修身养性、参禅悟道的一种特殊方式。茶道中的峨眉派始于公元 845 年间，由峨眉山昌福禅师（今眉山人）创立，创编茶道律谱《峨眉茶道宗法清律》一书。到公元 880 年授僧人茶法 62 人，公元 881 年交由万年寺隆元法师主持茶道律规。峨眉茶道的精神就是“智、美”，不以传统认识为标准定论。隆元法师是峨眉山本地人，对茶的种植和制作都较为精通，通过他的努力，峨眉茶道又融入了一些种茶法和制茶法，并获得大量的民间俗家弟子的支持和修习。[①]

二、川茶文化与南方丝绸之路

成都在这一时期成为茶马古道、南方丝绸之路、蜀身毒道等对外交往要道的重要交汇城市，成都本土的茶文化迎来了发展契机的同时，天府文化在沟通四海三洲的过程中也更加多元化、国际化。茶马古道源于古代西南边疆的茶马互市，兴于唐朝。茶马古道分陕甘、陕康藏（民间称为蹚古道，川藏线是其一

① 宋亚娟．品茗读水：暗香浮动禅意浓[N]．乐山日报．2010－01－29．

部分）、滇藏等三条主要路线，以川藏道、滇藏道与青藏道（甘青道）三条大道为主线，辅以众多的支线、附线构成道路系统，地跨川、滇、青、藏，向外延伸至南亚、西亚、中亚和东南亚，远达欧洲。三条大道中，以川藏道开通最早，运输量最大，历史作用较大。康藏地区属高寒地区，海拔多在三四千米以上。在高寒地区，需要摄入含热量高的脂肪，糌粑、奶制品、牛羊肉是人们的主食，茶叶既能够分解脂肪，又能防止燥热，故当地居民在长期的生活中养成了喝酥油茶的高原生活习惯。① 这里不产茶但产良马，而产茶的内地需要大量的骡马以供居民生活及政府、军队公务使用，具有互补性的“茶马互市”应运而生。这里和川、滇边地出产的骡马、毛皮、药材等产品，和川滇、内陆腹地出产的茶叶、布匹、盐和日用器皿等产品，在横断山区的高山深谷间川流不息、频繁贸易，形成了一条延续至今的“茶马古道”。

三、茶禅一味与盖碗茶

宋朝成都地理位置优越，与吐蕃、大理等国相近，随着茶马互市的兴盛，宋神宗下诏：“专以雅州名山茶为易马用。”宋徽宗重申“用名山茶易蕃马”并“定为永法”。而此时除了蒙山茶、峨眉茶，青城茶也进一步发展起来。青城山气候温润，培育茶树和茶叶制作均有上千年的历史。唐时，蜀州味江是全国七大产茶区之一。宋时，青城“紫背龙芽”“白背龙芽”就被列为贡品。流传至今的青城山“洞天贡茶”为“青城四绝”之一，贡茶多于清明时节采摘，经十余道工艺制作而成。成品形如眉，汤色清澈明亮，味道香浓持久。宋朝茶文化融佛、道两家之长，在唐朝斗茶、品茶基础上，进一步将茶文化与禅、道及世俗文化结合，互相促进、彼此升华。成都昭觉寺圆悟克勤国师将茶禅结合，提出了“茶禅一味”之说。苏轼以茶护齿，“除烦去腻，不可缺茶，然暗中损人

① 陈立. 松潘是茶马古道上的一颗明珠[C]//四川省社会科学院民族与宗教研究所，中共松潘县委员会，松潘县人民政府. 松潘历史文化研究文集. 成都：四川人民出版社，2014：191—203.

不少。吾有一法，每食已，以浓茶漱口，烦腻既出而脾胃不知。肉在齿间，消缩脱去，不烦挑刺，而齿性便若缘此坚密。率皆用中下茶，其上者亦不常有，数日一啜不为害也。此大有理”，且作有《叶嘉传》，以拟人手法，形象地称颂了茶的历史、功效、品质和制作等各方面的特色。峨眉山历代高僧几乎都会种茶制茶，僧侣们自种自制的峨眉绿茶在天府茶文化中散发着醉人的清芬，令多少名士倾倒，也教世人喜爱非常。例如，“峨眉雪芽”出产于峨眉山海拔 800～1200 米处，生长在常年云雾缭绕、湿润清冷的赤城峰、白岩峰、玉女峰、天池峰、竞月峰下和万年寺一带。茶叶具有扁、平、滑、直、尖的特点，香气清香馥郁，汤色嫩绿明亮，口感清醇淡雅。诗人陆游曾见“峨眉雪芽”而喜，邀约茶友何元立和蔡肩吾，品茶吟诗，写下了“雪芽近自峨嵋得，不减红囊顾渚春。旋置风炉清樾下，它年奇事记三人”（《同何元立蔡肩吾至东丁院汲泉煮茶》）的佳句。

明清两代天府之国依旧茶香韵远，明代蒙顶贡茶，改制芽茶进贡，制艺开始改为炒青，所制黄芽、石花、芽白、雀舌驰誉全国，创制“甘露”名茶，质量超过唐、宋时代的“石花”。李时珍《本草纲目》记：“真茶性冷，唯雅州蒙山出者温而主祛疾。”清代蒙顶茶成为皇室祭祀太庙之物，“皇茶园”外所产茶叶列为正贡，副贡和陪贡①。这一时期源自唐时的茶器发明，历经千年传承，由成都人民发扬光大的一种品茶方式逐渐流行，这就是“盖碗茶”。“盖碗茶”包括茶盖、茶碗、茶船子三部分。茶船子，又叫茶舟，即承受茶碗的茶托子，相传是唐德宗时期西川节度使崔宁之女在成都发明的。当时茶杯没有衬底，茶汤烫手、不便饮用，崔小姐巧思发明了木盘子来承托茶杯，用蜡将木盘中央环上一圈加以固定。后来茶船改用漆环来代替蜡环，进而改良至如今盖碗茶所用茶托。而后，这种特有的饮茶器具所衍生的独特品茶方式逐渐从成都向四周地区浸润发展。

“盖碗茶”尤以清朝为胜，品茶之时有许多有趣的“讲究”与“规矩”：茶盖置于桌面，表示茶杯已空，“茶博士”会很快过来将水续满；茶客临时离去，

---

① 蒙顶皇茶　开创人工植茶先河[N]. 华西都市报，2012－10－31.

将茶盖扣置于竹椅之上，表示人未走远，少时即归，跑堂会将茶具、小吃代为看管；“茶博士”斟茶时，水柱临空而降，泻入茶碗，翻腾有声，斟茶完毕时，茶水应与碗口平齐，碗外无水，茶盖虚掩。[①] 饮“盖碗茶”有五道程序：一是净具，将茶碗、碗盖、碗托清洗干净；二是置茶，将茶叶放入茶碗之中；三是沏茶，用初沸开水冲至茶碗口沿，盖好碗盖；四是闻香，待冲泡片刻，茶汁浸润茶汤时，用右手提起茶托，左手掀盖，随即闻香舒腑；五是品饮，用左手握住碗托，右手提碗抵盖、品味茶汤。

鹤鸣茶社（练忆茹供图）

位于人民公园内的鹤鸣茶社具有百年的历史，是成都市区内最有名的体验“盖碗茶”和成都茶文化的好去处。鹤鸣茶社内有一对烫金对联，“四大皆空坐片刻不分你我，两头是路吃一盏各走东西”，喝茶是社会大众交流信息的方式。民国时期，鹤鸣茶社的茶客大都是学校的教职员工和公务人员，每年农历六月和腊月假期中，公教人员都面临着失业的危险和就业的竞争，老成都人戏称他们每日到鹤鸣茶社等聘书之事为“六腊战争”。

① 张景. 图说中国茶：鉴茶·泡茶·茶疗一本全[M]. 北京：中医古籍出版社，2015.

四、川酒文化源远流长

“何以解忧，惟有杜康”。自古以来，人们以茶宁神定性，而以酒张扬个性，在中华文化之中，酒文化一直占据着重要地位。酒的发明者和茶的发现者一样，在数千年的历史文化传承之中已经被神话化与传奇化了。《说文解字》之中对“酒”释义为：“就也，所以就人性之善恶。从水从酉，酉亦声。一曰造也，吉凶所造也。古者仪狄作酒醪，禹尝之而美，遂疏仪狄。杜康作秫（shú)酒。”相传上古三皇五帝时期，夏禹时代有一位叫作“仪狄”的人是我国最早的酿酒人。他所酿作的酒被称为“醪”，由糯米经过发酵而得，即是今天人们所食用的“醪糟”。“醪”性温味甜、洁白细腻，静置的“醪”中沉淀底部的稠状的糟糊可以当作主食，上层清亮的汁液则近似于酒。西汉刘向所著《战国策·魏策》中记载：“昔者，帝女令仪狄作酒而美，进之禹，禹饮而甘之，曰：‘后世必有以酒亡其国者。’”仪狄制作酒醪后进献给禹，禹喝了之后觉得此物极之味美，感叹后世一定会有君主由于沉迷饮酒而致亡国之祸。晋代江统的《酒诰》认为，“酒之所兴，乃自上皇，或云仪狄，一曰杜康”。杜康也被认为是酒的发明者，他所酿造的酒与仪狄的“酒醪”不同，被称为“秫酒”。“秫”指的是“稷之黏者”，即后来所说的高粱。所以按照传说及史籍记载，仪狄应当是后世黄酒的创始人，而杜康则是高粱酒的创始人。杜康其人，一说是黄帝时管理粮食的臣子，在工作之中发现“有饭不尽，委之空桑，郁绪成味，久蓄气芳”，遂将粮食发酵做出秫酒。另有一种说法认为杜康即“少康”，乃夏代君主之一，其祖为“太康”，父亲为“仲康”，君主令酿酒，因而成酒也假托君主始作。

酒的发明或许是经过许多代人从一次偶然而不断实践摸索、慢慢总结改良得来，并不仅仅是一两个奇人的功劳。不过曲折离奇、生动有趣的传奇故事，让人从一开始饮酒就满载浪漫遐思。魏晋名士刘伶在《酒德颂》中有言：“有大人先生，以天地为一朝，以万期为须臾，日月为扃牖（jiōng yǒu），八荒为庭衢。行无辙迹，居无室庐，幕天席地，纵意所如。止则操卮（zhī）执觚（gū），动则挈榼（kē）提壶，唯酒是务，焉知其余？有贵介公子，搢（jìn）绅处士，闻吾风声，议其所以。乃奋袂攘襟，怒目切齿，陈说礼法，是非锋起。先生于是方捧罂（yīng）承槽、衔杯漱醪；奋髯箕踞，枕麹（qū）藉糟；无思无虑，其乐陶陶。兀然而醉，豁尔而醒；静听不闻雷霆之声，熟视不睹泰山之形，不觉寒暑之切肌，利欲之感情。俯观万物，扰扰焉，如江汉之载浮萍；二豪侍侧焉，如蜾蠃（guǒ luǒ）之与螟蛉。”具酒德而至情至性的人，合乎中国传统文化之中对“大道”的追求。自中原文化发端而来的“酒”在进入天府大地之后，大大丰富了天府人民的日常饮食生活，并且与这片土地上安逸乐活、逍遥自在的文化一拍即合，留下的千古佳话至今令人“陶醉”。

四川是中国白酒大省，独特的气候条件和肥沃的土壤，出产极其适宜酿酒的粮食，加上优良的水质，使得身处天府之国的人们数千年来不断推陈出新、精心酿造了诸多名酒。浓香型白酒是川酒的主流，近代尤以五粮液、泸州老窖、剑南春、全兴大曲和沱牌曲酒为代表，被称为“五朵金花”，此外还有一朵酱香型白酒之花“郎酒”。其中，“五粮液”的酿造历史，可以视作川酒及川酒文化的范本与缩影。

“五粮液”原产于川南宜宾市，魏晋南北朝时期当地彝族人已经开始采用小麦、青稞等粮食混合酿酒，从此开启了采用多种粮食酿酒的先河。唐代当地采用四种粮食酿制一种“春酒”，杜甫为之写下了“重碧拈春酒，轻红擘荔枝”的诗句。宋代，姚氏酒坊采用大米、高粱、糯米、荞子等五种粮食酿酒，黄庭坚在品尝了“姚子雪曲”之后，盛赞“杯色争玉，白云生谷”“清而不浊，甘而不哕，辛而不蜇”。明朝初年，宜宾陈氏继承了姚氏产业，并不断发展壮大，“五粮液”迄今使用的老窖，就是明代建造的，已有600多年的历史。不仅如此，陈氏酒坊在继承“姚子雪曲”生产工艺的基础上，还总结出“陈氏秘方”，从而使得酿酒工艺更加完整、酒质更趋稳定。这就是五粮液的前身。当时上层人士将“五粮液”称为“姚子雪曲”，下层人士将之称之为“杂粮酒”。清宣统元年（1909），陈氏秘方传人邓子均将自家酿酒带到一个家宴上，晚清举人杨惠泉品尝了该酒以后说：“如此佳酿，名为杂粮酒似嫌凡俗，而姚子雪曲虽雅，但不能体现此酒的韵味。此酒是集五粮之精华而成玉液，更名为‘五粮液’是一个雅俗共赏的名字，而且顾名可思其义。”自此“姚子雪曲”改名“五粮液”。①

川中多名酒，而成都不但产好酒，更是善品酒的好地方。李商隐曾写下“美酒成都堪送老，当垆仍是卓文君”的诗句，相传司马相如琴挑卓文君后，二人私奔，文君更当垆卖酒来维持家计。故事侧面反映出西汉时期成都民间酒业已然十分发达。卓文君家乡临邛所出产的邛酒，是传承两千多年的成都名酒。在临邛原址、今邛崃市出土的“汉砖”上刻有居民酿酒的图案，兴盛于唐，以陶器烧制闻名的邛窑窑址出土的多种酒具，是邛酒历史悠久的明证。许多文人墨客品尝斟酌过邛酒之后都赞叹不已，杜甫写成都及邛崃一线“酒肆人间世，琴台日暮云”；韦庄将饮酒与游春两件赏心乐事结合在一起，“翠娥争劝临邛酒，纤纤手，拂面垂丝柳”；陆游则专注美酒本身“一尊尚有临邛酒，却为无忧得细倾”。

古人认为饮酒的妙用在于“借物以为养”，因此需要适时适度，不能好酒贪杯以致“身为物所役”。《本草纲目》中载：“美酒饮教微醉后。此得饮酒之妙，所谓醉中趣、壶中天者也。若夫沉湎无度，醉以为常者，轻则致疾败行，甚则丧邦亡家而陨躯命，其害可胜言哉？此大禹所以疏仪锹，周公所以著酒诰，为世范戒也。”天府成都有一奇酒，正和饮酒借物养身的妙义。“青城八洞天”乳酒位列“青城四绝”，有一千二百年的历史，以青城山所产的猕猴桃鲜果为原料，配以青城山特有矿泉水，根据道家传统方略精制酿造，色如碧玉、浓似乳汁、果香浓郁、酒香优雅、鲜美醇和。“诗圣”杜甫曾作有《谢严中丞送青城山道士乳酒一瓶》盛赞青城山的这一酒中妙品：“山瓶乳酒下青云，气味浓香幸见分。鸣鞭走送怜渔父，洗盏开尝对马军。”

张籍在《成都曲》中有“万里桥边多酒家，游人爱向谁家宿”，可见当时成都酒文化之兴旺发达。而今在离万里桥不远处，尚存一处成都酒文化的“活化石”——水井坊。水井坊上起元末明初，历经明清，下至当今，呈“前店后

① 岳春. 饮食文化[M]. 北京：化学工业出版，2011：68－73.

坊”布局，延续六百余年从未间断生产，是我国现发现的古代酿酒作坊和酒肆的唯一实例，有力地佐证了明朝李时珍在《本草纲目》中所载“烧酒非古法也，自元时始创之”的观点。水井坊考古发现被考古界、史学界和白酒界专家认定为“中国最古老的酒坊”。水井坊遗址是迄今考古发现的保存至今最为完整、古老并具有民族独创性的酒坊，被誉为“中国白酒第一坊”。坊间数百年来酒坊与技艺流传并存至今，是“中国白酒的一部无字史书”。由于它填补了中国酒坊遗址专题考古的空白，被国家文物局评为“1999 年中国十大考古新发现”之一[①]。如今围绕水井坊修建的历史文化街区，和不远处的九眼桥、安顺廊桥一线的酒吧文化游览观光区，是体验成都传承千年、延续至今、流光溢彩、香传万里的酒文化的好去处。

如果说茶是清谈静心、修道论禅的良友，那么酒就是畅怀抒情、快意人生的伴侣。天府之国既产好茶，又多佳酿，天府居民享受着一手托茶碗、一手执酒杯的乐活人生，衍生出多少传奇与轶事、留下了无数的诗篇与文章，天府文化离不开茶香的沁润和酒香的烘托，因茶文化、酒文化的博大精深而更加美好。

① 苏俊. 与世界共享水井坊 600 年香润[N]. 四川经济日报，2012－10－10.

主要参考文献

敖依昌，谭小华，2012. 《华阳国志》中的神话传说研究［J］. 重庆三峡学院学报，28（04）：66—70.

白帅敏，2015. 论唐宋词中的鹃声及其文化内涵［J］. 中国韵文学刊，29（04）：73—79.

本报记者，2009. 微缩版活水公园演绎“人水相依”［N］. 劳动报，2009—08—28.

本报记者，2012. 蒙顶皇茶 开创人工植茶先河［N］. 华西都市报，2012—10—31（36）.

本报记者，2015. 北周文王碑 风蚀1400多年依然完好［N］. 龙泉开发，2015—03—18.

本报记者，2017. 蒲江船棺：来自古蜀的灵舟［N］. 四川经济日报，2017—04—07（08）.

本报记者，2018. 岷山晴雪：巴蜀千秋玉塞屯［N］. 华西都市报，2018—05—27（A6）.

曾诚，2019. 桃花坞里桃花庵 桃花庵下桃花仙 唐寅诗书画里的桃源仙乡［J］. 紫禁城（06）：44—63.

曾列，张珂，2012. 岁月雕花 汉唐巴蜀古道遗珠［M］. 成都：四川美术出版社.

陈楠，2016. 苏轼咏茶诗词中的意象美［J］. 福建茶叶，38（05）：303—304.

邓经武，2019.“蜀山说文”之九“川主”李冰祭祀与“湖广填四川”［J］. 文史杂志（02）：22—28.

邓以华，2011. 峨眉派武术健康科学发展之我见［J］. 科技信息（24）：654—655.

杜莉，姚辉，2013. 中国饮食文化［M］. 北京：旅游教育出版社.

峨眉山佛教协会，2012. 历代祖师与峨眉山佛教［M］. 成都：四川人民出版社.

方八另，2017. 寻茶中国［M］. 武汉：华中科技大学出版社.

胡北明，曾绍伦，雷蓉，2015. 川酒文化旅游资源开发研究 基于文化遗产保护视角饮食文化［M］. 成都：西南财经大学出版社.

黄文连，董瑞成，龚戚健，1998. 乐山峨眉山［M］. 北京：中国旅游出版社.

贾凤姿，2009. 国际海员礼仪修养［M］. 大连：大连海事大学出版社.

贾松青，林凌，2009. 四川区域综合竞争力报告2008［M］. 北京：社会科学文献出版社.

净芳，2014. 探寻古典茶诗中的审美因素［J］. 黑龙江生态工程职业学院学报，27（01）：136—138.

李化楠，侯汉初，熊四智，1984. 醒园录［M］. 北京：中国商业出版社.

李朋，2009. 中国道教文化典故（下）［M］. 天津：天津古籍出版社.

李鹏，段闪闪，2013. “隔”与“隐”——老子“小国寡民”思想的文学阐释［J］. 成都师范学院学报，29（04）：114－117.

林观陀，2014. 西岭雪山，南方的林海雪原［N］. 深圳商报，2014－01－13（E03）.

刘芗，2014. 川菜 以中国“四大”名菜之一甜酸麻辣苦香咸炒靓了其地名美彩［J］. 中国地名（03）：14－16.

《青山城志》编修委员会，2004. 青城山志［M］. 成都：巴蜀书社.

四川省社会科学院民族与宗教研究所，中共松潘县委员会，松潘县人民政府，2014. 松潘历史文化研究文集［C］. 成都：四川人民出版社.

宋亚娟，2010. 品茗读水：暗香浮动禅意浓［N］. 乐山日报，2010－01－29（02）.

苏俊，2012. 与世界共享水井坊 600 年香润［N］. 四川经济日报，2012－10－10（03）.

粟品孝，等，2011. 成都通史（卷四）：五代（前后蜀）两宋时期［M］.《成都通史》编纂委员会，主编. 成都：四川人民出版社.

孙雁鸣，黄小平，2019. 四名驱动 大美乐山——浅析乐山文化的渊源与流变［J］. 中共乐山市委党校学报，21（02）：22－30.

谭佳，2019. 个体际遇与历史情境——从魏晋六朝士人嗜酒看“风骨”［J］. 武汉理工大学学报（社会科学版），32（01）：135－140.

王琪延，2009. 五粮液酒文化与其商业价值［J］. 中华文化论坛（04）：146－149.

王亚慧，代凌江，2010. 试论峨眉武术的起源及对“白猿起源说”的质疑［J］. 成都体育学院学报，36（05）：51－54.

王永昌，2015.《说文解字》“酉”部字与古代酒文化研究综述［J］. 汉字文化（01）：84－88.

熊四智，杜莉，2001. 举箸醉杯思吾蜀 巴蜀饮食文化纵横［M］. 成都：四川人民出版社.

杨元敏，2013. 畅游最美的 66 个名山大川［M］. 北京：清华大学出版社.

杨哲翎，温金鸿，何泽禄，2017. 道在养生（下）［N］. 武陵都市报，2017－06－20.

杨哲翎，温金鸿，何泽禄，2017. 西岭雪山［N］. 武陵都市报，2017－06－13.

佚名，2010. 世博案例：成都“活水公园”［J］. 建设科技（11）：37.

余悦，2014. 图说中国茶文化［M］. 西安：世界图书西安出版公司.

余志超，2013. 秀甲天下 峨眉山［M］. 郑州：大象出版社.

张景，2015. 图说中国茶：鉴茶・泡茶・茶疗一本全［M］. 北京：中医古籍出版社.

张俊，郑奇腾，李萍，2002. 长联雅藏［M］. 郑州：中州古籍出版社.

张少成，2012. 从“打饼”说到“蒸饼”[J]. 文史杂志（06）：81—83.

张绍诚，2004. 巴蜀趣联解读［M］. 成都：巴蜀书社.

张亚群，李力，2013. 杨慎在科举文化史上的地位与影响［J］. 西北师大学报（社会科学版），50（06）：69—74.

张稚鲲，2016. 从《饮膳正要》中的食物类别看中华饮食文化［J］. 兰台世界（05）：127—129.

章人英，葛明沧，顾钢，2015. 华夏文明圣火薪传（第3卷）［M］. 上海：上海三联书店.

赵荣光，谢定源，2006. 饮食文化概论［M］. 北京：中国轻工业出版社.

中国新闻社宁德支社，2011. 中国闽东茶叶大观［M］. 香港：香港中国新闻出版社有限公司.

邹发生，2009. 生歌好雨［M］. 广州：花城出版社.

下篇 Xiapian

家国情怀之美

家是国的细胞，国是无数家的汇集，是家的延伸，我们常说“家是最小国，国是千万家”。而家与国都由人构成，人是一切的基础。一个人应当具有家国情怀，因为家是人生开始的地方，家中有共同生活的挚爱亲人。国是主权政体，是每个人实现人生理想的外在环境。情怀则是一种心境，一种情感，一种胸怀，一种精神寄托。家国情怀是中华民族优秀传统文化的精神内核之一，是中华民族最为深厚的历史情感，爱国爱家的精神是中华文明赓续不绝、延绵至今的强大动力。习近平总书记强调，文化文艺工作者、哲学社会科学工作者“要有信仰、有情怀、有担当，树立高远的理想追求和深沉的家国情怀，努力做对国家、对民族、对人民有贡献的艺术家和学问家”。[①]新时代的家国情怀既强调家也强调国，还强调担当与情义。要爱国首先要爱家，爱家就需要弘扬优秀家风，并将之传承与发展。爱国就需要在修身齐家的基础上，有一颗甘为国家抛头颅、洒热血的赤子之心；讲担当就是要尽职尽责，遇事敢于克服困难，迎难而上；讲情义就是要有情有义，有同情心，在亲情、友情、爱情、仁爱之情面前能够推己及人，先人后己，自我奉献。天府之人一向拥有强烈的家国情怀，这一切在数不胜数的天府故事中被展现得淋漓尽致。

---

①薛晴. 做有信仰、有情怀、有担当的学问家[N]. 光明日报，2019—06—28（06）.

第一节
传世家风之美

修身、齐家、治国、平天下是中国文人雅士的人生追求，早在汉朝时期，水旱从人、不知饥馑的天府之国就涌现出了大量的书香门第和文化世家。著名文学家苏轼在《眉州远景楼记》里称赞家乡眉州的习俗有三种接近古风。他说那里的士大夫看重学习经术，重视宗族文化；那里的民众尊重官吏，而且畏惧犯法；那里的农民相互合作耕种，互相帮助。他认为当时眉州接近古人的风俗，独独能够传世而不改变，是因为老一辈互敬互爱的榜样效应，以及贤良的州守、县令们孜孜不倦地抚循教诲的结果。也正是这样的风俗家训代代相传，使得天府之国世家大族层出不穷，人才辈出，成果丰厚。这些世家大族之所以能够传世，与其注重家风家训有重要关系。家训类型多样、内容丰富，传世方式包括了以正史、方志记载的方式，以族谱记录的方式，以诗歌、格言、谚语记录的方式，以石刻记录的方式，甚至有家族将家训用于家族行辈，内容则以劝行孝悌、仁爱、忠信、勤学、克俭、和睦等为主。习近平总书记在 2015 年春节团拜会上说："家庭是社会的基本细胞，是人生的第一所学校。不论时代发生多大变化，不论生活格局发生多大变化，我们都要重视家庭建设，注重家庭、注重家教、注重家风，紧密结合培育和弘扬社会主义核心价值观，发扬光大中华民族传统家庭美德，促进家庭和睦，促进亲人相亲相爱，促进下一代健康成长，促进老年人老有所养，使千千万万个家庭成为国家发展、民族进步、社会和谐的重要基点。”① 经历过重重风雨之后，我国目前家风建设仍然任重道远，意义重大。而天府之人严格秉承家风家训是天府世家云集的重要原因，天府之人大都注重家风家训，这也是天府文化之美的活水源泉。天府家风世代传扬，延绵至今，因此直至今日，成都平原依然人才辈出，成为西部少有的具有巨大人才吸引力的沃土之一。

一、眉州苏氏道德传家

眉山苏氏家族靠科举起家，在宋代文坛和政坛均留下了深刻的印记。而苏洵、苏轼、苏辙三父子就占据了唐宋八大家三个席位，更是宋代眉山苏氏家族的杰出代表。良好的家庭教育是眉山苏氏家族能够从一个名不见经传的普通家

三苏祠（李泽梅供图）

① 习近平：在2015年春节团拜会上的讲话. http://china.chinadaily.com.cn/2015-02/17/content_19614794.htm，中国日报中文网. 检索日期：2020年6月21日。

族发展成为流芳千古的文化世家的重要基础。

宋代王辟之在《渑水燕谈录》中说道："苏氏文章擅天下，目其文曰三苏。洵为老苏，轼为大苏，辙为小苏。"清人张鹏翮（hé）撰三苏祠门联曰："一门父子三词客，千古文章四大家。"盛晓文把苏氏家族家庭教育的原则与方法概括总结为：诗书传家远；奋厉，有当世志；因其才而成之；誉儿自是苏氏癖；严慈并举，以深爱而行精虑。把苏氏家庭教育的特色总结为：偏重文学浸染；重科举而不唯科举；强调亲授以书；注重读万卷书，行万里路；着意责任感的培养。[①] 马斗成认为，"宋代眉山苏氏家族以应时、得法、成功的家庭教育，围绕科举而展开（这也是宋代士大夫家族家庭教育的一般特点），从而培育出苏涣、苏轼、苏辙等进士及第、以文学政事通显的科宦族人，为苏氏家族在文学、仕途上的发展奠定了基础。因此、良好的家教是眉山苏氏家族得以振兴和发展的一项基本前提"[②]。

苏氏的教育观念与方法在苏洵的《名二子说》和《族谱亭记》中多有体现。在他的《名二子说》中，他曾告诫苏轼，担心他过分外显，不懂得掩饰自己，对苏辙则说我知道你能幸免于灾祸。父亲根据孩子的性格，准确地预言了两个儿子的未来，这表明苏洵对孩子的成长参与较多，对儿子的性情颇为了解。在此基础上苏洵用苏氏家训反复教导孩儿，也是他们健康成长的重要保障。

苏洵在《苏氏族谱》中写道："凡在此者，死必赴，冠、娶妻必告。少而孤，则老者字之；贫而无归，则富者收之。而不然者，族人之所共诮让也。"[③] 这是对同族之间加强联系的规定。文中他还对恶行进行了批判，他说某个人是乡里有名望的人，如果这个人扰乱了大家的风俗，诱惑人快速变坏，造成的祸害就会很深。自从这个人赶走他侄儿不养育，乡里的骨肉亲情就开始变薄；自从这个人多占先人的田地货物、欺负众多的孤儿，乡里孝悌的品行就开始稀缺；自从这个人被他的众多侄子状告，乡里的礼义大节就开始废弃；自从这个

① 盛晓文. 宋代眉山苏氏家族家庭教育研究[D]. 长春：东北师范大学，2014：Ⅰ.

② 马斗成. 宋代眉山苏氏的家庭教育[J]. 文史杂志，2005（6）：23.

③ 金锋. 唐宋八大家集　第7册[M]. 北京：九州出版社，2003：694.

人让他的妾位尊于发妻，乡里嫡庶的区别就开始混淆；自从这个人沉溺于声色并且和子女一起享乐，礼仪不庄重，闺门之禁就开始松懈；自从这个人贪财无厌、只认为富人好，礼义廉耻就开始不存在了。这六种行为，都是不应该出现的行为。这篇《族谱亭记》就刻在苏氏家族高祖的坟旁，目的就是时刻提醒后人为人之道。

宋代家族对母训十分看重，苏氏家族的成功与苏洵妻子程氏的悉心教导分不开。程氏系出名门，饱读诗书，性情温和，为人贤惠。苏洵早年落魄之时，她并没有向娘家请求帮助，而是自己织布纺纱补贴家用，为的是保全夫君颜面。苏轼有一次问他的母亲："我如果做范滂（pāng）[①]，您愿意吗？"母亲非常开心地回答他说："你若能做范滂，我怎么就不能做范滂的母亲呢？"有一次程氏在家中发现了前任房主藏的财物，便把它重新埋起来，并且不允许家中其他人挖掘，在程氏眼中不是自家的钱财，分文也不能取用。程氏品德高洁，善解人意，因此孩子们在她与苏洵的共同教育下都有巨大的成就。

二、新都杨氏清白传家

新都杨氏家族历来以清白传家，家族中最为著名的当属杨升庵。杨升庵（1488—1559），名慎，字用修，号升庵，四川新都（今成都市新都区）人，明朝著名的文学家，正德六年（1511）高中状元，后授翰林院修撰、经筵讲官。刚正不阿、为官清廉。明嘉靖三年（1524），因"大礼议"事件触怒嘉靖帝被终身流放云南永昌卫（今云南保山），嘉靖三十八年（1559），卒于云南戍所。杨升庵终身勤奋好学，涉猎百家，其诗、词及散曲创作水平很高，尤以《临江仙·滚滚长江东逝水》名扬于世。据统计，杨升庵生平著述达百余种，涉及文

① 范滂，东汉时期党人名士，因被举荐为孝廉、光禄四行，出任冀州请诏使，后调任光禄勋主事。后又被太尉黄琼征召任职。延熹九年（166），牢修诬陷指控"党人"结党，范滂获罪被关进黄门北寺狱，审判结束后释放回乡。建宁二年（169），汉灵帝刘宏又大批诛杀党人，范滂随即去监狱投案，英勇就义，享年33岁。

学、哲学、史学、地理、民俗等，均有较高的学术水平，后人辑为《升庵集》。

升庵生平馆（新都区纪委供图）

杨升庵的成功不仅源自个人努力，也源自杨氏的良好家风。杨氏一族历朝为官，清廉传家。杨升庵的曾祖父杨玫，曾任贵州永宁吏目，为人廉洁正直，拒绝接受当地官吏的贿赂，替百姓办好事，被传为佳话。杨升庵的祖父杨春，曾任行人司司正和湖广提学佥事。晚年辞官回新都办学，对家乡教育事业的发展做出了突出贡献。杨升庵中状元之时，亲朋好友送来道贺银两，杨春谢绝，并建议大家将礼银用来整修残破的城墙，整修完成后适逢盗贼袭击，新修整的城墙保护了黎明百姓的安全，为众人称道。“杨升庵的父亲杨廷和，效力于四朝皇帝，历任武宗、世宗两朝首辅，关注民生，改革弊政，反腐肃贪，颇有政绩。书香门第的杨氏家族人才辈出，杨升庵的三叔杨廷仪、次弟杨惇、从弟杨恂、子杨有仁，都是进士；二叔杨廷平、五叔杨廷宣、四弟杨忱、从弟杨恺，都是举人。其中杨廷宣工于诗赋，是当时著名的诗人和学者，著有《连云栈赋》，载入《全蜀艺文志》。深厚的家学渊源，成就了‘一门七进士，父亲宰相子状元’的一段佳话。”① 正是这种优良家风的浸润，才逐渐孕育出世代相传的家规家训。后人把杨升庵曾祖母熊氏留下的“家人重执业，家产重量出；家礼重敦伦，家法重教育”称为“四重”家训；把杨升庵流放云南前夕，借前人创作的《四足歌》称为“四足”家训；把杨升庵临终前对自己一生的评价“临利不敢先人，见义不敢后身”称为“临终”家训。

这些家训内容丰富，具体来讲包含以下几方面内涵。第一，注重实干。“家人重执业，家产重量出”，意思是说家人要做实事，家产要量入为出。杨氏家训要求子孙后代要守业尚勤，努力做事业，方可生财兴家；要崇尚节俭，量入为出，方可传承家产。第二，重视礼教。“家礼重敦伦，家法重教育”，意思是说治家的礼仪在于敦睦人伦，对父母要孝顺，夫妻关系要和睦，兄弟之间要友爱；治家的礼法在于重视教育，增长后人智识，提升族人才干。第三，提倡俭朴。《四足歌》中说道：“茅屋是吾居，休想华丽的。画栋的不久栖，雕梁的有坏期。只求他能遮能避风和雨。再休想高楼大厦，但得个不漏足矣。淡饭充吾饥，休想美味的。膏粱的不久吃，珍馐的有断时。只求他粗茶淡饭随时济。再休想鹅掌豚蹄，但得个不饥足矣。”意思是说用茅草盖的房屋是我的住处，其实不必过于华丽，不要老想着住高楼大厦，富丽堂皇的屋子也会有坏的时候，有一个能遮风避雨的住所便够了；粗茶淡饭能够让肚子不再挨饿，不要老想着吃美味的食物，能时时刻刻吃到这些粗茶淡饭就很好了，因为再精美、再珍奇的食物也有被吃完的一天。第四，讲求知足常乐。《四足歌》中讲：“丑妇是吾妻，休想美貌的。只求她温良恭俭敬姑嫜（zhāng）。再休想花容月色，但得个贤惠足矣。蠢子是吾儿，休想伶俐的。聪明的惹是非，刚强的把人欺。只求他安分守己寻生计。再休想英雄豪杰，但得个孝顺足矣。”意思是说妻子不必过于美貌，漂亮俊俏未必是好的事情，只希望她能够温和善良、谦恭节俭并且孝顺父母长辈；孩子也不必过于精明，有时候过于聪明和刚强也未必是好

① 佚名. 四川新都杨升庵：一曲诗词传天下“四重”“四足”教子孙. https://www.sohu.com/a/220665937_99914227，搜狐网. 检索时间：2020 年 6 月 21 日。

的事情，只希望他能够安分守己找到自己谋生的办法，孝顺长辈就足够了。第五，重情重义。杨升庵临终时以“临利不敢先人，见义不敢后身”评价自己的一生，同时告诫子孙重义轻利、见义勇为。

杨氏家族传承的“四重”“四足”“临终”家训以及清白家风文化不仅深刻影响着杨氏后人，也在天府文化中留下了浓墨重彩的一笔。新都人民在景仰杨氏家族清廉博学的儒雅门风的同时，也受这样优良家风潜移默化的影响。因此，在以杨升庵为代表的杨氏文化的影响下，新都成为以“状元故里”而闻名的书香之城。

三、龙泉钟氏耕读传家

龙泉驿区位于成都东部偏南、龙泉山脉中段，是成都向东发展的排头兵，素有“四时花不断，八节佳果香”的美誉。除了自然风光绮丽外，龙泉驿区还拥有历史悠久、颇具特色的地方文化，其独有的客家文化更是增添了天府文化的多样性。一个地方的文化是由这个地方的人和家庭在历史发展过程中创造的物质财富和精神财富凝结而成的，龙泉驿区客家人众多，其家风历经风雨，形成了耕读传家的优良传统。

柏合镇钟氏家族是龙泉驿区的知名世家，家族留下的钟家大瓦房，已成为柏合镇的著名景点。早在明代柏合镇就有一座古刹名叫“延寿寺”，寺内种植有一株连理古柏，后来便更名为“柏合寺”，小镇也因此命名。世代生活于柏合镇的钟氏家族的谱牒有记载：“清初，荣昌公由广东长东县（今五华县）龙岗禅定村（小地名铁路坝）直徙入川。后繁衍为六支，更立排行，延续至今。乾隆三十三年，因商致富，始建钟家祖屋。荣昌公生有六子，以后六子演变为六大房，依此修建了由七个单元构成的‘钟家大瓦房’。”①

钟氏家族是客家人，家族以“耕读为本”作为兴家之道。大瓦房中间悬挂

① 姚云书. 勤读诗书肇家声[N]. 成都日报，2016－09－12（16）.

钟氏祠堂（练忆茹供图）

的“琴墨堂”横匾堂铭，左右两侧是分别写有“勤读诗书肇家声”和“善振琴音绵世泽”的榜联，榜联讲的是“俞伯牙与钟子期”因琴结为生死之交的故事，传说钟子期便是钟氏家族的祖先。堂铭中的“琴”字就充分展示了这段动人故事的情与义。而“墨”字，则是指钟氏家族的另一位杰出人物钟繇。钟繇是曹魏时我国著名书法家，与东晋的“书圣”王羲之齐名。

钟氏家族注重祖训以及家风的传承，祭祀祖先的风俗延绵至今。直至今日，每年 4 月 5 日，来自全国的钟家后人尽可能齐聚大瓦房，按长幼排序，由族长主持，举行隆重的祭祖仪式，宣传家规、家法，同时公议族内大事。仪式结束后，子孙一同前往祭扫祖墓，教育子孙不能忘记先祖之恩，要铭记祖先定下的家族规矩。今天钟氏家族的传统祭祖仪式已经演变为客家联谊会，族人共同参与祭祀祖先，缅怀先辈德业，教育后辈热爱祖国、发扬美德。

四、金堂贺氏诗礼传家

被称为“东方黑格尔之父”的贺麟是中国著名的哲学家、哲学史家、黑格尔研究专家、教育家、翻译家，其出生于四川金堂县五凤镇杨柳沟村。贺氏家族为两晋名臣贺循之后，唐礼部侍郎、集贤学士贺知章之裔，康熙六十一年入川，居住生活于五凤镇，迄今近 300 年，传十四代。素以“儒中门第、诗礼传家”著称于世。

以“诗礼传家”为核心内容，贺氏家训造就了人文蔚然的盛况。贺麟正是倡导和践行这一家训的杰出代表。

贺氏家族严谨治学，要求族人对子女自小开始教育，至今在金堂县贺麟故居内还陈列着一块镌刻“锄经”二字的烫金木匾，木匾已有 200 余年历史，于

贺麟故居（唐璞妮供图）

1814 年 9 月贺麟先生太祖父贺景升 70 大寿时书写悬挂。“锄经”，典出西汉倪宽“带经而锄”，取其“耕读”之意。贺麟祖上教训极严，要求族人刻苦读书，严谨治学。贺麟祖父上过私塾，父亲贺松云是前清秀才，当过金堂中学校长，主持过乡县教育事业。承扬优良家风，贺麟从小就刻苦学习《朱子语类》和《传习录》等古典文本，家学渊源深厚。[①] 他小时候因为不好好背书学习而遭到爷爷的重罚，贺麟母亲不忍孩儿受罚，为其求情，也遭到训斥。2012 年，93 岁高龄的贺麟的四弟贺蕴章在回忆贺麟严格要求他时，还清楚地记得，他跟随贺麟在西南联大读书时，有一次吃饭，贺麟问他学习中的一个问题，他没回答好，贺麟当时就叫他到旁边站着，不许吃饭。

贺麟秉承齐家、治国、平天下的理念，立志刻苦读书。1919 年，贺麟考入清华学堂。在清华的 7 年间，贺麟得到大师梁启超、梁漱溟、吴宓的亲自教诲，学业大进。1926 年 7 月，贺麟从清华毕业，远渡重洋到美国奥柏林大学、哈佛大学，德国柏林大学攻读哲学，汇通中西，传播中国文化。贺麟回国后长期任教于北京大学哲学系，并在清华大学兼课，无论做人还是做学问，他都力行求真务实。他认为在思想、文化领域，现代不可与古代脱节。学术研究应打破中西新旧的界限，以实事求是为判断一切的标准，对各种学说要以批判的眼光看待，要追求真理。贺麟与同时代的优秀知识分子一样，执着书写知识人生，提倡学术建国，成就了近半个多世纪的精彩治学生涯。

贺氏家族爱国端志，近代家谱 20 条家训中，“爱国家、端志趣”的家训在贺麟身上得到了很好体现。贺麟一直探索从思想上、学术上来拯救中国，树立起为天地主心，为生民立命，为往圣继绝学，为万世开太平的远大志向。其论文《中国革命的哲学基础》其实是庆祝中国的北伐胜利的作品。“七七事变”爆发后，他写的《德国三大哲人处国难时的态度》在《大公报》上公开发表，极大地鼓舞了国人的斗志。抗日战争时期，贺麟发表了《抗战建国与学术建国》《儒家思想新开展》《乐观与悲观》《论人的使命》等一系列文章，主动承

① 代发君．贺麟与陈康：人生经历、思想共识与学术分歧[J]．连云港师范高等专科学校学报，2015，32（03）：89－93.

担起了学术救国的历史使命。贺麟担任北京大学训导长时，不顾个人安危，保释了很多青年学生。在北大建校 50 周年纪念会上，学生会送了贺麟一面绣有“青年的保姆”5 个大字锦旗，充分表达了学生对贺麟的敬仰和感激之情。新中国成立后，贺麟积极学习马克思主义，推进唯物论研究。1982 年，贺麟在 80 岁高龄时正式加入中国共产党。

贺氏家族简朴节俭，贺麟不仅传承家族刻苦读书、严谨治学的家风，在生活中也倡导节俭持家的家风。贺麟和夫人生活非常俭朴，家里都是书，没有一件名贵家具，没有一件豪华家电。贺麟的节俭存在于生活的点滴之中，他的言传身教在女儿贺美英的心里埋下了俭朴的种子。曾担任过清华大学党委书记、中央纪律检查委员会委员等职位的贺美英继承了优良家风，一生低调、朴素、节俭。

贺氏家族诗礼继世，贺氏不仅对族内子弟谆谆教诲，也改善了五凤镇乡民子弟读书条件，先后兴办了凤仪书院、安凤义塾和高小国民学校。1985 年，83 岁的贺麟回乡探亲，主要日程便是参观学校。贺麟当时全部存款仅 30000 元，他捐给淮口中学 20000 元、五凤小学 5000 元、五凤黄狮村小学 2000 元，用于资助和奖励学生。他认为无论贫富，只要心向学习、心向进步，就能学有所成。贺麟去世后，其侄孙发起募捐成立了贺麟基金会，继续贺家助学传统。

家庭是人生存发展的根基，家族的家风家训是个人成长成才道德标准，它弥补了法律法规不可穷极的精神追求。家训家规作为中华民族发展历程中一种独特的家族文化现象，有着深厚的历史渊源。[①] 家庭是人类的基石，一个家族的家风家训，为个人的成长提供了文化和道德的熏陶与标准，家训和家规作为家族对族人道德的规范，填补了法律法规无法完全涵盖的精神世界与内在涵养。家训家规作为中华民族发展历程中一种独特的文化现象，有着源远流长的历史和深厚的传统，在新形势下传承这些家规家训中的优秀部分对重拾家风、重振家风文化具有重大意义。

① 本报记者. 龙泉驿区家风故事[N]. 成都日报，2016—09—12 (16).

第二节
爱国情怀之美

天府之人向来爱国，从嫘祖、李冰到文翁都是为国为民操劳的忠义之士，然而年岁久远，留下的文字资料不多，难以清晰地刻画当时情景，众人耳熟能详又有详细史料记载的天府爱国人士当然须从诸葛孔明说起，他原本以布衣之身“躬耕于南阳”，自诩“苟全性命于乱世，不求闻达于诸侯”，被玄德三顾茅庐深深感动，出山相助，一生“鞠躬尽瘁，死而后已”，刘备薨（hōng）逝后，他更是“寝不安席，食不甘味。思惟北征”，最终积劳成疾，终于五丈原，称得上忠君爱国。唐宋八大家之一的眉州人苏轼也是著名的爱国诗人。他文辞汪洋恣肆，明白畅达，情感丰富。他关注个人小情小爱，对国家大事更是殚精竭虑。即使被贬黄州也时刻关注朝廷局势，从未想过作为一介罪臣应有所收敛。对于西夏战事，他极力主战，甚至上书请命，希望以戴罪之身上战场杀敌，将功折罪。由于残酷的党争，他的爱国之志没能实现，但他火热的爱国之心没有泯灭，即使身处逆境，也从不忘自己的使命与担当。所以才有了《江城子·密州出猎》中“老夫聊发少年狂，左牵黄，右擎苍，锦帽貂裘，千骑卷平冈。为报倾城随太守，亲射虎，看孙郎”“会挽雕弓如满月，西北望，射天狼”等豪气云天、踌躇满志的词句。客居成都的杜甫同样是一位著名的爱国诗人。他赞美爱国之人，所以写下了“三顾频烦天下计，两朝开济老臣心。出师未捷身先死，长使英雄泪满襟”；他是个爱国之人，时刻为长安城的破败感到伤心，所以写下了“国破山河在，城春草木深。感时花溅泪，恨别鸟惊心”；他为军队取得胜利感到无比兴奋，所以写下了“剑外忽传收蓟北，初闻涕泪满衣裳。却看妻子愁何在，漫卷诗书喜欲狂”。

古代天府之国的爱国之人、爱国之事、爱国之情十分令人感佩，然而当今的中华民族已是 56 个民族一家亲，过去民族之间、地区之间、帝王之间的争端早成过眼云烟，不必过多追忆。要说天府之人的爱国情怀还要从“敢为革命先”的保路运动说起。

一、保路血泪凝练不屈魂

清末甲午战争失败，八国联军侵华，中华大地一片狼藉，一系列丧权辱国条约的签订成了中国人民背上的一座座大山，国家和民族的未来走到了十字路口，何去何从将由人民做出选择。不变则亡，清末也有过新政的挣扎，也希望国家、民族和家族的荣光能够继续。

这时蒙古人锡良被派往蜀地任总督。锡良是镶蓝旗人，同治十三年考中进士，他主政四川后推行新政，首推经济变革，变革的焦点主要集中在川汉铁路的修筑上。他认为川汉铁路关乎全国大局，必须抓紧修建。在以留日学生为主的进步知识分子和部分开明官员绅士的提倡下，他与湖广总督张之洞一起向朝廷提出了修筑川汉铁路的建议。

川汉铁路东起汉口，经宜昌、重庆、内江、资阳到成都，设计总长度 1980 千米，铁路修筑于崇山峻岭之间，又经过喀斯特地貌地区，山体内溶洞遍布，暗河纵横，是修筑难度极大的一条铁路，需要耗费大量的人力、物力、财力才能修成。“蜀道之难，难于上青天”的古语一直束缚着物产丰腴的四川的发展，蜀中群众如盼孩子长大一般盼着这条铁路的修成，希望铁路能给他们带来更好的生活。修筑川汉铁路需要至少 7000 万两白银，而四川财政实力不强，政府自己出钱修筑的想法很难实现。锡良决定运用集资修路的办法，他借鉴外国案例，开了国人自己集资修铁路的先河，1904 年在成都岳府街成立了川汉铁路公司，公司开办至第二年改为官商合办性质。在 1907 年又完全变为商办有限公司。公司采用了“田亩加赋”以及抽收“租股”为主的集股方式。想法虽好，然而清政府已腐败成风，一些朝廷大员为谋求私利，把亲戚裙带安插在川汉铁路公司的重要位置，造成了公司人浮于事、遇事推诿，甚至出现了营私舞弊、中饱私囊的情况。而锡良本人巧妇难为无米之炊，为了推新政、练新兵拆东墙补西墙，把修路的钱挪作它用。出于钱生钱的想法，他谋划举办铜元制造局，然而铜元制造局因管理不善无疾而终。如此一来，绅商抗议，民众抗议，学生抗议，政要抗议，锡良四川新政府摇摇欲坠。为了平息民愤，政府不得不以调锡良离开四川来挽救川汉铁路公司的信任危机，并于 1907 年对川汉铁路公司进行彻底改制，改为商办公司。

接任锡良的是他的亲信赵尔丰的兄长赵尔巽（xùn）。赵尔巽在众人的推动下，较为成功地完成了川汉铁路的前期勘测工作，并请李稷（jì）勋统筹谋划，由詹天佑等担任工程师，在几万筑路大军的共同努力下，正式开始了修路工作。而匆忙上马的川汉铁路公司内部不仅缺乏成熟运行的现代管理制度，而且没有有魄力、有能力，又真心为民的管理者。公司内部推诿扯皮，贪污成风。谋划八年，宜昌至万县段才破土，更让四川人民气愤的是，铁路路基只修了不到 50 千米，用于修路的股金竟然已经花了 400 多万，群众的血汗钱绝大多数被无良官吏侵吞贪污。

1910 年上海爆发了震惊全国的橡皮股灾案，川汉铁路公司高层在上海倒款，200 多万两筑路股金被亏空。随着倒款案曝光，群众对川汉铁路公司的忍耐度和信任度跌至极限。

实际上民众自愿购买的股金占川汉铁路公司巨额股金的不足 20%，超过 80%的股金是普通百姓被迫缴纳的土地租股，因此股金亏空案和贪污案牵动的是数万万四川人民的心。

亏空的钱银四川省政府无力给付，清中央政府也不愿拿现银兑付广大股民。这时，中央邮传部大臣盛宣怀伙同摄政王载沣等人一纸公文将川汉铁路公司收归国有，公文规定宣统三年（1911）前所有集股商办的铁路干线必须由国

辛亥秋保路死事纪念碑（练忆茹供图）

家收回。公文颁布后，清政府立马与法、德、美、英四国银行团签订借款合同，借款总额达六百万英镑，公开出卖了粤汉、川汉铁路的修筑权。这一举动大大伤害了四川绅商与股民的利益，他们怒斥清廷祸国殃民、引狼入室，并打着为股民保路保款的旗号与政府展开了一场殊死较量。保路运动的发展大致可以分为三个阶段：

第一阶段是上书朝廷阶段。铁路国有政策遭到川人反对，在以蒲殿俊为代表的立宪派人士的推动下，成立了保路同志会，同志会成员奔赴各处宣传主张，上京请愿，但却未能如愿。清政府严厉批评了四川督府，保路人士通过正当渠道向中央政府表达意愿的想法落空。

第二阶段是“四罢”请愿阶段。非激进手段失败之后，川省保路同志会与革命党合作，引导群众实施了罢市、罢课、罢工、罢耕的“四罢”活动，活动使得原本商业发达的成都成了“将死之城”。因此，清政府对时任四川总督赵尔丰十分不满，为平息朝廷怒火，赵尔丰立马组织市场开市、学校复课、工厂复工、农民复耕，但收效不大。顶不住压力的赵尔丰向朝廷上书：希望川汉铁路能够重回商办。清中央政府丝毫不让步。借此机会，保路同志会带领农民不纳捐、不纳粮。

第三阶段是“成都血案”阶段。紧要关头，端方带兵入川，企图撺掇赵尔丰四川总督之位，革命党也借机鼓动造反。赵尔丰却误以为立宪派人士要造反，立马下令逮捕蒲殿俊、张澜、罗纶、邓孝可等立宪派代表人士。赵尔丰的无理行为激怒了成都人民，广大市民强烈要求释放被捕的蒲殿俊等人。然而赵尔丰竟然下令开枪屠杀手无寸铁的无辜请愿者，制造了震惊全国的“成都血案”。革命党人制作写有成都血案情况的小木牌投入江中，将起义的信号传遍四川。听到如此残忍的案件，全川股民、进步学生、立宪派人士等全体揭竿而起围攻成都府。

事件发展至此已成为一场战争，端方等人带领湖北新军进川平乱，致使湖北兵力空虚，革命党人趁机在武昌举行起义。至此，原本限于小区域的保路爱国运动演变成了全国范围内的武装反清革命运动。保路运动直接导致了辛亥革命的提前爆发，致使中国2000多年的封建统治土崩瓦解。辛亥革命的领导者孙中山先生认为，如果没有四川保路同志会的起义，武昌革命可能会推迟一年半载，因此他称保路运动是“引起中华革命先”。

天府人的爱国情怀无处不在，根植于人民的内心深处，彰显了四川人民不屈、勇敢、耿直、刚毅、不怕牺牲的个性特点。不论是共产党、国民党，还是无党派人士，爱国之情不因其政治信仰的不同而有所改变。抗战时期国共两党合作抗日，四川军民在万般困难之下，依旧雄赳赳、气昂昂抗战杀敌，百万川军出川，百万农工出役以及大后方无私无畏地鼎力相助，在我国抗战史上写下了浓墨重彩的一笔。

二、川军热血铸就钢铁志

全面抗战后，民族危难立于眼前，刘湘等川内军阀发扬团结一致的爱国主义精神，停止军阀混战，一致对外，主动请缨，出川抗日。在 1937 年 8 月 7 日国防会议上，刘湘痛陈时弊，慷慨陈词，他认为日军才是当下中国最需要解决的问题。并表明了自己不支持内战的观点，希望各方联合，共同抗日。他感言为过去所打的内战感到脸上无光，并且提出如果川军出川抗日，他可以提供 30 万成建制的军队，大后方还可以提供壮丁 500 万人，粮食千万石。1937 年 8 月 26 日，他以四川省主席的名义发表了《告川康军民书》。文中他动情地说到，中国人民为了自身生存，必须要积极抵抗。卢沟桥事变之后，中国逐步建立起抗日民族统一战线，而日本还在继续蚕食我国领土，华北沦陷，长江流域岌岌可危。前方的战士奋不顾身与敌人殊死作战，后方人民也是万众一心积极后援。战事已经到了生死攸关的时候，全体国人必须同仇敌忾，才有可能改变战争颓势，把日本人驱逐出我国国境，实现民族独立、人民自由。而四川处于山川险要、气候宜人、河道纵横之地，人口众多，物产丰富，自古以来就是中国的大后方，在大战面前理应挺身而出，尽一份责任。刘湘希望四川军民万众一心，上下共济，把身家性命抛诸脑后，即使赤手空拳也要与日军一搏，全心抗日。

川军抗日阵亡将士纪念碑（祁祁供图）

1937 年 9 月 1 日，在统帅的支持与鼓励下，川军踏上抗战征程。当日成都少城公园人声鼎沸，举行了四川省各界民众送出川抗敌将士大会。川军高级将领刘湘、邓锡侯、孙震等悉数到场。欢送会上大学、商会、妇女会等各界向川军赠送锦旗。在老乡们热情的呼喊声中，川军开赴抗日战场。出发的川军大致分两路：一路是邓锡侯率领的 22 集团军，一路向北，徒步经陕西宝鸡、西安到山西前线；一路是刘湘的 23 集团军，经重庆出川，走水路到达南京前线。此外，杨森的 20 军、郭汝栋的 43 军、李家钰的 47 军分别从贵州、西昌等地出发。当时川军从地方军阀部队改编而来，装备极差，20％的步枪为汉阳造，80％的步枪为川造；部分军队一个师才一二十挺机关枪，缺乏大炮、迫击炮。北上部队穿草鞋、背斗笠，挎大刀和步枪，不少士兵随身携带烟杆，因此川军被嘲笑为“双枪部队”“草鞋兵”。但川军在战斗中表现英勇，打下了一场又一场振奋人心的战役。其中最为著名的就是滕县保卫战和淞沪会战。

参与滕县保卫战的川军 1937 年 9 月出川，到山西已经是秋季，而川军依旧着单衣、草鞋。刚到前线的川军立足未稳，太原失守，且战且退，部队残破不堪。看晋军撤退后留下无人看守的仓库，川军遂自行补充装备和军需，却被阎锡山告至军委会，并表示第二战区不欢迎川军。川军出川抗战军备不齐，且初战告负，同时还面临被阎锡山赶出战区的尴尬境地。川军内部极不服气，辗转之下，部队被第五战区司令长官李宗仁收留。李宗仁不仅没有歧视川军，还尽力补充装备和军需。这让川军感受到尊重，川军将士发誓要打好仗回报李宗仁，同时为父老乡亲争气。1938 年 1 月，徐州会战打响，日军意欲会师台儿庄，打开通往徐州的大门。驻守滕县的川军被要求阻止日军南下，为国军调集军队反击赢得时间。当时川军 22 集团军 45 军 127 师及 124 师一个旅在滕县北为第一线，41 军 122 师师长王铭章为 41 军第二线。3 月 14 日，万余日军配备 20 余门坦克，在坦克、飞机配合下，猛攻川军阵地，127 师死伤极为惨重。3 月 16 日开始，日军重炮进攻滕县县城，飞机狂轰滥炸，川军以落后的武器与日军激战。战至 17 日，日军每分钟向城里发射 15 发炮弹，全城皆成焦土。适时新都人王铭章师长在十字路口指挥作战，发誓要城存与存，城亡与亡。虽弹尽援绝，但他抱定必死之心与城共亡，最终在激战中中数弹身亡。国民政府追赠王铭章为陆军上将，成为中国军方在抗日战争中牺牲的著名将领之一。王铭章牺牲后，其余守城官兵继续坚持与日军搏斗，一直到 18 日中午前，滕县才完全落入敌手。守城川军几乎全部阵亡。滕县保卫战成功地阻滞了向南侵略徐州的日军，奠定台儿庄大捷的基础。

参与淞沪会战的杨森部队 1937 年 9 月从贵州出川后，每天步行 100 多里山路，徒步走到湖南辰溪上船，辗转到长沙转坐火车，于10月12日到达上海前线。淞沪会战是中日军队的大对决，当时的淞沪战场，日军集结超过20万人，中国投入70多万人，包括中国最精锐的德械师。打这一仗，中国一方面想振奋民心，另一方面想引起国际社会的关注，同时也想为大量的机构、学校、工厂等内迁赢得宝贵的时间。会战最激烈的时候一天要消耗一个师，在激烈的会战中，远道而来的川军顾不上休整，迅速投入桥亭宅、顾悟寺、蕴藻浜、陈家行一带的作战。从10月15日黄昏到17日凌晨，装备落后的川军向文彬团经过反复冲杀与日军肉搏，收复桥亭宅、顾悟寺阵地。部队付出了惨重的代价，全团士兵仅剩120余人。同时，20军的林相侯团也与日军在蕴藻浜展开了血战。日军凭借飞机大炮的优势，发动猛烈进攻，团长林相侯中弹牺牲。20军在淞沪战场的陈家行、桥亭宅一带与日军激战7个昼夜，伤亡达到7000多人，部队只剩下5000多人。川军的血战让人刮目相看，杨森因此升任27集团军军长，部队也得到大量的补给，从一支被人看不起的杂牌军变成了抗日的主力军。在20军下撤时，川军43军还在淞沪战场血战，日军凭借强大的火力进攻及多军种联合作战的优势，对43军26师阵地发起猛攻，川军牺牲极大。解固基团长勉励部下要为国捐躯，最终解团长在激战中中炮牺牲。43军与日军奋战了7天7夜，4名团长2名阵亡，14名营长13人伤亡，最后43军26师仅剩600余人。在1938年的武汉国防会议上，蒋介石称赞43军26师为战绩最好的5个师之一。

在抗战前线川军将士无畏牺牲，视死如归的英雄气概震慑四方，不论是川军将领还是普通战士都令人敬佩。川军统帅刘湘就是其中的典型代表，30万川军集结完毕后，刘湘即飞往汉口，飞奔南京，向中央表达了战斗愿望。身体不好的刘湘即使是在病榻，依旧担任第七司令部的司令指挥前线战斗。南京沦陷后，刘湘自感有辱使命，病体每况愈下，弥留之际留下遗嘱："余此次奉命出川抗日，志在躬赴前敌，为民族争生存，为四川争光荣，以尽军人之天职。不意宿病复发，未竟所愿。今后惟希我全国军民，在中央政府及最高领袖蒋委员长领导之下，继续抗战到底。尤望我川中袍泽，一本此志，始终不渝。即敌军一日不退出国境，川军则一日誓不还乡！以争取抗战最后之胜利，以求达我中华民族独立自由之目的！此嘱。”①

走到人生的最后他也没有考虑家人，没有考虑蜀中安排，没有考虑与蒋介石之嫌隙，一心只想全国军民能够万众一心，同仇敌忾，将日军赶出国境。这是一个将军应有的气魄与胸怀，更是一个川军统帅应有的大爱与无私。

除统帅刘湘之外，川军中高级将领中也有不少热血男儿。还有一位李家钰将军，他与张自忠是整个抗日战争中牺牲的两名集团军总司令。他认为男儿应当为国而战，为国捐躯，抗战爆发后，李家钰便主动通电请缨杀敌，1937 年 9 月初，他率 47 军从西昌出发，行程 4000 余千米，12 月抵达山西前线。1938 年初，李家钰率部队在长治、东阳关一带同装备精良的日军 108 师奋战九天九夜，牺牲高达 7000 人，当时就连日军也对英勇战死的川军脱帽致敬。在山西期间，李家钰与八路军关系融洽，主动向八路军学习打游击战的方法。47 军在山西屡立战功，杀伤敌人近万人。1939 年冬天，李家钰荣升 36 集团军总司令，随后率部驻防河南陕县、渑池一带。李家钰的部队军纪严明，不扰民众，经常为当地老百姓放电影。据幸存的司令部译电员黄开仁回忆，1942 年河南新安古村爆发蝗灾，李家钰命令驻守此地的全军官兵节约口粮，帮助百姓渡过难关。1944 年 4 月，日军发起“豫中会战”，日军首先击破了汤恩伯的 4 个集团军，第一战区司令蒋鼎文弃洛阳而逃，数十万部队顿失指挥，纷纷撤退。为掩护友军后撤，李家钰随即以 104 师吴长林团在云梦山，178 师 532 彭仕复团在铁门以南地带围阻日军，为部队撤退赢得了时间。阻敌一天一夜后，两主力团伤亡惨重。5 月 17 日，一路撤退的部队到达翟涯，陷入混乱。混乱中将领们一致推举李家钰为总指挥，并请他指挥有序撤退。李家钰慨然允诺承担最危险的断后职责，撤至新安以南四面受敌。5 月 21 日中午，李家钰在陕县秦家坡陷入日军伏击圈，头部、胸部连中数弹，将星陨落。其随从少将处长萧孝泽，少将高参陈绍堂等 200 余名官兵几乎全部壮烈殉国。

抗战时期，川军除了有英勇的将领还有数以百万计的英勇士兵。有好些感人至深的故事，是那么凄美，那么壮美，那么令人肃然起敬。一名名叫王建堂

① 郑光路. 被遗忘的抗战史 四川大抗战[M]. 成都：四川人民出版社，2013：159.

的士兵与他父亲之间故事就异常鼓舞人心。王建堂是四川安县的小伙子，节节败退的战况令他坐立不安。他在镇里镇外来回奔忙，和百十个志同道合的年轻人一起向县长提出要出川抗日，请缨杀敌，并自行组建了“川西北青年请缨杀敌队”。县长立马上报此事，并将其名改为“安县特征义勇队”，纳入“特征”任务。队伍出发前，王建堂的父亲王者诚寄来一份包裹，包裹里是一块白布做成的旗帜，旗的正中写着一个硕大的苍劲有力的“死”字，“死”字的右边写道：“我不愿你在我近前尽孝；只愿你在民族上分上尽忠。”左边写道：“国难当头，日寇狰狞，国家兴亡，匹夫有责，本欲服役，奈过年龄，幸吾有子，自觉请缨，赐旗一面，时刻随身，伤时拭血，死后裹身，勇往直前，勿忘本分。”很难想象这位年迈的父亲是在怎样壮怀激情下写下一面如此决绝的“死”字旗，写下这面旗帜时他没有想过儿子还能活着回来，然而老父亲并未有丝毫犹豫，忠孝两全之间，父亲一定无数次告诉儿子要首先忠于国家，如此大爱，如此豪情出自一位四川普通老农，着实令人叹服。这样的父亲和儿子在全军将士中比比皆是，否则也不可能为这个装备极差的杂牌军赢得“无川不成军”的美誉。

“无川不成军”的美誉既来自战士们的英勇善战与巨大牺牲，也源自大后方的鼎力支持与无私奉献。抗战期间，四川出兵最多，出兵总计 340 万人，征兵数量占全国 20%以上。在正面战场上，抗日军队每五六人中就有一个四川人，以当时四川总人口数计算，平均每 17 个四川人中就有一人上前线。

抗战期间，川军将士北出剑门，东越巫峡，转战 7 万里，足迹遍及大江南北 13 个省市，参加了中国战场抗击日军的 28 个大型会战、战役，守卫全部前线战场 1/5 的国土。伤亡、失踪 64. 6 万余人，其参战人数之多，牺牲之惨烈，位居全国之首。抗战期间，全国大部分省市沦陷，四川成为政府财政开支的重要来源，抗战期间国民政府总支出为 14640 余亿元（法币），四川负担约 4400 亿元，占 30%以上。物资支援，征收谷物占全国总量的 1/3。为了保障抗日军粮的供应，四川人民节衣缩食，交纳沉重的田赋。从 1941 年至 1945 年，四川田赋共征收谷物 8404 万石，占全国征收谷物总量的 1/3 以上。抗战全面爆发后，沿海产盐区相继沦陷，食盐紧张，作为川盐主产区的自贡，1937

年至 1941 年间共增产 200 万担，外调满足湘鄂等省的食盐需要。四川各地的工厂加紧生产，为抗日前线提供了大量的武器弹药、服装和其他各种物资。四川各地还开展了各种捐献活动，为抗战捐钱、捐衣、捐飞机，为支撑抗战取得最后胜利提供了重要的物质保障。1938 年 12 月，由重庆各界义卖委员会和《新华日报》倡导各界举行义卖，并将义卖货款交给政府，支援前线。到 1939 年 3 月中旬，各界义卖收入已达 500 万元。1938 年 12 月，成都各界也在全市广泛开展义卖活动，为抗战筹集现金。次年发动全市体育、文艺工作者积极组织义赛、义演活动，所得门票收入，转汇前线。此后，全川各地出现持续不断的献金热潮。广大工农群众也踊跃捐献，女佣杨妈妈把历年积蓄 50 元，全部送交赈济委员会。有的人力车夫捐出自己一天所得收入，宁愿忍饥挨饿。大竹县范楠煊（川军将领）将在重庆的一份产业变卖现金 20 万元，购买飞机一架捐给政府抗战。四川先后接纳和安置国民政府和国民党中央各类机关 57 个，各级公务人员 5000 人，迁川高校 48 所，师生 20000 多人，还有成千上万来川的受灾群众。出力最多，为了保障抗战运输通畅，四川动员 250 万民工抢修川陕、川黔、川滇、川湘四条公路干线，新建扩建空军基地 33 处。1943 年 12 月，四川动员 29 个县的 50 万民工，仅用半年时间抢修出新津、邛崃、彭山、广汉 4 个战略轰炸机场和 5 个驱逐机机场，这些机场立即在抗战中派上用场。1944 年 6 月中旬至年底，美国 B29 轰炸机群从成都平原各机场起飞，共对日本本土和日本占领地投弹 3626 吨。轰炸频扰，为了摧毁大后方，四川曾遭遇日军疯狂轰炸。成都前后遭受日机轰炸 6 年，主要集中在 1939 年至 1941 年，确凿记载的有 22 次，受轰炸频率和强度仅次于当时的陪都重庆。据官方统计，1938 至 1944 年的 7 年间，日本侵略者至少出动飞机 7380 架次以上，对四川的 66 个市、县进行了至少 321 天的战略轰炸和扫射，投下的炸弹至少有 26826 枚。四川民众被炸死 22500 余人，炸伤 26000 余人。仅对 58 个市县的统计，大轰炸就造成了民众财产损失至少在 1500 亿元以上，尚不包括全省公有财产的损失。1937 年 7 月 7 日，中国共产党发起的“四川省各界抗敌后援会”成立。从此，全川抗日救亡运动有了统一的合法的领导机构。1937 年 7 月至 8 月，“重庆各界抗敌后援会”“重庆青年职业互助会”“重庆妇女救国会”

先后成立。9 月，“成都工人抗敌工作团”“四川青年救国会”和“四川妇女抗敌后援会”于成都成立。重庆、温江、绵阳、万县、达县、宜宾、泸州等地，也举行了规模盛大的群众大会，呼吁人民团结起来抗击日本侵略者。据统计，全省约有 120 个市县先后建立抗日救亡组织。①

为感谢四川军民在抗战过程中的卓著功勋，1945 年 10 月 8 日，中国共产党机关报《新华日报》发表社论《感谢四川人民》。文中对四川军民对抗战的贡献大加赞赏，写道：“在八年抗战之中，这个历史上最大规模的民族战争之大后方的主要基地，就是四川。自武汉失守以后，四川成了正面战场的政治军事财政经济的中心，随着正面战线内移的军民同胞，大半居于斯、食于斯、吃苦于斯、发财亦于斯。现在抗战结束了，我们想到四川人民，真不能不由衷地表示感激。”②

三、暗战玫瑰展现坚毅心

抗战期间国共两党既有合作，又有斗争，这一时期中共隐蔽战线涌现出了一批大爱无私，为党为国为民牺牲小我的“潜伏者”。他们有的为完成任务背负了“卖国贼”的污名，有的成了人们口中的“负心汉”“交际花”，有的不顾家中老小隐姓埋名默默奉献。情报战线是一条非常隐蔽，又十分重要的地下战线。工作危险性极高，对党性的要求也极强，非一般人能够胜任。然而依然有无数天府义士，不畏艰险，走上了这样一条极少人走的路，展现了天府人内心坚毅的信仰之美，崇州人张露萍就是其中的典型代表。

壮志未酬身已终，快乐岭上女英雄，阳朗入夜敌难寝，怒气何时

① 张舒．感谢四川人民鲜血和汗水洒满了战场[N]．成都商报，2014－09－02（15）．
② 感谢四川人民[N]．新华日报，1945－10－08．

去蜀中。[1]

——这是张露萍的战友，四川省人民政府参事室参事孙壶东先生在狱中为张露萍写下的悼亡诗，诗中佩服之情溢于言表。

少年赴陕，献身革命。受命返渝，虎穴栖身。智斗顽敌，戴笠震惊。

狱中再战，威慑敌营。一代英烈，肝胆照人。立石为证，长志艰辛。[2]

——这是《红岩》中“疯老头”华子良的原型韩子栋老人怀着极大的欣慰之情在重庆歌乐山烈士陵园张露萍纪念碑上撰写的碑文。

这些赞美的诗歌都写给了同一个人，她是隐蔽战线的一枝玫瑰，16 岁受同学、前辈影响奔赴延安，加入中国共产党，先后就读于陕北工学和抗日军政大学，18 岁新婚伊始就撇下丈夫到重庆从事地下工作，24 岁牺牲于息烽监狱。她少女时立志救国，青春期活泼却不任性，在隐蔽战线默默工作，参与领导了震惊国民党内的“军统电台案”，她任支部书记的地下党支部像是一柄出鞘的利剑，插入了敌人最重要最机密的国民党军统电讯总台，他们发出了一串串永不消逝的电波，时时刻刻为中共传递着重大情报。身份暴露后的她在狱中坚贞不屈，即便军统特务头子戴笠百般折磨依旧无法撬开这个小女孩的嘴。

是怎样的革命洗礼让一个年纪轻轻的女孩在严刑逼供下坚毅地守着革命理想？回望历史，这一切便有了清晰的答案。1921 年 7 月 3 日，张露萍出生于北京，是四川崇庆县军官余安民与北师大女大学生黎丽华的女儿，母亲为她取名“余薇娜”。然而 6 岁前的余薇娜从未见过父亲，直到 6 岁父亲才派人把他

---

① 余怡，蒋世元. 永恒的丰碑 红岩英侠——张露萍[M]. 成都：四川美术出版社，2011：83.

② 余怡，蒋世元. 永恒的丰碑 红岩英侠——张露萍[M]. 成都：四川美术出版社，2011：85.

们接回老家。回川之后黎丽华发现自己并非余安民唯一的夫人。有着新思想的黎丽华不肯接受封建婚姻，在 1927 年赴香港治病后，远赴英国求学，在英国成立新家。余薇娜一下子成了父亲被人抛弃的证据。生气的父亲要她叫三姨太的父母为伯伯、妈妈，并改名“余家英”，且不能在外人面前叫他爸爸，一下子她成了父亲三姨太的妹妹。

虽然余安民不愿承认女儿，但还是在生活上给予了她很好的照顾。从小接受新式教育的她，逐渐有了自己的思想和朋友。1935 年再次被父亲改名“余硕卿”的余家英到成都建国中学上初中，并在学校结识了车崇英、杨梦萍、周玉斌等好友。好友车崇英的父亲车耀先正是中国共产党在成都的重要人物，川康特委军委委员。车耀先以经营努力餐为掩护，从事地下工作，通过车崇英与车耀先取得联系的余硕卿很快走上了革命的道路。她在自己 15 岁生日照片的背后写下了“前程是天上的云霞；人生是海里的浪花；卿，莫徘徊，趁这黄金的年代，努力向着你的前途，发出你灿烂的光华！”① 从文字中可以深切地感受到小小身体里超大的力量，这是一种时代赋予的责任感与使命感。见余硕卿对抗战及革命充满热忱，车耀先将成都学联委员肖玲介绍给余硕卿，在肖玲的带领下，她参加了各种抗日救亡运动。1937 年，不满 16 岁的余硕卿加入了中国共产党的外围组织——中华民族解放先锋队。

频繁参加抗日救亡运动的余硕卿引起了校方的注意，校方严肃批评她“不务正业”，然而此时的余硕卿已经暗下决心要为国家和民族的未来尽一份自己的力量。于是，在她 16 岁生日照片的背面她写下了“她有健全的身体，有高尚的理想，更有洁白的身心、坚决的意志；挺着胸膛去应付未来的难关；压平路上的崎岖；碾碎前面的艰难；冲破人间的黑暗！”② 在 24 年短暂的生命里她用实际行动诠释了 16 岁时立下的誓言。“七七事变”爆发后全面抗战开始，此时的余硕卿已到蜀华中学读高一，父亲余安民想让余硕卿与重庆市吴市长的公

① 余怡，蒋世元. 永恒的丰碑 红岩英侠——张露萍[M]. 成都：四川美术出版社，2011：14.

② 余怡，蒋世元. 永恒的丰碑 红岩英侠——张露萍[M]. 成都：四川美术出版社，2011：19.

子、中央大学的高才生订婚。心中装满国家兴亡的余硕卿怎可能甘愿成为一个受父亲摆布的洋娃娃，于是断然决定去延安实现理想。

经过百般辛苦，余硕卿于 1938 年 2 月 3 日来到延安，并改名“黎琳”。一到延安，黎琳就感受到了延安的热情，一个原名“陈宝琦”，后改名“李清”的抗大男生为他拿行李，一来一往两人熟络起来，后来两人在延安结成了夫妻。1938 年 10 月，年仅 17 岁的黎琳加入中国共产党。1939 年，黎琳抗大结业后因表现突出，被派往军委通讯学校学习，准备结业后到前线从事战地通讯工作。然而革命形势风起云涌，抗战期间建立起的国共合作关系随着战争形势的不断发展愈发脆弱。中国共产党不得不面临对外抗日，对内与国民党特务做周旋的局面。在蒋介石发动第一次反共高潮之后，中央军委为阻止国民党的进一步分裂活动，决定对坚持抗战的国民党军队开展统战工作。

鉴于黎琳与川军将领余安民的特殊关系，组织便派其前往重庆从事统战工作，然而此时的黎琳刚刚结婚 1 个月。一路劳累，黎琳先回到成都，此时她发现自己有孕在身，而残酷的现实不允许她有一个孩子，于是她只得到医院做了人流手术。一切就绪后黎琳到达重庆，原本叶剑英同志打算让她做余安民的统战工作。然而情况有变，组织准备交给她一项更为危险，也更为重要的工作，黎琳欣然接受。

此时，在国民党军统电讯处有两名共产党员——冯传庆和张蔚林，当时的重庆笼罩在白色恐怖之中，他们二人身居要位，身份敏感不便与共产党接触。年轻、洋气、美貌而有学识的黎琳特别适合扮演大城市来的张蔚林的妹妹，于是黎琳改名“张露萍”，在重庆乔装扮演起了张蔚林的妹妹，并成功地打入国民党军统电讯处。就这样，年仅 18 岁的张露萍肩负起在敌人内部搜集情报和发展党员的重要使命。最终张露萍在军统内部发展了一个 7 人小组，分别是：张露萍、张蔚林、冯传庆、杨光、陈国柱、赵力耕、王锡珍。7 人多次在军统局为共产党搜集重要情报与重要电台密码。1939 年秋至 1940 年春，张露萍领导的地下党支部多次截获军统重庆电讯总台的波长、呼号、密码、图表，以及军统在中国各地布设的秘密电台位置。有一次，地下支部从戴笠发给胡宗南的密电中获悉：军统预备派一个配备美国小型电台的“3 人小组”借道胡宗南防区到陕甘宁边区搜取情报，地下支部将此消息告诉给南方局，结果计划周密的“3人小组”一踏入边区便被抓获。1940年4月，国民党军统特务发现了位于天官府街14号的中共地下联络站，并打算采取放长线钓大鱼的手段抓捕更多共产党人。情况紧急，张露萍只能自行前往报信。军统“钓大鱼”计划落空，戴笠认为军统内部极有可能出了奸细，便开展了大规模的审查工作。

之后7人小组被查出，蒋介石认为戴笠无能，并对其严厉批评。戴笠便亲自出马审问张露萍，却无功而返。戴笠不肯罢休，想了各种办法威逼利诱，而张露萍却一口咬定自己原名余慧琳，是川军将领余安民的私生女，逃婚去的延安，怕辛苦跑回重庆，与张蔚林有爱人关系。

为了以张露萍为诱饵抓捕其他共产党人，同时也坐实她共产党的身份，国民党特务佯装释放张露萍，希望她与中国共产党重庆方面联系。然而聪慧的张露萍觉察出了其中的阴谋，她昂首走过了中共中央驻重庆办事处“周公馆”的大门，保护了党的组织，同时也放弃了自己生的机会。

再次被捕的张露萍被关押在重庆歌乐山白公馆。1941年初，蒋介石发起第二次反共高潮，各界痛心，舆论压力向蒋介石滚滚而来。为了掩盖罪行，张露萍及其支部成员被秘密转移至贵州息烽监狱。息烽监狱由国民党特务机关把持，专门关押“政治犯”。蒋介石为了向西方作秀，把囚犯称为“修养人”，看守称作“管理员”，牢房则以“忠、孝、仁、爱、信义、和平”命名。张露萍就是被关在义斋2室的“253”号，和著名的“小萝卜头”“监狱之花”关在一起。他们称张露萍为“253号妈妈”。狱中张露萍遇到了引领她走上革命道路的车耀先，找到了“娘家人”，压抑的情绪终于得到疏解，她加入了中共狱中党支部，从事狱中革命工作，主要任务是：“一、利用敌人提供的‘狱政革新’计划，积极参加各种活动，利用这些活动加强难友之间的联系，开展狱中革命宣传；二、团结难友，要求改善生活待遇，以便在局势好转时争取出狱；三、争取阅读书报的权利，了解国内外战争局势的变化，保持清醒的革命警觉；四、跟叛徒、变节分子、动摇分子作斗争；五、尽量跟外界取得联系，让党了解狱中情况，进行援救或里应外合，举行暴动。”①

在狱中党支部的洗礼下，张露萍原本就坚定的信仰更加坚不可摧。当狱中头目周养浩对她轻薄无礼时，她勇敢地扇了他几记大耳刮子，这一举动在狱中引起轰动，狱友们对不屈的“253 号”敬佩不已。然而就在 1945 年 7 月，反法西斯战争胜利前夜，蒋介石亲自下令处决了张露萍等 7 人。7 月 14 日，刚满 24 岁的张露萍被狱卒叫出去，她预感到了生命的结束，便让狱友帮她梳妆打扮，并把自己东西分送给狱友，以美丽而无畏的姿态敞亮亮地走向了生命的末尾……

这一刻，她的狱友在狱中刻下了“253. 1945. 7. 14”。

爱国情怀是一个国家的火种，是中华民族伟大民族精神，维系着中华民族的团结统一，激励着一代代中华儿女为祖国繁荣富强抛头颅洒热血。以天下苍生为念、以民族大义为重，把个人命运与国家命运紧密联系起来，这种强烈诉求是中华民族团结奋斗、自强不息的精神纽带，也是中华文明生生不息的重要内因。当今，爱国主义的本质就是忠于党，忠于国家，忠于人民，忠于我们所选择的社会主义道路。只有坚持爱国、爱党、爱社会主义相统一，爱国主义才是鲜活的、真实的，这是当代中国爱国主义精神最重要的体现。新时代，新天府，天府人民要肩负起实现“两个一百年”奋斗目标，实现中华民族伟大复兴中国梦的使命，肩负起建设全面体现新发展理念的现代化新天府的历史职责，身体力行，践行爱国奉献精神，以持之以恒和坚韧不拔的意志，努力成为新一代拥有家国情怀的天府人，并让这种爱与美的力量包裹着每一个天府人走向更加美好的明天。

---

①　余怡，蒋世元. 永恒的丰碑　红岩英侠——张露萍[M]. 成都：四川美术出版社，2011：70

第三节 担当尽责之美

自古天府之国的美与善就令众多文人雅士心向往之，否则也不会有“自古诗人例到蜀”一说。天府文化中“友善公益”“大爱无疆”的情怀之美，铸就了成都这座城市的文化温度与文化高度。抗战期间，成都是当之无愧的大后方，出人、出钱、出物，成为团结御敌、救亡图存最为活跃的城市之一。民国期间，成都“五老七贤”群体传承了中华传统文化中推己及人的仁爱之心，耕耘于城市文教和公益事业之中。其中尹昌龄被誉为“中国慈善第一人”，为慈善机构慈惠堂倾注心血二十年，兴办学校、孤儿院，使当时成都社会数以千计的救助对象老有所养、幼有所学。本土作家巴金先生，一直被誉为“20 世纪中国文学的良心”，这样的美誉不仅是对他文学的赞美，更是对他追求真善美人格的赞誉。他一生笔耕不辍，多次将稿费捐给灾区和“希望工程”，不断践行自己想要化作泥土，留在人们温暖的脚印里的心愿。这些都是历史上天府之人的仁爱与担当，而如今天府之国的友善文化与担当尽责更贴近现实生活，也更值得传扬。

一、惊魂一刻定格师德光辉

2008 年 5 月 12 日 14 点 28 分 04 秒，以北纬 31.01 度，东经 103.42 度，四川省阿坝藏族羌族自治州汶川县为中心，发生了一场时长 2 分钟，里氏震级达 8.0Ms、矩震级达 8.3Mw，烈度高达 11 度的特大地震，地震撼动了大半个中国及亚洲多个国家和地区，这是自新中国成立以来破坏力最大的地震，也是 1976 年唐山大地震后伤亡最严重的一次地震。就在大灾来临之时，大爱得以最大限度地彰显。

时间走到 2008 年 5 月 12 日下午 2 点多钟，东汽中学的教导主任谭千秋正在教室里上课，正当他讲得精彩时，教室突然出现了剧烈的晃动。谭千秋意识到不对，立即让大家快跑，同学们旋即迅速冲出教室。房子越摇越凶，还伴随着巨大的、刺耳的声响，阵阵浓尘腾空而起……当时，有 4 位同学已无法冲出

映秀地震遗址（熊建供图）

教室，谭千秋立马将他们一把拉到桌子底下，自己也弓着背，双手撑在桌上，他用自己的身体保护着四个孩子。水泥板、砖块、碎石不断地砸到他的身上，房子最终倒塌了。直到 13 日 22 时 12 分，谭千秋才被找到。找到谭老师时，他的双臂呈张开状，趴在课桌上，后脑勺已经被楼板砸得深深地凹陷下去，血肉模糊，身子底下死死护着的 4 个学生竟然都还活着！为了学生的生命，谭老师义无反顾地献出了自己的生命。2008 年 7 月 24 日，谭千秋老师被追认为革命烈士，追授全国抗震救灾优秀共产党员、抗震救灾英雄。2009 年 9 月，谭千秋老师被评为“100 位新中国成立以来感动中国人物”之一。2019 年 9 月 25 日，谭千秋老师当选“最美奋斗者”。

其实，汶川地震中涌现出的优秀教师岂止谭千秋一人，数不胜数的教师在地震中不顾自己安危勇救学生的故事像一首首优美的歌曲，长久地回响于天府大地。怀远镇中学七年级五班的英语老师吴忠洪原本可以第一个冲出教室，可在发现有三个学生没跑出来后，毫不犹豫地折回危险的教室，最终与三名学生一起长眠地下。红白镇中学的张辉兵老师的遗体被发现时，他的手正指着大门的方向，被救出的学生回忆当时老师就在门口，他第一时间为学生撑开大门，把学生们一个个往外推，可就在十来个学生跑出去之后，整栋教学楼就塌了，张辉兵老师却未能跑出教室。为救学生牺牲的教师还有安县花荄（gāi）镇中学的郑发富，等等。

在这一刻，教师的身份让他们首先本能地选择了营救学生，他们以切实的行动诠释了人民教师的职业操守，用自己宝贵的生命深刻地阐释了爱、责任与奉献的师德之魂。他们那双张开的手，那只指向门口的手，那只撑住大门的手，是一双双恪尽职守、饱含大爱的手。他们的朴实、他们的真诚、他们的简单，让我们对他们在危难来临那一刻的抉择丝毫不感到意外。他们的一生是平凡而单纯的一生，正是这样的平凡与单纯，才真正彰显了他们一生不为利、不为名，只为学生的无私精神。也正是这样的人们，才能在危难之际显现如此大气磅礴的师德光辉。他们死前的姿态塑造了人们心中一座座永不倒塌的丰碑！

二、流动航标守护雪线邮路

有一条路全程 1208 千米、平均海拔超过 3500 米，它蜿蜒于甘孜藏族自治州，是一条位于雪线之上的通邮之路。64 年来，这样一条艰辛的邮路全年无休，将来自全世界各地的邮件包裹送往风雪中的每一个角落。这条艰辛的邮路盘桓在路况最复杂，海拔最高的甘孜县至德格县间，这条路一年之中有一大半的时间都处在冰雪覆盖的状态。夏天里还常常会有泥石流、塌方。冬天里沿途的最低气温可以达到零下三四十摄氏度，积雪超过半米深是家常便饭，一旦车子陷进深雪里面就很难出来，即便是挂上了防滑链，沿途也经常会有车辆跌落悬崖。在送邮件的路途中最为害怕遇到的便是“风搅雪”，它大致类似于海上出现的龙卷风以及沙漠里肆虐的沙尘暴。汽车在“风搅雪”里基本动弹不得，雪停之后眼前便是一片白茫茫的道路，完全无法辨认前路，全靠经验丰富的邮递员一步一步地摸索着前行。然而就在这样恶劣的条件下，其美多吉 29 年来依旧坚持每月超过 20 次的往返，他的送件路程相当于绕赤道 35 圈。然而如此凶险，如此平凡的送件路，他却从未发生过一次事故，圆满地完成了每一次送件任务。川藏线不仅气候恶劣与路况复杂并存，在过去还常常有车匪路霸出没。2012 年的 7 月，12 个歹徒突然出现在其美多吉所驾驶邮车经过的雅安市天全县境内，他们将邮车团团围住，企图抢劫。为了保护邮件安全的其美多吉身受重伤，医院检查结果显示其肋骨被打断了 4 根、身中 17 刀、头盖骨被掀掉一块。而其美多吉并没被车匪路霸吓到，经过长达一年时间的休养，他基本恢复了健康。恢复后的他不顾大家的反对，再一次走上在风雪中送邮件的老路。29 年里，其美多吉只在家里过了 5 个除夕。海拔 6000 多米终年雪不断的雀儿山上是荒凉的生命禁区，其美多吉对道路熟悉，驾驶技术过硬，是川藏线上的一块金字招牌。很多人都劝他换个更轻松、收入更高的工作，而其美多吉却拒绝了。在他心中，家里送来的家书和订阅的报纸对常年驻守雀儿山的道班工人们来说，是唯一的精神慰藉。邮车上装的党报、党刊和机要文件，高考录取通知书，网购包裹都是雪域高原上乡亲们的期盼和希望。

而今，其美多吉所在的邮运车辆小组，最小的邮递员 25 岁，最大的邮递员 55 岁，他们坚守在这条雪线邮路上，保障了机要通信无一起差错。2018 年其美多吉当选了“感动中国 2018 年度人物”。感动中国栏目对他的颁奖词是：“三十忠诚风与雪，万里邮路云和月。雪山可以崩塌，真正的汉子不能倒下。雀儿山上流动的绿，生命禁区前行的旗，蜿蜒的邮路是雪山的旋律。坚强的多吉，你唱出高原上最深沉的歌。”①

三、半盲局长扎根扶贫一线

张渠伟是达州市渠县扶贫和移民工作局局长，他患上了严重的“耳石症”和“青光眼”，患病的原因一多半是由于常年熬夜和超负荷工作。可张渠伟并未因此放下工作，即便是在住院期间，他也曾 3 次拔掉“输液管”偷跑回去工作。医生的检查结果显示目前他的右眼视力已经降至 0.6，左眼视力更是降至 0.04。医生要求他立刻住院，进行手术。他却直接拒绝了，说自己没时间住院，请医生帮忙进行保守治疗。医生告诫他再拖下去会面临失明的危险。家人也央求他要早做手术，而他自己却笑着说：“瞎了再说嘛。”于是他带了 3 个月的药物重回工作岗位，连续不断的扶贫工作让他无暇顾及自己的病，连复查都是通过电话联系医院，让医生根据口述症状开药。认真的工作与真诚的付出也有了回报，截至 2018 年，渠县四年共减贫 136610 人，贫困发生率从 12.1% 降到 0.6%。2018 年他当选“感动中国 2018 年度人物”，栏目组对他的颁奖词是：“扶贫必须精准，不落一人一户。病情迫在眉睫，却一拖再拖。扎下帐篷，扎下了根，签上名字，就立下了军令状。没有硝烟的战场，你负了伤，泥泞的

① 2018 年感动中国人物揭晓　十大颁奖词讲述感人事迹，http://news.sina.com.cn/c/2019-02-19/doc-ihrfqzka6993773.shtml. 检索日期：2020 年 6 月 21 日.

大山，你走出了路。山上的果实熟了，人们的心热了。”①

四、川航机组尽显英雄本色

2018年5月14日对绝大多数人而言是极其平凡的一天，可是这一天对于乘坐川航3U8633航班的119名乘客以及9名机组人员来讲，却是永生难忘的一天。这一天他们共同经历了生死的考验，也一同成就了我国航空史上值得大书特书的“史诗级”迫降。

这一天原本风和日丽，刘传健机长驾驶的重庆飞往拉萨的川航3U8633航班正如往常一样巡航在9800米的高空上。然而一声巨响刺激了驾驶舱内所有人的神经，曾经的战斗机飞行员刘传健立马本能地站起来查看，他发现右前侧挡风玻璃出现了舱内可触及的裂痕。专业知识告诉他危险的迫近，适时机舱内外的气压有着极大的差异，驾驶舱玻璃所承受的压力应当以“吨”来计算，这将有极大的可能导致前挡风玻璃破碎，航班必须马上备降最近机场。机组旋即向航空管制部门申请下降高度，请求备降最近的成都双流国际机场。话音刚落，一声巨响袭来，风挡玻璃没能承受住高压突然爆裂，刺骨的狂风一股脑地涌进驾驶舱，当刘传健努力睁开眼睛时发现副驾驶上半身已挂在了飞机外面。按照飞机所在高度计算，此时舱内的气温在零下40℃左右，巨大的噪音瞬间充斥着整个驾驶舱，一瞬间各种担忧涌上心头，幸运的是，身心素质超强的前战斗机飞行员、机长刘传健立马回过神来，他此时心里只有一个念头——控制好飞机，尽力保全更多人的生命！

7点12分，飞机快速下降，最夸张时达到了每秒钟下降51米，飞机发生严重颠簸。这时飞机客舱灯突然暗下来，一片惊恐之声充斥着整个客舱，乘务组尽力安抚乘客，引导他们系好安全带，带好氧气面罩。乘客们感受到了此次

① 2018年感动中国人物揭晓　十大颁奖词讲述感人事迹，http://news.sina.com.cn/c/2019-02-19/doc-ihrfqzka6993773.shtml. 检索日期：2020年6月21日.

飞行的异样，有乘客开始哭，有乘客出现抽筋现象。失重的飞机出现急速下降的情况，从窗户往下看，甚至可以清晰地看见下方的冰山，就在这时许多乘客内心想到了机毁人亡，彼此眼中都充满了恐慌。好在经验丰富的机长控制住了飞机，飞机没有再继续急速下降。他抓住掉落下来的氧气面罩立马戴上，同时发出紧急求救代码“7700”。民航飞机与军用飞机很大不同之处在于民航飞机为了舒适平稳，不需要过多手动操作。而军用飞机追求机动灵活、速度快，手动驾驶多。7 点 15 分左右，机长通过努力接管了失控中的飞机，开始以手动操控的方式，目视驾驶飞机前行。这时驾驶舱内噪音巨大，根本听不到无线电指令，加上肆虐的狂风和冷到令人窒息的空气，简直能把人吹变形。刘传健对当时的寒冷程度做了个比喻：“如果在零下四五度的哈尔滨大街上，以 200 千米的时速开车，你把手伸出窗外，能做什么?”而当时的情况是：飞机在 7000 米高空，以 800～900 千米/小时的速度飞行。操作难度之大，可想而知。高空惊魂时刻，成都的空管部门也犹如利剑悬头，一片忙碌。当时无线电联系是中断的状态，但根据雷达信号显示，3U8633 还在正常的轨迹上航行。按照空管部门的常规应急程序，专人不间断给机组发出指令，告知其高度和坐标等信息。同时还向同航路上的其他航班发送指令，要求避让 3U8633，为迫降飞机预腾出空中绿色通道。这时成都双流国际机场实施单跑道运行，大面积航班晚点，旅客们得知晚点是要为一架遇到危险的飞机腾出生命通道后，都给予了极大的支持与理解。

7 时 42 分，在机组人员沉着、专业、冷静的护航下，航班安全备降成都双流国际机场，9 名机组人员以及 119 位乘客重获新生。降落的一刻，机长刘传健和第二机长梁鹏眼神对视，同时说了一句话：“我们还活着。”客舱内乘客从恐惧中回过神来，爆发出雷鸣般的掌声。乘客依次走下飞机，才发现驾驶舱竟然少了一块玻璃。摆渡车带着大难不死的乘客们转到休息室，这时，素不相识的乘客紧紧地拥抱在一起，庆祝这场“劫后余生”。有乘客在微信朋友圈中深情地写道：“感谢 3U8633 航班的飞行员和乘务员，是你们的镇定，创造出了迫降奇迹。为你们点赞!”

6 月 8 日，中国民航局和四川省政府授予川航 3U8633 航班机组“中国民航英雄机组”称号（机组全体成员分别是：飞行机组责任机长刘传健、第二机长梁鹏、副驾驶徐瑞辰，客舱乘务组成员毕楠、张秋奕、杨婷、黄婷、周彦雯，航空安全员吴诗翼），并单独授予机长刘传健“中国民航英雄机长”称号。

为表彰他们的英雄行为，10 月 30 日，习近平总书记专程邀请四川航空“中国民航英雄机组”全体成员参加庆祝中华人民共和国成立 69 周年的招待会。并于当日下午国庆招待会前在人民大会堂亲切地会见了他们，同全体机组人员合影留念。习总书记说道：“很高兴在国庆 69 周年之际同大家见面。5 月 14 日，你们在执行航班任务时，在万米高空突然发生驾驶舱风挡玻璃爆裂脱落、座舱释压的紧急状况，这是一种极端而罕见的险情。生死关头，你们临危不乱、果断应对、正确处置，确保了机上 119 名旅客生命安全。危难时方显英雄本色。你们化险为夷的英雄壮举感动了无数人。得知你们的英雄事迹，我很感动，为你们感到骄傲。授予你们‘英雄机组’、‘英雄机长’的光荣称号，是当之无愧的。”①

平时多流汗，战时才能少流血，3U8633 航班的成功迫降绝非偶然，危急关头表现出的沉着冷静和勇敢精神，来自他们一贯的强烈责任意识、严谨工作作风、精湛专业技能。飞行工作日复一日、年复一年，平凡而又充满挑战，把每一项平凡工作做好就是不平凡。

实际上，四川的飞行英雄不止川航 3U8633 机组，早在 2004 年，某试飞大队副大队长，空军特级试飞员广汉人梁万俊就当选了感动中国十大人物。当年他是首位负责试飞歼-20 战斗机的试飞员，在试飞的过程中出现了特情，情况十分危险，理论上他应当选择跳伞，然而权衡之后他毅然选择迫降。他说，科研样机价值上亿元，作为试飞员，在最为危急的时刻，脑子里首先想到的是保护“最重要的东西”。在平常人看来最珍贵的莫过于生命，但是在梁万俊心中，科研样机承载的是祖国的强盛，是民族的希望，是无数科研人员的毕生心血，是比自身生命还要重要的东西。这是一种高度的责任感与使命感，这种精

---

① 张洋. 习近平：学习英雄事迹 弘扬英雄精神 将非凡英雄精神体现在平凡工作岗位上[N]. 人民日报，2018－10－01（01）.

神驱使着他们在生死关头不畏牺牲，一心尽责。

巨大困难面前做到尽职尽责的人，不仅有教师、军人、飞行员、邮递员，还有大量普普通通的人。就像汶川地震中一名小旅店老板刘光强，他苦守在垮塌的楼房前，不断地呼唤被埋旅客的姓名，最终竟然找到了旅客，在相互的鼓励中他们最终等到了救援。还有新冠肺炎疫情中不顾危险与寒冷，穿梭于城市大街小巷为大家送包裹的快递小哥，以及不辞辛劳、挨家挨户敲门登记的社区工作人员和小区门口风里雨里拿着体温枪“拦截病毒”的保安大哥……正是这些尽职尽责的人创造了一个又一个中国奇迹！

第四节
人间情义之美

天府之人重情重义，屡次大地震锻造出的“万众一心，众志成城”的互助精神，以及困难中被放大了的人性光辉，无时无刻不温暖着天府之国。新冠肺炎疫情当前，抗疫川军不畏生死，无私奉献将天府情义播撒在荆楚大地。支教路上，治病路上总少不了天府之人的身影，天府之美正是通过现实生活中平凡的人与事，将点滴的情义凝聚成这座城市人们的幸福生活，使得天府之国迈向了秀外慧中的美学境界。根据 2017 年 8 月 2 日《成都晚报》报道，当天成都街头放置了装满硬币的零钱盒，目的是想要给急需用钱的人使用，然而在摆放 7 小时后，盒子内的硬币不但没少，反而多出了 21 元钱。第四届中国城市公益慈善指数结果显示，在被调查的两百多个中国城市中，成都慈善综合指数排名前十位，位居西部第一位。如今天府之国男男女女的公益善举还在持续温暖人心，美与善、情与义的光辉事迹包罗万象，不可穷极，只能从天府大地璨若星河的故事中截取点点星光，继续照亮我们前行的道路。

一、大灾当前突显真情可贵

世上最值得人珍惜的便是真情，真情包括亲情、爱情、友情，人生拥有这三种情感便可称幸福。在平凡的生活中处处可感受真情的存在，那种感受是温和的、持久的、轻柔的，美好但通常并不那么强烈，只有在生死关头真情才会被无限放大，充分彰显。汶川地震中所展现出的真情之美，直至今日依旧震撼人心。

“5 · 12”地震纪念墙（熊建供图）

2008 年的 5 月 13 日中午，汶川地震发生一天之后，这位在震区被发现的母亲已经停止了心跳和呼吸。在废墟中的她双膝跪地，整个身体呈向前匍匐的状态，双手扶地支撑着身体。救援人员确认她已离世后，正准备继续向前寻找生还人员却忽然意识到她身下有人，是一个孩子，并且还活着。一番努力后，孩子终于被救了出来。她是一个只有三四个月大的婴儿，小小的身体平静地躺在小棉被里，在母亲身体的保护下毫发无损。随行医生为孩子检查身体时发现一部手机塞在被子里，医生下意识地看了一眼手机屏幕，发现屏幕上写有一条已经编好的短信："亲爱的宝贝，如果你能活着，一定要记住我爱你。"经历了无数次生死离别的医生，在这一刻也抑制不住内心狂涌而上的感情，眼泪不自觉地往下掉。人们一一传看手机短信，每个看到短信的人，都潸然泪下……生命的最后一刻，母亲竭尽全力地为孩子撑起了一片安全空间，孩子在大灾面前被母亲的爱包围着，相信蜷缩在母亲身体下的孩子得到了来自母爱的力量与安全感，母亲为她留下的不仅仅是生命，还有永世难忘的浓浓母爱……在这样强大爱意的支撑下，孩子一定能够健康长大，也一定会记得做一个懂爱、敢爱、不忘爱的人！

在地震中同样被亲情救赎的还有 3 岁的小女孩宋馨懿。13 日下午 8 点左右，她被发现在整个移位的墙体以及父母的身体下，发现当时没有适合施救的工具，直到第二天上午 9 点 40 分救援队才将小女孩从危墙下救出来，这时距离地震发生已经过去了 40 多个小时，小女孩是在父母身体保护下从死神手中挣扎出来的。遇到大灾的小馨懿是不幸的，失去父母的小馨懿是不幸的，然而在亲情的庇佑下奇迹生还的小馨懿又是幸运的，大地震夺去了她的小家，全国人民的关爱又为她撑起了一个温暖的大家。

在地震中被放大的除了父母与孩子间的亲情，还有弟兄姊妹间的亲情。2008 年 5 月 16 日，有位记者拍到当时 11 岁的张吉万背着 3 岁的妹妹逃出危险地带的照片。小哥哥背着更小的妹妹非常吃力地走着，哥哥说他们从早上 5 点出发，到现在已经走了 12 个小时了。同行的爷爷、奶奶已经老了，父母在外打工，本就年幼的吉万义无反顾地担负起哥哥的责任。小吉万只是灾区千千万万照顾弟妹的哥哥姐姐之一，他们是天府大地年轻人的代表，是能够撑起一个家庭，一个地区发展的新兴力量。

父母对子女的爱深沉悠远，子女对父母的爱亦然。地震中北川中学高一学生姜栋怀在生命的最后一刻用硬物刻下了“爸爸妈妈对不起，愿你们一定走好”的字句，这不知被什么小物件刻下的字迹，只有对准阳光才能看得清，在阳光下这样的感情熠熠生辉，照耀着所有在地震中失去孩子的父母。

大灾面前不是所有父母都能守护着孩子，也不是所有孩子都能守护着父母。在那个触目惊心的现场，许多人顾不得谁是谁的孩子，谁是谁的父母，只要能救人就立马救，因为他们一定是某个切切等待着的人的孩子。就像 8 名亲人被埋，自己却坚守通信兵岗位的陆苇；就像那个说着“白天忙，回家哭”的护士黄琼；就像那个说“有更多人比儿子更容易生还”而先救别的孩子的警察李国林……在这一刻他们不仅仅是自己父母的孩子，自己孩子的父母，而是所有受灾群众的父母和孩子……亲情的温暖弥漫开来，在整个天府大地久久不散……

“问世间，情是何物？直教生死相许。”元好问的这一名句在 2008 年汶川地震中被反复印证。在汶川绵池镇一个灾后处理现场的一块巨石下，一名中年男子呈弓趴姿势保护着身下的中年女子，而女子则紧紧地抱住男子，两人的尸身已无法分开，救援人员只好将他们一起入殓。据现场人员描述两人是来交警中队处理交通纠纷的，突然天地突变，一下子仿佛到了黑夜，绵池镇周围的山不断炸裂，滚石伴着巨大的声响砸向镇子。交警中队外万石穿空，这时女子见巨石向自己飞来，吓得尖叫，男子一把将其紧紧抱住，自己用背朝向滚来的巨石，两人瞬间殒命。巨石在几天后才被解放军移开，巨石下一男一女相拥而亡。

地震中同时涌现的不离不弃的爱情故事还有很多。地震发生时，21 岁的谭显松正在洗澡，忽然间天旋地转，他立马意识到地震，赶紧叫未婚妻殷妞妞拿衣服准备一起往外跑，可是浴室门一打开房子就塌了。两人被埋在地下，回过神来的两人几乎同时喊着对方的名字，那时他们知道对方都活着，突然间充满勇气，相互安慰。没过多久，妞妞听到外面的脚步声便大声呼救，救援人员发现妞妞埋得浅一些，决定先救妞妞，但妞妞却央求先救自己的未婚夫。救援人员并没有理会她的要求，先把妞妞救了出来，获救的妞妞没有离开危险重重的废墟，而是和救援人员一起营救谭显松。妞妞在废墟上一直和显松对话，显松的手被水泥板死死地压住不能动弹，她就鼓励显松说："老公，坚持！以后我要做你的老婆，我就是你的手和脚。"爱情，在这一刻成为废墟里的男人活下去的勇气。

大地震中被放大的除了亲情、爱情，还有友情。汶川地震之时高一学生晏鹏本已经脱险又返回教室，他想着必须要救出困在里面的同学，然而，在他进入教室后，楼房继续垮塌，17 岁的晏鹏也被埋在了废墟中；初三学生马健双手刨 4 小时废墟救出女同学；12 岁女孩白乐潇为了让后面的同学跑出教室，忍痛拽断了自己的胳膊；之前素不相识，在废墟中相互鼓励的蒋德佳和廖丽获救之后第一时间关心对方的安危；8 岁小男孩林浩，在废墟下成功自救后没有离开，折返回来救出 2 名同学。在生死抉择之时，友情战胜了恐惧，同学间、朋友间割舍不掉的情感造就了好客的天府之国，也在丰富灿烂的天府文化中凝结了友善的光辉。

二、夫唱妇随温暖甘孜孤儿

1999 年国庆，胡忠向妻子建议去甘孜旅游，他说想去康定孤儿学校看看，实际上他的真实目的并不只看看而已。这所民办公助的孤儿学校是一所福利性的寄宿制学校，这里就读着来自甘孜州 13 个县的彝、羌、汉、藏几个民族大约 143 名孤儿。教职工来源主要是全国各地的志愿者，对这所学校而言教师是稀缺资源。旅游之后，胡忠下定决心要去康定县塔公乡支教，那里的海拔高度达到 3800 米。那时候，胡忠原来的单位成都十中被成都名校"石室中学"吸纳为旗下的初中部，并取名"石室联中"，原本成都十中的许多教师被安排到联中任教。可胡忠却被安排去管理学校的化学实验室，不再担任教课任务，从前他所负责的学生团队工作也需要完全移交给他人。这样的安排让一心只想要教学生的胡忠产生了离开的念头。经过反复思考，最终他辞职前往塔公乡支教。一开始他只是想要去看看那里的学校和孩子，并没有想过自己会长期留下来。经过一天颠簸的长途跋涉，他终于到达塔公乡，学校被四面环山的草原包围着，一条小河从草原中间穿流而过，校舍就安静地坐落在水边。当胡忠到达学校时，孩子们正围在一起跳锅庄，笑容溢满小脸。胡忠一来孩子们就把哈达一条条地往他脖子上戴。胡忠回忆时动情地说这是他人生中第一次有人给他献哈达。后来他才知道，孩子们为了欢迎他，把学校里里外外搞了个大扫除，并且特意穿上了自己感觉最漂亮的衣服，跳锅庄、献哈达也是专门为他安排的。他们想要把自己最好的一面展示给这位新老师，希望老师能够留下来教他们学习。孩子们对学习的热切期望深深地打动了胡忠，经过深思熟虑，他向妻子提出想去塔公乡长期支教的想法。他认为像他这样的老师成都多得很，不会因为他走了，哪个学生就读不了书。但没有几个老师愿意到这里来，也没有几个老师愿意留下来。孩子们的命运，如果因为自己的到来而改变，他想得通。他作为一名教师，无论在哪里都是教书育人。这样单纯、朴实，充满使命感的心理支持着他以每月 300 元的收入在这穷乡僻壤安心教书十几年，这段时间里他不仅是老师，也是父亲。胡忠任教的第一个任务是教一年级孩子数学。原本一年级数学很简单，可教这里的孩子却很不容易。胡忠不懂藏语，很多小孩又不懂汉语，讲课全靠比画。他怕孩子们没听懂，便在课间休息时揣着一摞写满数学题的小纸条满校园找孩子做题，为了提高孩子积极性，他自掏腰包买糖作为答题奖励。小孩子在“糖衣炮弹”的引诱下很喜欢参与做题游戏。期中、期末考试奖励最丰厚，考多少分就可以拿到多少颗糖。在资源短缺的福利学校，胡忠不仅当过班主任、后勤主任、全校思想品德老师，还担任过男生生活老师、教务主任，教过小学和中学的几乎所有课程，还参与学校行政和德育工作。福利学校采用的是家庭式教育，师生同吃同喝。学校把孩子们编成生活小组，每个老师管理一个小组，每个生活小组相当于一个小家庭。在“家”里，孩子们叫老师“爸爸”“妈妈”，孩子们则相互称对方为“姐妹”“兄弟”。这样的场景和胡忠小时候的梦境一样，他说他幼时总梦到在一片辽阔的草原上，四面环山，郁郁葱葱，无数孩子在这里欢呼跳跃，动听而欢快的童声久久地回荡于天地山川之间……

三年之后，胡忠的妻子谢晓君和女儿追寻着丈夫和父亲的志向一起来到甘孜。妻子谢晓君担任了牧区一所九年制寄宿学校的老师。团聚仅仅 3 年，谢晓君又回到了石室联中，任初一班主任。回来后家长们听说谢老师在偏远地区支教了 3 年，认为谢老师一定是一位非常有爱心和耐心的好老师，很多家长想把孩子交给她，并且表示交给这样的老师他们很放心。但在石室联中教书时，她经常觉得内心不安，脑子里常常回想起离开甘孜时孩子们团团将她围住，着急地问她什么时候还会再回来？当时她对孩子们说自己回去办点事，很快就回来。回来后的一学期里，福利学校的老师经常给她来信。他们在信里说，自从她走了之后，孩子们感觉很失落，觉得以后再也不会有老师去教他们了。带着满心的不安，2007 年她再一次向组织提出支教申请，这一次她决定要把自己的工作关系直接调到甘孜，成为一名真正的甘孜在编教师。在去成都市青羊区教育局办理调动手续时，一位好奇的大姐问她是不是喜欢上甘孜哪个小伙子了？是的，她是爱上了那里的人，但不是一个小伙子，而是她教过的全部孩子。在这里孩子们叫她“妈妈”，她不仅要教给孩子们知识，还要教他们做人，带给他们家庭的温暖。调来甘孜后，晓君老师没去丈夫任教的学校，而是为了照顾其他孩子，到了“木雅祖庆”——一所九年一贯制的学校，这里距离原来任教的学校大概有半小时车程。有一次，谢晓君生病输液了，可有门课的老师离任了，就有学生跑来问晓君怎么办，她二话没说一下坐起来，走到教室，让孩子帮她提着输液瓶，由她来代课。到最后，输液瓶里的液体都输完了，血从管子里倒渗出来，她都没有意识到，依旧站在讲台上讲课。“木雅祖庆”的教师流动十分频繁，光一至六年级 12 个学期，数学老师就换了 10 任。谢晓君毕业于四川音乐学院，钢琴弹得很好，本应该主讲音乐课。但高原上师资奇缺，因此她不仅教音乐，还教过生物、数学，担任过图书管理员，做过生活老师。她时不时地还会去丈夫所在的西康福利学校帮忙。后来，谢晓君当选了成都石室联中评选的“感动联中十大人物”。颁奖时，以前的同事看到她就上前抱着她痛哭，而她自己却是笑容满面。晓君说他们大概是觉得自己在那边很苦，实际上她自己并不觉得苦，虽然那里各方面条件远比不上成都，但她的心灵是快乐的。

胡忠、谢晓君夫妇获评“感动中国2011年度人物”，栏目组给他们的颁奖词是：“他们带上年幼的孩子，是为了更多的孩子。他们放下苍老的父母，是为了成为最好的父母。不是绝情，是极致的深情；不是冲动，是不悔的抉择。他们是高原上怒放的并蒂雪莲。”感动中国推选委员于丹说：“这两位老师让我们知道：人最大的富庶在于爱和信念的坚持，他们用生命提携了孤儿的成长，在一个物质繁盛的时代里，他们仍然让世界相信：精神无敌。”①

三、医者仁心治好脊柱畸形

在中国人眼里一个优秀的医生必须有仁爱之心与精湛的医术。四川省成都市三医院骨科主任梁益建就是中国人心中优秀医生的典范。学成回国后，他前前后后参与了超过3000例矫正脊柱畸形手术，亲自主刀挽救了上千个极重度脊柱畸形患者的生命，是国内屈指可数的极重度脊柱畸形矫正专家。为了减轻患者经济负担，他总在思考如何替患者节约费用，还经常以各种方式为患者捐款。2005年，梁益建与生活在泸沽湖畔的强直性脊柱炎患者伍才林偶遇，他脊柱弯曲将近120°。梁益建说服其接受救治，并将他接往成都。通过十几个小时高难度的手术，这个原本身高不到1.3米的小伙子完全康复后身高竟然达到了1.78米，十几年都没有躺平睡觉的他也终于尝到了平躺着睡觉的滋味。现在他把名字改为“伍才立”，微信取名为“自由自在”。从2013年到2015年，梁益建为重庆璧山的肖强施行三次手术，肖强原本患有世界罕见的向右侧弯达190°脊柱疾病，手术成功后的他已迎来了女儿的诞生。2016年，家住河北沧州的于建红辗转找到梁益建，他脊柱侧弯已有40年，手术之后的他如今像正常人一般上下楼梯。在其他骨科医生的眼中，梁益建是一名实实在在的“勇士”，因为骨科手术中风险最大的就是脊柱侧弯手术，而梁益建收治的病人，

---

① ［感动中国2011］获奖者胡忠、谢晓君：颁奖辞，http：//news.cntv.cn/china/20120203/121851.shtml. 检索日期：2020年6月21日。

许多还是其他医院明确下结论无法进行手术的极重度脊柱畸形患者。用梁益建自己的话来说，操作这些手术的难度“就像在川藏线的悬崖边开车”。梁益建的职业操守、职业水准完全可以用“工匠精神”来形容。他看规定门诊半天只看 20 个号，平均一个号看病 10 分钟左右，他认为“对病人不能轻易打发”。各种规格的扳手、螺母、螺帽是他每日查房的随身医疗器，每次对患者身体的调整、矫正，差不多要耗时 30 分钟。他说他给病人治病“有时是治愈，常常是安慰，总是去帮助”。梁益建以对生命的尊重与敬畏面对每一位患者。他对每一个流程精细把控，做到了精益求精，成为患者精神曲线和生命曲线的双重“矫正天使”。梁医生有一个有 300 余名成员的“梁益建脊柱侧弯咨询群”，繁忙的工作之余，他常常与群里病友交流到凌晨；为了锻炼病人的肺活量，他自己掏腰包请音乐老师来医院教病人唱歌；为了纾解常年卧床患者的孤独，他掏钱为他们办迎新春联欢会；更有甚者，他还帮病人筹措手术费。从自己捐钱、找朋友帮助筹款，到与智善公益基金会展开合作，带动了超过 2000 万元社会投入帮助脊柱畸形患者。

他就像一个小太阳，用精湛的医术与慈爱的仁心温暖了许多绝望中蹒跚前行的人；他像一阵清风，用爱心和宽慰吹软了许多快要被冰冻的心灵；他更像一个火把，用自身的大爱无疆点燃许多人沉睡的善良和真诚奉献的热情。他是一个成都医生，一个为成都人称颂的成都好人。他的身后是一个和他有一样医者仁心的团队，他的脚下是生他、养他并成就他理想的天府大地。梁益建是成都的骄傲，是医生的榜样，也是城市爱与美的最佳注脚。以梁益建为标杆的成都人，还在不断写就一个又一个充满爱的成都故事。就像面对新型冠状病毒重大疫情的今天，曾经在汶川地震中接受帮助的天府人民也以支援湖北医护人员、医疗物资、蔬果、蛋奶等朴实的方式予以回报。凝聚其中的感恩、责任、理想、信念、道德和境界均源于成都城市精神的沃土。这是成都的“软实力”，是成都奋力建设全面体现新发展理念城市的精神底气，这一切必将直接而深刻地影响着整个城市的长远发展。

四、抗疫川军驰援病中湖北

2020年初，新型冠状病毒疫情在全球快速蔓延，在以习近平同志为核心的党中央坚强领导下，全国人民齐心协力，广大医务工作者顽强拼搏，同新冠肺炎疫情进行了艰苦卓绝的斗争。

此时，远在四川的医护工作者纷纷写下请战书，战书中热血沸腾地写着："若有战，召必应，战必胜！"2020年1月25日，大年初一，原本是阖家团圆的喜庆日子，一支由四川大学华西医院、四川省人民医院、四川省第四人民医院、西南医科大学附属医院、川北医学院附属医院、成都医学院第一附属医院、成都中医药大学附属医院、四川省第二中医医院、西南医科大学附属中医医院等9家医疗机构138名医护人员组成的四川省第一批援助湖北医疗队火线成军，义无反顾地踏上了驰援抗疫一线的征程。这一次战役与几十年前出川抗日的川军与日军拼刺刀、打肉搏战不同，这是一次没有硝烟的战争。他们的对手是看不见、摸不着、认不清的新型冠状病毒。但他们秉承了先烈们一不怕苦、二不怕死的精神，他们坚信壮士出川必定不辱使命。在送行的人群中一个7岁的小男孩十分扎眼，他叫严皓，要送的是他的妈妈——四川省人民医院感染科护士吴焰宇。小小年纪的男孩却有着超越年龄的心思，他说医生的责任就是救死扶伤，希望妈妈保护好自己，平安回来。这138名队员中有父亲，有母亲，有女儿，有儿子，有妻子，有丈夫，他们也是千千万万大众中的一员，他们心里也有害怕，也有不舍和忐忑，但医护人员的职责让他们毅然"逆行"。

"逆行"需要的不仅仅是勇气，还有专业的技术与临危不乱的应急处理能力。"川军"第一批医疗队经过紧张而有序的专业培训，于1月26日正式进驻武汉红十字会医院。该院是武汉第一批疑似、确诊新型冠状病毒肺炎患者收治的定点医院，重症患者多，医务人员工作强度大，感染风险高。入驻后，党的组织首先在医疗队扎了根，组成了临时党支部，组建5个分工小组和1个重症疑难专家组。"第一组由四川大学华西医院牵头，四川省第二中医院配合，负责一个 30 张床位的病区。第二组由四川省人民医院牵头，成都中医药大学附属医院配合，负责一个 46 张床位的病区，含 9 张 ICU 床位。第三组由川北医学院附属医院牵头、四川省第四人民医院配合，负责一个 90 张床位的病区。第四组由西南医科大学附属医院牵头，西南医科大学附属中医院配合，负责一个 28 张床位的病区。第五组为院感防控组，由 4 名院感专家组成，提出感染防控措施，协助当地医院做好医院院感控制。此外，医疗队还成立了重症疑难专家组，由 2 名呼吸科专家、2 名重症科专家、1 名感染科专家、1 名中医专家组成，对重症病例进行筛查与会诊。”①

为保证高效工作，医疗队 24 小时连轴转，每 4 小时轮班一次。考虑到节省极度紧张的医疗物资，他们穿上防护服后，要坚持 4 个小时不上厕所、不吃东西，甚至不喝水，为此不少医护人员只得穿上成人纸尿裤。密不透风的防护服，层层的隔离措施让医护人员呼吸受阻，加上高强度的工作与巨大的精神压力，他们的身心状态接近极限，只能靠意志力“扛”。但就是在这样艰难的条件下，他们“扛”下来了，并且圆满地完成了抗疫任务。

随着疫情的不断发展，全国成建制地开启了“一省包一市”的团队作战，武汉更是聚集了全国的精锐医疗力量，自 1 月 25 日四川派出首批医疗队起，截至 3 月 8 日 24 时，四川共派出 10 批医疗队、3 批疾控队、3 名国家单独抽调专家和前方工作组，共计 1463 人。川鄂两地山水相邻。2008 年汶川地震，湖北作为 18 个对口援建省（市）之一，为四川省抗震救灾，恢复重建做出了重要贡献。如今正是回报之时，四川医疗队不畏艰险，在抗疫一线发挥了应有的作用，当得起新时代“川军”的头衔。

一场战役光有“战士”远远不够，想要获胜还需要充足的补给作为支撑。除了这群白衣逆行者，四川的企业和人民也为疫情想尽办法、拼尽全力。医疗物资、生活物资加班加点地生产，部分企业更是挺在前面，加入了武汉“火神山”的建设。1 月 24 日，成都企业科伦药业紧急筹集 6000 件防护服支援武

---

① 彭宽萍. 新版“川军出川”驰援武汉，成都人冲在前线. http://www.cyfyy.cn/news_media/2020/mbk86Kdz.html.检索时间：2021 年 5 月 27 日.

汉。在第三方物流无法运送之时，科伦员工选择自行驾车前往武汉，后又陆续向武汉援助了大量口罩、消毒液、一次性 PE 检查手套等紧缺医疗物资。此外，恒通动保、汇宇制药、梓橦宫等医药企业也纷纷筹集医疗物资发往武汉，大家齐心协力筹集捐献口罩、防护服、防护鞋……这些蓉企为了前线抗疫，甚至启动自身应急储备。除了医疗物资外，生活物资的充足对于稳定前线民心军心也十分重要。1 月 24 日，因是除夕夜，蔬菜批发市场闭市。中国铁路成都局集团公司通过多方走访和沟通联系，从绵阳安县蔬菜基地田间直接采摘购买了 138 吨大白菜，并开辟绿色运输通道，通过专列运往湖北武汉。后来，曾经地震灾区的农民也纷纷加入了捐蔬菜的行列……这些企业，这些人民对湖北人民的苦难感同身受，尽一切办法驰援前线。但凡用得上的地方，四川人民都要尽上一份力。1 月 25 日，正月初一，新津事丰医疗器械有限公司的工人们坐在操作台前赶制疫情防控物资。他们放弃春节放假，实行三班倒、24 小时不间断生产，为的就是一份责任，一份真心。此时，成都高新区企业迈克生物也正在全力开发冠状病毒检测试剂盒，他们组建了应急团队，所有工程师、专家严阵以待，全力以赴开发试剂盒，随时响应突发状况，时刻准备驰援现场。彭州中光洗消剂有限公司也在大年夜连夜组织加班生产。而新希望旗下的兴源环境科技有限责任公司也于 1 月 24 日除夕正式参与火神山医院污水处理系统建设工作，为抢时间，他们的工作时间以秒计算，制订了精准的 120 小时高标准抢工计划。天府大地的白衣天使、良心企业、普通群众纷纷加入了驰援湖北的行列。大家团结携手，共克时艰，终于迎来了生命重启的曙光，迎来了英雄的凯旋。

4 月 7 日 15 时 48 分，英雄机长刘传健驾驶川航 3U3140 航班缓缓停靠停机坪，届时航空领域的最高礼遇过双重“水门”如约上演，4 辆消防车停靠在飞机两侧两两相对，朝天空喷射出巨型水柱，在天空中划出 4 条美丽的抛物线，抛物线在顶端交汇，形成 2 道由水柱组成的“水门”。飞机缓缓滑过“水门”，水雾从天而降，为冒死驰援湖北的新时代“川军”英雄们接风洗尘。

这样的礼遇源自人民对他们的感激，感激他们为抗击新型冠状病毒所做的一切。这样的礼遇理所应当，毫不违和，医护工作者们会记住这一刻，因为这一刻是他们共同的荣誉，对于“川军”而言，这场战役历时 74 天，投入“兵力”1463 人，共收治患者 2030 人，治愈 921 人，无一医护人员感染，战功赫赫。

这也是全川人民集体的骄傲，历史会记住这一刻，人民也会记住这一刻。在抗击新冠肺炎疫情战斗中，新时代“川军”按照党中央统一部署，临危受命、义无反顾，不畏艰险、冲锋在前，圆满完成了光荣的使命，为坚决打赢疫情防控武汉保卫战、湖北保卫战做出了重要贡献，充分体现了医者仁心、救死扶伤的职业责任感，展现了有召必应、共赴国殇的家国情怀，传递了两地人民患难与共、共克时艰的深厚情谊。[①]

① 张守帅．我省援鄂医疗队首批 303 名医务人员凯旋而归[N]．四川日报，2020－03－18（01，02）．

主要参考文献

巴金，2011. 中国现代作家作品新编丛书 巴金作品新编［M］. 周立民，编. 北京：人民文学出版社.

白剑峰，邱超奕，2020. 紧急驰援 共赴时艰［N］. 人民日报，2020－01－25（01）.

本报记者，2016. 龙泉驿区家风故事［N］. 成都日报，2016－09－12（16）.

本报记者，2017. 新都杨升庵："四足"教子孙［N］. 新城快报，2017－03－14.

本书编写组，2008. 大灾有大爱 汶川大地震中的感人故事［M］. 北京：学习出版社.

蔡竞，2015. 川军出川 血铸悲壮之歌［N］. 四川日报，2015－08－14（13）.

曹新，杨亚雄，夏惠，2018. 我们的家训［M］. 兰州：敦煌文艺出版社.

常理，董庆森，2020. 部分援助医疗队实现"三个零"［N］. 经济日报，2020－03－11（03）.

陈望衡，2015. 春风词客：相忘于江湖［M］. 北京：北京师范大学出版社.

陈旭，2013. 留守儿童的社会性发展问题与社会支持系统［M］. 北京：人民出版社.

陈蕴哲，2019. 在实干中彰显爱国情怀［N］. 贵阳日报，2019－10－14（A07）.

成都经济技术开发区，成都市龙泉驿区文化体育和旅游局，2019. 探秘客家人［M］. 成都：成都时代出版社.

成都市地方志编纂委员会办公室，2014. 成都精览（下）［M］. 成都：电子科技大学出版社.

程帆，2012. 15年高考满分作文读本［M］. 北京：北京教育出版社.

川民，2014. 胡忠、谢晓君夫妇：雪域支教12年［J］. 中国民族（10）：26.

代发君，2015. 贺麟与陈康：人生经历、思想共识与学术分歧［J］. 连云港师范高等专科学校学报，32（03）：89－93.

丁长清，2011. 中国对外经济关系史教程［M］. 北京：人民出版社.

范建立，2018. 把非凡英雄精神体现在平凡工作岗位上［N］. 解放军报，2018－10－01（02）.

范元，郑钢，2014. 兄弟兄弟［M］. 重庆：重庆出版社.

方晓，阿敬，2013. 美丽心灵——感动中国人物赞歌［M］. 合肥：安徽少年儿童出版社.

冯琬珺，2008. 骄傲的民族［M］. 广州：花城出版社.
付真卿，2020. 千里施援手 川鄂一家亲［N］. 四川日报，2020－01－30（03）.
郝勇，2014. 珍贵档案 见证川人浴血抗战［N］. 四川日报，2014－08－28（05）.
何一民，王毅，2018. 成都简史［M］. 成都：四川人民出版社.
贾大泉，2018. 四川通史（卷 7）：民国［M］. 贾大泉，陈世松，主编. 成都：四川人民出版社.
江华，2012. 雷锋精神读本［M］. 呼和浩特：远方出版社.
金锋，2003. 唐宋八大家集（第 7 册）［M］. 北京：九州出版社.
《抗战时期的四川——档案史料汇编》编写组，2014. 一部川人抗战的慷慨壮歌 一部流血流泪的卫国史诗［N］. 四川日报，2014－09－03（02）.
李娟，2020. 大年初一赶工忙 新津企业加班生产口罩［N］. 成都日报，2020－01－26.
李仕根，2015. 四川抗战档案研究［M］. 成都：西南交通大学出版社.
李旭葵，2015. 抗日战争中的邛崃人［M］. 成都：四川人民出版社.
梁现瑞，钟振宇，付真卿，2020. 武汉，四川和你在一起［N］. 四川日报，2020－02－23（01）.
刘标玖，2017. 为了山里的孩子——“本禹”们的青春选择［M］. 贵阳：贵州人民出版社.
刘畅，2020. 春天已至 英雄归来［N］. 经济日报，2020－03－30（08）.
刘红兵，2011. 点亮生命的感恩［M］. 芜湖：安徽师范大学出版社.
刘琴，2017. 他的“感动”温暖 2017 年成都春天［N］. 成都商报，2017－02－09（01）.
鲁雄刚，2013. 梦想在大学起航——大学生行为指导与训练［M］. 上海：上海大学出版社.
罗田怡，杨金祝，杨尚智，2019. 十大“感动中国人物”四川 3 人当选［N］. 华西都市报，2019－02－19（02）.
罗晓庆，2017. 走进升庵故里 感受一代大家家风内涵 一曲诗词传百世“四重”“四足”教子孙［J］. 关爱明天（06）：58－59.
马斗成，2005. 宋代眉山苏氏的家庭教育［J］. 文史杂志（6）：23
马斗成，2005. 宋代眉山苏氏家族研究［M］. 北京：中国社会科学出版社.
莫玉，2014. 卢作孚：民国一代船王［M］. 北京：中国财政经济出版社.
清风，2009. 小故事中的大智慧［M］. 天津：天津教育出版社.
盛晓文，2014. 宋代眉山苏氏家族家庭教育研究［D］. 长春：东北师范大学.
石小宏，李寰，2020. 138 位白衣勇士出征［N］. 四川日报，2020－01－26（01）.

四川省档案馆，2015. 川魂——四川抗战档案史料选编［M］. 成都：西南交通大学出版社.
四川省地方志编纂委员会，1999. 四川省志·大事纪述［M］. 成都：四川科学技术出版社.
四川省委党史研究室，2015. 四川省抗日战争时期人口伤亡和财产损失［M］. 北京：中共党史出版社.
孙成君，2016. 贺麟：先祖贺知章“奖”出好家风［N］. 华西都市报，2016－04－03.
桃桃，2008. 世上最纯净的情感：震撼，记录爱的瞬间［M］. 南昌：百花洲文艺出版社.
汪建中，崔久成，2018. 保路悲歌［M］. 成都：四川文艺出版社.
王蕾，2017. 当选《感动中国》年度人物：成都“小医生”梁益建 好医生这条路没有尽头［N］. 华西都市报，2017－03－01（E07).
王绿萍，2007. 四川近代新闻史［M］. 成都：四川大学出版社.
王思隽，李肃东，2015. 贺麟评传［M］. 南昌：百花洲文艺出版社.
王雪钰，王静宇，杨甦，刘泰山，2020. 驰援武汉 成都在行动［N］. 成都日报，2020－01－28.
王垚，辜波，李秀明，王春，2015. 川籍老兵受阅我心澎湃如昨［N］. 成都商报，2015－09－03（11).
王垚，王拓，于遵素. 新版“川军出川”驰援武汉，成都人冲在前线！［EB/OL］.（2020－01－28）［2021－05－27］. http：//www. cyfyy. cn/news _ media/2020/mbk86Kdz. html.
魏红珊，冯宪光，马晶. 四川抗战文化地理学研究［M］. 北京：中国文联出版社，2015.
吴国茂，2008. 直击汶川大地震［M］. 武汉：湖北人民出版社.
吴庆才，2019. 传递精神力量 收获心灵感动——“感动中国”2018 年度人物揭晓［J］. 中学政史地（初中适用）(5)：10－16.
吴亦铮，2017. 杨升庵优良家风延续百年［N］. 成都日报，2017－03－16.
习近平，2020. 习近平：在 2015 年春节团拜会上的讲话［EB/OL］.（2015－02－17）［2020－06－21］. http：//china. chinadaily. com. cn/2015－02/17/content _ 19614794. htm.
向建衡，袁敏，李寰，2020. 站在疫情的风暴眼，我们绝不后退［N］. 四川日报，2020－02－20（04).
项家庆，2018. 师德实践与修炼完善［M］. 天津：天津教育出版社.
新华社，1945. 感谢四川人民［N］. 新华日报，1945－10－08.
徐东升，2014. 中华民族精神研究［M］. 济南：山东人民出版社.
徐建勇. 现代性与新儒家［M］. 北京：人民出版社，2019.
徐勇，邓大才，2018. 中国农村调查（总第 12 卷·村庄类第 11 卷·长江区域第 4 卷)

[M]. 北京：社会科学文献出版社.
薛晴，2019. 做有信仰、有情怀、有担当的学问家 [N]. 光明日报，2019－06－28 (06).
杨广，2019. 感动中国 感动你我 [J]. 人民周刊 (04)：22－23.
杨仕省，2020. 四川两批医疗队武汉会师 全面接管武汉红十字会医院 10 个病区 [N]. 华夏时报，2020－01－30.
姚云书，2016. 勤读诗书肇家声 [N]. 成都日报，2016－09－12 (16).
义海忠，蒲元，2010. 硝烟下的智勇之旅：社会法制与战斗精神 [M]. 北京：军事谊文出版社.
佚名，2016. 杨升庵家族的家风家规 [J]. 先锋 (04)：60.
佚名，2017. 揭示金堂五凤溪畔“带经而锄”的故事三百年贺氏家风“耕与读” [J]. 关爱明天 (09)：58－59.
佚名，2020.“英雄机长”执飞　四川第三批援鄂医疗队出征 [J]. 四川党的建设 (3)：22.
佚名，2020. 争当“逆行者”——四川首批援鄂医疗队驰援武汉 [J]. 四川党的建设 (Z1)：16－17.
裔兆宏，2012. 中国志愿者 [M]. 合肥：安徽少年儿童出版社.
殷泓，2014. 胡忠谢晓君夫妇：高原上怒放的“并蒂雪莲” [N]. 光明日报，2014－09－09 (05).
尹祖荣，2018. 社会主义核心价值观班会课校本教材 [M]. 广州：华南理工大学出版社.
于奎战，2017. 中国历代名人家风家训家规 [M]. 杭州：浙江人民出版社.
余怡，蒋世元，2011. 永恒的丰碑 红岩英侠——张露萍 [M]. 成都：四川美术出版社.
岳建功，刘海，1995. 成都抗日救亡运动的特点 [J]. 成都大学学报（社会科学版）(03)：10－14.
张辉华，2015. 中国梦・兰台情读书札记 [M]. 成都：西南交通大学出版社.
张守帅，2020. 我省援鄂医疗队首批 303 名医务人员凯旋而归 [N]. 四川日报，2020－03－18 (01－02).
张舒，2014. 感谢四川人民鲜血和汗水洒满了战场 [N]. 成都商报，2014－09－02 (15).
张洋，2018. 习近平：学习英雄事迹　弘扬英雄精神将非凡英雄精神体现在平凡工作岗位上 [N]. 人民日报，2018－10－01 (01).
张泽石，2003. 七月里的石榴花——张露萍烈士传略 [M]. 北京：中共党史出版社.
赵雅儒，2017.“东方黑格尔”哲学家贺麟故居探秘 百年前立下奖学金制度 [N]. 华西都市报，2017－02－22.

赵艳婷，2011. 贺麟新儒者人格说研究［M］. 郑州：河南人民出版社.

郑光路，2005. 川人大抗战［M］. 成都：四川人民出版社.

郑光路，2013. 被遗忘的抗战史：四川大抗战［M］. 成都：四川人民出版社.

郑光路，2014. 成都抗日救亡的积极贡献［J］. 先锋（03）：60－61.

郑光路，2015. 成都擂响了抗日战鼓［J］. 先锋（08）：46－50.

中国灾害防御协会，2018. 汶川十周年记忆［M］. 北京：中国社会出版社.

中华人民共和国铁道部，2003. 构筑大通道［M］. 北京：中国铁道出版社.

周关，2017. 凝魂聚气 成风化人：南昌市“兴家风、淳民风、正社风”理论研讨集［M］. 南昌：江西人民出版社.

庄士敦，2010. 紫禁城的黄昏［M］. 惠春琳，等译. 北京：紫禁城出版社.

结 语

人类的创造活动是为了让人生更美好，“尽善尽美”的追求一直伴随着整个人类历史的进程。《美学向导》在开篇对“美”直抒胸臆，表达了“吾将上下而求索”的热爱：“我们的时代需要美。我们的生活需要美。我们的心灵需要美。我们要播种美的种子，我们要陶冶美的矿石，我们要酿造美的甘泉。”① 社会科学固然与美的创造、承继、传播和弘扬息息相关，如美学、文学、艺术学等学科更是因美而诞生；建筑、医药、机械等自然科学的发展，也同样服从于人类实践美好人生的需要。“美是合规律性与合目的性的统一”，自然科学创造的具形事物和探索的抽象理论的存在意义，绝非仅仅限于实用性与可行性，更是为了感性地、诗意地表达人类的存在状态。

一方水土养一方文化，“蜀为西南之都会，国家之宝库，天下珍货聚出其中”（刘昫《旧唐书》），“蜀中百姓富庶，夹江皆创亭榭游赏之处，都人市女，倾城游玩，珠翠绮罗，名花异香，馥郁森列”（张唐英《蜀梼杌》）。“天府”一词中含有“藏聚财富、物产丰饶”的美好寓意，天府文化的美有其“阳春白雪”、精致高雅的一面。古往今来，许多天府文化大家和审美高手本身即是帝

① 文艺美学丛书编辑委员会. 美学向导［M］. 北京：北京大学出版社，1982。

王将相、贵族仕女，如后蜀主孟昶和花蕊夫人；而不少诞生于天府文化的流派与产物，也有着绮丽繁华的特点，如追求形式美与意向美的“花间词”。

文化是人民创造的，最终也要回归人民之中去。天府文化也包含着这一地区的市井生活、民俗百态，它的美是鲜活的、“接地气”的。天府文化汇聚于成都，古蜀先民的“大石崇拜”十分质朴，也与当时当地人民的日常生活息息相关，以石笋、石棺、石陵、石镜等石器为代表，传承在祭祀庆典和生老病死之中。蜀地民歌反映了大量人们的现实生活场景，砍柴狩猎、耕种捕鱼、搬运拉纤等，彰显着生活气息、历史底蕴和文化积淀。

在这片江河湖泽众多、仙山峻岭矗立、四时花木繁盛的土地上，很容易发现人与自然和谐相处、天人合一的美的再造、创新与承继。这里的人民是“诗意地栖居在大地上”。而从自然风光到经济社会，天府文化从方方面面赋予人民生活极致的美好。这里的人民可以一边享用着以天府之国的丰富物产烹调酿制的美酒佳肴，一边吟诗作对；也可以一边品茗闻雅乐，一边清谈儒释道三家文化。

天府居民们以文学、建筑、雕塑、音乐与绘画等表现方式记录美，更进一步“美善相乐”，升华了个人情操与社会道德伦理。“美是情感变成有形”，“情”在艺术、审美活动中具有极其重要的作用。苏轼云：“情者，性之动也。溯而上，至于命，沿而下，至于情，无非性者。性之与情，非有善恶之别也。方其散而有为，则谓之情耳。”（《东坡易传》）一个地方的文化是当地人民情感的表达与外现。逢乱世动荡，天府大地包容迁移来此的人与他们的文明文化；在太平盛世，天府文化中的家风之美、友善之光闻名遐迩，令人印象深刻。

天府文化之美是人与对象、人与社会、人与自然、人与自身的和谐的美。既源自深沉浑厚的历史积淀，历经千年风雨，为岁月洗礼、为时光雕琢、为人们世代传承，又弘扬在日新月异的当代都会，适逢中华复兴，有家国情怀、有乡土情结、有人间烟火气息。在这个弘扬中华文化、实现中华民族伟大复兴的时代，深入发掘、传承天府文化之美，对于体悟理解中华文化之美、实现中华文化的创新创造与广泛传播有着重要意义。

后 记

本书是成都市社会科学院 2018 年度重大委托项目成果，并得到了成都市哲学社会科学重点研究基地支持，由中共成都市委党校王苹进行总体框架设计并任主编，各章分工如下：徐苑琳负责序言、结语的编写，杨恋负责上篇的编写，赵书负责中篇的编写，练忆茹负责下篇的编写。

本书在编写过程中，得到了成都市社会科学院、中共成都市委党校的帮助，四川大学出版社对本书的编辑出版也给予了大力支持，在此，谨对所有帮助支持本书写作、编辑、出版的单位和同志表示衷心感谢。